Coleção

Direito Penal e Criminologia

Direção

Íñigo Ortiz de Urbina
Ramon Ragués
Luis Greco

AUTORIA COMO DOMÍNIO DO FATO.

ESTUDOS INTRODUTÓRIOS SOBRE O CONCURSO DE PESSOAS NO DIREITO PENAL BRASILEIRO

Luís Greco
Alaor Leite
Adriano Teixeira
Augusto Assis

AUTORIA COMO DOMÍNIO DO FATO

Estudos introdutórios sobre o concurso de pessoas no Direito Penal brasileiro

Marcial Pons

MADRI | BARCELONA | BUENOS AIRES | SÃO PAULO

Coleção
Direito Penal e Criminologia

Direção
Íñigo Ortiz de Urbina / Ramon Ragués / Luis Greco

Autoria como domínio do fato:
Estudos introdutórios sobre o concurso de pessoas no direito penal brasileiro
Luís Greco / Alaor Leite / Adriano Teixeira / Augusto Assis

Capa
Nacho Pons

Preparação e Editoração eletrônica
Ida Gouveia / Oficina das Letras®

CIP-Brasil. Catalogação na Publicação
Sindicato Nacional dos Editores de Livros, RJ

A899

Autoria como domínio do fato: estudos introdutórios sobre o concurso de pessoas no direito penal brasileiro / Luís Greco ... [et alii]. 1. ed. - São Paulo: Marcial Pons, 2014.
(Direito Penal e Criminologia)

ISBN 978-85-66722-25-3

1. Direito penal. 2. Processo penal. I. Greco, Luís. II. Título. III. Série.

14-12621 CDU: 343.1(81)

Av. Brigadeiro Faria Lima, 1461, conj. 64/5, Torre Sul
Jardim Paulistano CEP 01452-002 São Paulo-SP
☎ +55 (11) 3192.3733
www.marcialpons.com.br

Impresso no Brasil [07-2014]

APRESENTAÇÃO

O livro que o leitor tem em mãos reúne seis estudos escritos por quatro autores. Esperamos que, por trás da multiplicidade de autores e de trabalhos, o leitor reconheça uma *unidade* que se manifesta em três planos: no que diz respeito ao objeto dos estudos, ao contexto no qual eles se originaram, e principalmente, à atitude que neles se manifesta.

A unidade se apresenta, primeiramente, no que diz respeito ao *objeto* dos artigos aqui reunidos. Eles cuidam da teoria do domínio do fato, isto é, de um reconhecido critério para a distinção entre autor e partícipe no direito penal. Desde o histórico julgamento do caso *Mensalão* (AP 470/STF), a ideia de domínio do fato vem despertando vivo interesse naqueles que lidam com o direito penal, seja na qualidade de estudantes, de aplicadores do direito ou mesmo de possíveis imputados. Os dois primeiros artigos (Greco; Leite, «O que é e o que não é a teoria do domínio do fato. Sobre a distinção entre autor e partícipe no direito penal»; Greco; Teixeira, «Autoria como realização do tipo: Uma introdução à ideia de domínio do fato como o fundamento central da autoria no direito penal brasileiro») pretendem-se didáticos: aqui, o objetivo é explicar as linhas mestras da teoria e desfazer muitos dos severos mal-entendidos que vêm sendo propalados mesmo por nossos mais altos tribunais e mais respeitados juristas. O primeiro dos estudos tem feição primariamente histórica e descritiva, além de ocupar-se de forma alongada de vários enganos em curso na discussão nacional. O segundo deles é de natureza mais dedutiva e sistemática. O objetivo é explicitar a correlação entre o conceito de autor e o de tipo e demonstrar como é possível interpretar o direito brasileiro à luz de uma teoria que diferencie autor e partícipe. O terceiro dos estudos (Greco; Assis, «O que significa a teoria do domínio do fato para a criminalidade de empresa») examina – e refuta – aquele que talvez seja o motivo do recente interesse pela ideia de domínio do fato: a esperança de que, com base nela, seria finalmente possível responsabilizar pessoas que ocupam posições de comando, que, supostamente, permaneceriam impunes segundo a leitura tradicional de nosso art. 29 do CP. Ver-se-á que, exceção feita a uma hipótese (a da chamada coautoria alternativa), o novo modelo de autoria e participação, quando muito, restringe a punibilidade em comparação com o modelo tradicional. Os próximos estudos, o quarto e o quinto, cuidam do uso que vem sendo feito da ideia de domínio do fato por duas de nossas mais importantes instâncias: de um lado, pelo Supremo Tribunal Federal na AP 470/STF (Leite, «Domínio do fato, domínio da organização e responsabilidade penal por fatos de terceiros. Os conceitos de autor e partícipe na AP 470 do Supremo Tribunal Federal»), que compreendeu a teoria erroneamente como uma responsabilização por deter uma posição; de outro, pelo Senado Federal, no Projeto 236/2012, que, num impensado afã de inovação, sacrificou a única verdadeira vantagem do sistema tradicional, sua simplicidade, sem qualquer ganho que compense esse sacrifício (Greco; Leite, «A distinção entre autor e partícipe como problema do legislador. Autoria e participação no Projeto de Código Penal [PLS 236/2012]»). O último estudo, mais específico, propõe-se a examinar e refutar o chamado princípio da autorresponsabilidade, que por muitos é usado como objeção à ideia de que possa existir uma responsabilização a título de autoria se alguém atua atrás de pessoa plenamente responsável (Greco, «Domínio da organização e o chamado princípio da autorresponsabilidade»).

Em segundo lugar, a unidade diz respeito ao *contexto de origem* dos presentes estudos. Eles foram escritos por um grupo de brasileiros reunidos na Universidade Ludwig Maximilian, de Munique, Alemanha, que desenvolvem suas pesquisas com base em um convívio e discussão diários e sob a orientação de dois dos mais reputados defensores da ideia de domínio do fato, os professores Claus Roxin e Bernd Schünemann. Talvez já se possa falar, assim, em algo como um grupo brasileiro em Munique.

Possivelmente se perguntará se há algo que caracteriza esse grupo além de uma contingência geográfica (brasileiros em Munique) e científico-genealógica (orientados por Claus Roxin e Bernd Schünemann). Queremos crer que esse traço distintivo se encontra menos na aceitação de certas teses, teorias ou, para usar termos da moda, paradigmas ou marcos teóricos, e sim numa *atitude* – com o que chegamos ao terceiro e mais importante plano em que a unidade do livro deve manifestar-se. Essa atitude pode ser sintetizada com base em duas características: uma preocupação com problemas concretos e um compromisso com a integridade e independência da crítica científica.

A *preocupação com problemas concretos* significa que somos, em princípio, céticos em relação a teorias que se apresentam como fins em si mesmos. Idealmente, teorias têm de ser criadas para resolver problemas, casos reais que se apresentarão no dia-a-dia da prática judiciária. Uma teoria que pretende suplantar uma concorrente tem de mostrar que casos ela soluciona de modo diverso e por que sua solução é de preferir-se. Pensamos, assim, que importam menos os «ismos», os paradigmas, do que as respostas que se darão a questionamentos bem concretos. As manifestações mais claras dessa atitude são provavelmente o terceiro estudo (GRECO; ASSIS, «O que significa a teoria do domínio do fato para a criminalidade de empresa»), que se esforça por esclarecer se a teoria do domínio do fato expande ou não a punibilidade do diretor de uma empresa, e o quarto (LEITE, «Domínio do fato, domínio da organização e responsabilidade penal por fatos de terceiros. Os conceitos de autor e partícipe na AP 470 do Supremo Tribunal Federal»), que busca o real sentido que o Supremo Tribunal Federal conferiu ao termo «domínio do fato», ao fazer uso da ideia em sua argumentação. Isso não significa ecletismo ou superficialidade, mas apenas uma exigência de que a reflexão teórica preste contas a respeito de suas implicações práticas. Isso também significa que atentamos não apenas a como autores e os tribunais – principalmente nossos tribunais – descrevem uma teoria em suas manifestações ou ementas, mas principalmente aos casos em que eles a aplicam.

E a segunda nota característica de nossa atitude é um *compromisso com a integridade e independência da crítica científica*. A ciência busca razões e não autoridades. Razões não precisam envergonhar-se de ser apenas isso, razões, e de por vezes desafiarem autoridades. Somos animados, assim, pela convicção de que a crítica é o *modus operandi* da ciência, de que a ciência não apenas não precisa, como não pode desculpar-se por dela fazer uso. Autoridade não é uma razão, mas é o objeto primário do escrutínio crítico que sai à busca de razões: daí nossa preocupação em examinar o domínio do fato segundo o STF ou o Projeto de CP em trâmite, ou segundo manifestações de autores de renome. O livro apresenta uma atitude que superou definitivamente a empoeirada cultura do *data venia*, ainda que isso signifique que brios e sensibilidades possam ser feridos. A permissão (*venia*) já foi dada, e isto de modo implícito, pelo mero fato de haver-se publicamente afirmado algo. Quem se ofende por ser destinatário de crítica científica, desqualificando-a como denúncia invejosa, confessa implicitamente que se considera fonte de autoridade e não porta-voz de razões.

Por fim, cumpre agradecer aos amigos Heloísa Estellita e Gustavo Quandt, pela ajuda na revisão dos estudos, e à editora Marcial Pons, nas pessoas de Marcelo Porciuncula, de meus dois colegas Iñigo Ortiz e Ramón Ragués e de Ida Gouveia.

Munique, março de 2014.

LUÍS GRECO

ESCLARECIMENTOS TERMINOLÓGICOS

Em livro escrito a oito mãos, é preciso buscar uma unidade terminológica. As razões não são meramente estéticas. É fundamental evitar que o leitor seja confundido pela utilização assimétrica de determinados termos, ou seja, que à dificuldade inerente à matéria se acrescentem dificuldades linguísticas.

Utilizaremos, preferencialmente, o par conceitual *sistema unitário* e *sistema diferenciador* para designar os dois modelos mais gerais que historicamente se apresentaram como modelo de compreensão das formas de intervir no delito. O sistema unitário é aquele que (a) iguala todas as contribuições causais para o delito e prevê marcos penais idênticos para todas (*sistema unitário formal*), ou (b) que distingue no plano conceitual entre várias formas de contribuição, mas continua a prever os mesmos marcos penais para todas (*sistema unitário funcional*). O sistema diferenciador distingue várias formas de intervenção no delito, isto é, distingue entre autores e partícipes, e pode prever, ademais, diferentes marcos penais para as diferentes formas de intervenção. As *teorias subjetiva, objetivo-formal* e do *domínio do fato* são teorias que almejam delinear os critérios de distinção entre autores e partícipes. Essas teorias pressupõem, assim, um sistema diferenciador.

É preciso, igualmente, diferenciar entre um *conceito restritivo* e um *conceito extensivo* de autor. Para o conceito restritivo de autor, apenas o autor realiza a ação prevista nos tipos penais da parte especial, e as formas acessórias de intervir no delito (a cumplicidade e a instigação) devem permanecer impunes, a não ser que o legislador preveja uma norma de imputação que determine expressamente a punição dessas modalidades de intervenção. Essa norma de imputação é, portanto, uma norma extensiva de punibilidade. Para o conceito extensivo de autor, todos os intervenientes realizam a ação prevista no tipo penal, e o legislador pode prever normas que determinem a restrição da punibilidade para determinadas contribuições, ou seja, normas restritivas da punibilidade.

Por fim, três considerações. O termo *coautoria*, provavelmente por influência do CP de 1940 (Título VI, Parte Geral: «Da coautoria»), é ainda usado no Brasil como sinônimo de concurso de pessoas. Na literatura espanhola, em tradução do termo alemão Mittäterschaft, coautoria significa uma forma específica de autoria, uma autoria em que todos os concorrentes agem em conjunto, cada qual respondendo pelo comportamento dos demais (imputação recíproca). É esse o sentido em que o termo é aqui utilizado. Frise-se: coautoria não é o mesmo que concurso de pessoas. Talvez fosse mais adequado falar em autoria conjunta ou comum, mas preferimos não inovar, por receio de incrementar a já existente confusão. O termo *monismo*, difundido no Brasil, nada tem a ver com a discussão sobre os sistemas de autoria e participação acima descritos. A discussão entre «monismo» e «pluralismo» diz com o título de imputação em delitos praticados por vários intervenientes. Mais concretamente, trata-se da seguinte pergunta: caso vários sujeitos tomem parte em um delito, há apenas um delito em que vários sujeitos tomam parte ou há, ao contrário, tantos delitos quantos intervenientes houver? Essa discussão é, do ponto de vista teórico, duvidosa e, de uma perspectiva prática, irrelevante; o leitor não encontrará muito a respeito dela nas páginas que seguem. Por fim, nós utilizaremos preferencialmente a expressão mais ampla *delitos especiais* para aquele grupo de delitos que possuem uma restrição do círculo de autores (o peculato, art. 312 do CP, por exemplo). Esses delitos são chamados por alguns autores de *delitos de dever* ou delitos de infração de dever.

OS AUTORES

AUTORES

Luís Greco

Professor substituto na Universidade de Augsburg; Livre-docente pela Universidade Ludwig Maximilian, Munique; doutor e LL.M. pela mesma instituição.

Alaor Leite

LL.M. pela Universidade Ludwig Maximilian, Munique; doutorando na mesma instituição.

Adriano Teixeira

LL.M. pela Universidade Ludwig Maximilian, Munique; doutorando na mesma instituição.

Augusto Assis

LL.M. pela Universidade Ludwig Maximilian, Munique; doutorando na mesma instituição.

SUMÁRIO

O QUE É E O QUE NÃO É A TEORIA DO DOMÍNIO DO FATO. SOBRE A DISTINÇÃO ENTRE AUTOR E PARTÍCIPE NO DIREITO PENAL[1-2]

Luís Greco e Alaor Leite

---

1 Publicado, com pequenas alterações, em: *RT* 933 (2013), p. 61 e ss.

2 Dedicamos o texto ao nosso professor, Claus Roxin, por uma dupla razão: pelos seus 82 anos completados em 15 de maio de 2013, e pelos 50 anos de seu livro fundamental, *Autoria e domínio do fato* (Roxin, *Täterschaft und Tatherrschaft*, 1. ed., Hamburg, 1963, 8. ed., Berlin, 2006, trad. espanhola da 7. ed., *Autoría y dominio del hecho en Derecho Penal*, por Cuello Contreras/Serrano González de Murillo, Madri-Barcelona, 2000).

Há exatamente cinco décadas, em 1963, publicava Claus Roxin sua monumental monografia sobre *Autoria e domínio do fato*, que iria conferir à chamada *teoria do domínio do fato* sua expressão mais acabada. Ainda assim, apenas há pouco, a quinquagenária teoria, cuja função dogmática é distinguir entre autor e partícipe em sentido amplo,[3] mereceu maior atenção dos penalistas e dos tribunais brasileiros.[4] Do ponto de vista teórico, pode-se atribuir esse quadro de recepção tardia, entre outras coisas, à contingência legislativa de o art. 29 do Código Penal de 1984, nesse aspecto pouco diferindo do art. 25 do CP de 1940,[5] indicar e mesmo inclinar-se a um modelo extensivo e unitário de autor, que não distingue, no plano do injusto, entre autores e partícipes, mas que declara autor todo aquele que, de qualquer forma, concorre para o crime.[6] A razão imediata do interesse é, obviamente, a menção da teoria no contexto do julgamento da Ação Penal 470, o «caso mensalão».

O presente estudo não se reveste de maiores pretensões. O cada vez mais crescente interesse em torno da teoria, somado à inegável relevância prática que ela possui, tornam necessário, antes de qualquer passo mais ousado, um estudo de *caráter introdutório e expositivo*. Mais concretamente: o presente estudo tem como meta, em um sentido positivo, descrever o conteúdo básico da teoria do domínio do fato e, em um aspecto negativo, esclarecer o que ela não é, ou para o que ela não se presta. Uma tomada de posição crítica a respeito da teoria ou uma análise dos inúmeros problemas mais específicos da intrincada dogmática da autoria e da participação são empreendimentos que devem ficar para uma outra oportunidade, e que serão, em boa parte, desenvolvidos nos estudos subsequentes desta coletânea. Os autores não escondem, contudo, estarem convencidos do acerto tanto da teoria, como da generalidade dos resultados aos quais, com base nela, se chega, mas apenas esclarecem que o lugar para justificar essa convicção seria outro estudo, com finalidades mais pretensiosas.

---

3 Cúmplice e instigador.

4 A monografia de Batista, *Concurso de agentes*, 2. ed., Rio de Janeiro, 2004 (1. ed., 1979) é, segundo nos parece, pioneira em retirar consequências mais concretas da chamada teoria do domínio do fato. Nilo Batista informa que aparentemente foi Aníbal Bruno, em 1956, o primeiro jurista entre nós a mencionar a ideia de domínio do fato, ainda, todavia, sem a conotação que a ela se atrela no estado atual da teoria do delito (Batista, *Concurso*, p. 69 e ss.).

5 Cuja redação era: «Quem, de qualquer modo, concorre para o crime incide nas penas a este cominadas».

6 Ver as considerações de Cirino dos Santos, *Direito penal*, Curitiba-Rio de Janeiro, 2006, p. 353: apesar da adoção em princípio da teoria unitária de autor, a lei penal brasileira admite o emprego de teorias diferenciadoras, «como, por exemplo, a teoria do domínio do fato (...)»; no mesmo sentido, com fundamento em razões dogmáticas e também no princípio da legalidade, Greco, *Cumplicidade através de ações neutras*, Rio de Janeiro, 2004, p. 11 e s. Para um panorama da discussão brasileira, Batista, *Concurso*, p. 59 e ss., p. 69 e ss., sobre a teoria do domínio do fato, chamada por Nilo Batista de «critério final-objetivo».

1. A ORIGEM DA TEORIA DO DOMÍNIO DO FATO E AS RAZÕES CONCRETAS DE SEU DESENVOLVIMENTO

Refazer o percurso da chamada teoria do domínio do fato, cujas linhas mestras foram traçadas na já mencionada tese de habilitação[7] de Roxin sobre «Autoria e domínio do fato», publicada originalmente em 1963 e que foi republicada em 8.ª edição em 2006 – um fato histórico na Alemanha, país em que, pela abundância de boas bibliotecas, é em geral desnecessário que cada jurista construa sua biblioteca particular, de modo que monografias dificilmente chegam a uma segunda edição –, exigiria mais do que um artigo que pretende uma mera introdução descritiva ao problema. É tarefa árdua a de avaliar com exatidão a importância da obra, sua riqueza de ideias e a dimensão de sua influência na doutrina e na jurisprudência, tanto alemã, como estrangeira.[8]

A expressão domínio do fato foi usada, pela primeira vez, por Hegler no ano de 1915, mas ainda não possuía a conotação que se lhe empresta atualmente, estando mais atrelada aos fundamentos da culpabilidade.[9] A primeira formulação da ideia central da teoria do domínio do fato no plano da autoria, em termos assemelhados aos contornos que lhe confere Roxin, deu-se efetivamente em 1933, por Lobe,[10] mas produziu eco apenas quando Welzel a mencionou – sem referir-se, no entanto, ao seu antecessor – em famoso estudo de 1939, referindo-se a um *domínio final do fato* como critério determinante da autoria.[11] Em razão dessa sucessão de referências esparsas e pouco lineares

---

[7] A tese de habilitação equivale, grosso modo, à livre-docência e é requisito para se tornar professor catedrático na Alemanha.

[8] Roxin retornou ao tema da autoria e da participação em vários trabalhos ulteriores, com destaque para os comentários aos dispositivos da autoria e da participação em duas edições do mais renomado dos comentários ao código penal alemão, o Leipziger Kommentar (ROXIN, em: JESCHECK/RUSS/WILLMS (coords.), *Leipziger Kommentar zum Strafgesetzbuch*, 10. ed., Berlin, 1978, §§ 25-29; em: JÄHNKE/LAUFHÜTTE/ODERSKY (coords.), *Leipziger Kommentar zum Strafgesetzbuch,* 11. ed., Berlin, 1993, §§ 25-29) e no segundo volume de seu tratado (ROXIN, *Strafrecht, Allgemeiner Teil*, vol. II, München, 2003, §§ 25-27).

[9] HEGLER, «Die Merkmale des Verbrechens», *ZStW* 36 (1915), p. 19 e ss., p. 184 e ss. Ver a exposição do próprio ROXIN, *Täterschaft*, p. 60 e ss.

[10] LOBE, *Einführung in den Allgemeinen Teil des Strafrechts*, Berlin, 1933, especialmente p. 122 e s.

[11] WELZEL, Studien zum System des Strafrechts, *ZStW* 58 (1939), p. 491 e ss., p. 539 e ss. Sobre a história ver SCHÜNEMANN, *Leipziger Kommentar zum Strafgesetzbuch*, 12. ed., Berlin, 2007, § 25 nm. 7 e ss. Entre nós, Fragoso ensaiou adotar a ideia de domínio final do fato, por «representar mais exata caracterização da autoria, em correspondência com a realidade dos fatos», mas logo depois afirmou manter a chamada teoria formal-objetiva, FRAGOSO, *Lições de direito penal*, 5. ed., Rio de Janeiro, 1983, p. 256. Exposição pouco inteligível, no entanto, apresenta JESUS, *Teoria do domínio do fato no concurso de pessoas*, São Paulo, 2. ed., 2001, p. 17 e ss., p. 26 («domínio finalista do fato») que, ao que parece, tenta filiar-se às concepções de Welzel e à teoria do domínio do fato em sua elaboração posterior. O autor introduz designações próprias e equívocas («reunião de autorias» ou «autoria propriamente dita (?)», por exemplo), e

à ideia de domínio do fato é que se pode dizer, sem exagero, que apenas em 1963, com o estudo monográfico de Roxin, a ideia teve os seus contornos concretamente desenhados, o que lhe permitiu, paulatinamente, conquistar a adesão de quase toda a doutrina.[12]

A teoria do domínio do fato, como toda teoria jurídica, direta ou indiretamente, o deve ser, é uma *resposta a um problema concreto*.[13] O problema que a teoria se propõe a resolver, como já se insinuou, é o de *distinguir entre autor e partícipe*. Em geral,[14] assim, não se trata de determinar se o agente será ou não punido, e sim se o será como autor, ou como mero partícipe. Os Códigos penais alemães, tanto o vigente à época da monografia de Roxin, como o atual, exigem que se faça essa distinção. O CP brasileiro (art. 29, *caput*), todavia e como já se observou, não o exige, e mesmo insinua uma interpretação segundo a qual todo aquele que concorre para o crime – quem efetuou o disparo, quem convenceu esse primeiro a que cometesse o delito, quem emprestou a arma – é simplesmente autor do homicídio.[15] Haveria mesmo autores de maior ou menor importância (cf. art. 29, § 1.º, do CP), mas todos os concorrentes seriam autores. O atual CP alemão (StGB) já exclui de antemão essa possibilidade e exige que se diferencie entre autor e partícipe. Veja-se a redação dos dispositivos:

> «§ 25. Autoria. (1) É punido como autor, quem comete o fato por si mesmo ou por meio de outrem. (2) Se vários cometem conjuntamente o fato, cada um é punido como autor (coautor). § 26. Instigação. É punido como instigador, com pena igual à do autor, quem determinou dolosamente outrem ao cometimento de fato antijurídico doloso. § 27. Cumplicidade. (1) É punido como cúmplice quem prestou dolosamente auxílio a outrem para o cometimento de fato antiju-

---

chega a conclusões escandalosamente erradas, como a de que «o mandante é autor intelectual e não partícipe, uma vez que detém o domínio do fato» (p. 27), da qual nos ocuparemos infra 6.1.

[12] Embora, evidentemente, não seja uma teoria inconteste, como comprovam as últimas investidas dos críticos (ver infra 5.).

[13] Isso é algo que nunca se deve esquecer, quando se tenta importar uma teoria estrangeira. As teorias jurídicas, ao menos as de qualidade, não surgem no limbo, para satisfazer capricho de algum acadêmico, mas respondem a indagações bem concretas, cf. a respeito já Greco, Duas formas de fazer dogmática jurídico-penal, em: *Boletim do Instituto Brasileiro de Direito Penal Econômico*, ano 1, fascículo 1 (2009), p. 3 e s. A indagação concreta a que responde a teoria do domínio do fato é se o agente é autor ou partícipe. No direito alemão, a própria lei já obriga a resolver esse problema; no brasileiro, ter-se-ia, antes de importar acriticamente a teoria, estudar se isso é necessário; a respeito infra 6.2.

[14] Sobre a coautoria, que permite uma imputação recíproca, cf. infra 3.3 e especialmente 6.2, nota 91.

[15] Para dizê-lo com jargão mais técnico, isso significa que a teoria do domínio do fato é uma tentativa de fundamentar um conceito diferenciador (e não unitário) e restritivo (e não extensivo) de autor.

rídico doloso. (2) A pena do cúmplice tem como base a cominação dirigida ao autor. Ele deve ser mitigada segundo o § 49 Abs. 1.»[16]

Concretamente: a teoria do domínio do fato se propõe a auxiliar na subsunção do comportamento do autor ao § 25 StGB.

A importância dessa distinção, no direito alemão, não é meramente simbólica, e sim prática. A cumplicidade – emprestar a arma – é punida com pena atenuada (§ 27 II 2 StGB, que acabamos de transcrever). Sua tentativa é impunível. A instigação – convencer quem atirou a fazê-lo – é punida com a pena do autor (§ 26 StGB, também transcrito). Ocorre que a tentativa de instigação não é punível nos delitos leves (§ 30 I StGB). Mas a importância principal está numa consideração que interessa também para o direito brasileiro. Essa consideração é a de que, se os tipos forem mais do que mera causação, só o autor realiza o tipo.[17] Desenvolver essa consideração será tarefa do próximo estudo dessa coletânea.[18]

A *jurisprudência alemã*, ao contrário, transitava e ainda transita aleatoriamente entre vários critérios, fixando-se, em regra, na chamada *teoria subjetiva da autoria e participação*,[19] cuja ideia fundamental é distinguir entre autor e partícipe (cumplicidade e instigação) segundo a existência de uma vontade de autor (*animus auctoris*) ou de uma vontade de partícipe (*animus socii*).[20] Segundo uma versão *extrema*, hoje não mais defendida, seria possível até que aquele que realiza de mão própria todos os elementos do tipo – quem efetua o disparo que vem a matar a vítima – fosse punido como mero partícipe, no caso, como cúmplice, e não como autor do delito, se lhe faltasse a vontade de autor de que fala a teoria (o agente comete o delito a pedidos insistentes e no exclusivo interesse de outra pessoa). Com base nessas premissas considerou-se que poderiam ser partícipes a mulher que afogou o bebê da irmã, porque a sua atuação estava motivada por fazer um favor a esta (chamado caso da banheira, RGSt 74, 84 [1940]), e o agente do serviço secreto soviético que, a mando de um superior, assassinou uma pessoa em território alemão (caso Staschinsky,

---

[16] No original:
«§ 25. Täterschaft. (1) *Als Täter wird bestraft, wer die Straftat selbst oder durch einen anderen begeht.* (2) *Begehen mehrere die Straftat gemeinschaftlich, so wird jeder als Täter bestraft (Mittäter).*
§ 26. Anstiftung. *Als Anstifter wird gleich einem Täter bestraft, wer vorsätzlich einen anderen zu dessen vorsätzlich begangener rechtswidriger Tat bestimmt hat.*
§ 27. Beihilfe. *(1) Als Gehilfe wird bestraft, wer vorsätzlich einem anderen zu dessen vorsätzlich begangener rechtswidriger Tat Hilfe geleistet hat. (2) Die Strafe für den Gehilfen richtet sich nach der Strafdrohung für den Täter. Sie ist nach § 49 Abs. 1 zu mildern.*»

[17] Cf. GRECO, *Cumplicidade*, p. 11 e s.

[18] A respeito, também infra, 6.2.

[19] SCHÜNEMANN, *Leipziger Kommentar*, § 25 nm. 17 e ss.

[20] ROXIN, AT II, § 25 nm. 17 e ss.

BGHSt 18, 87 [1962]). Na atualidade, a jurisprudência ainda se vale de um ponto de partida subjetivo, principalmente a existência ou não de um interesse próprio na realização do fato, ponto de partida esse que é mitigado por meio de critérios de caráter objetivo. Não há, na jurisprudência alemã, uma linha unitária e coerente, razão pela qual Roxin fala em uma «*teoria normativa da combinação*»,[21] que, ao lado de outros fatores, se vale também do domínio sobre o acontecer típico para adscrever ao agente um «interesse próprio» na conduta, combinando assim o critério do domínio do fato com uma teoria subjetiva.[22]

A situação de instabilidade jurisprudencial, somada à indefinição conceitual que caracterizava a doutrina – faltava uma sistematização do lugar da ideia de domínio do fato na dogmática da autoria –, foram os fatores que motivaram a busca de um critério reitor comum, capaz de, por um lado, estabelecer de forma sólida o traço distintivo do conceito de autor e, por outro, guiar as decisões judiciais, resguardando os cidadãos de decisões judiciais intuitivas e arbitrárias.

2. A IDEIA REITORA: A FIGURA CENTRAL DO ACONTECER TÍPICO

Roxin propôs a construção de um sistema da autoria no direito penal levando adiante a ideia, até então meramente insinuada, como já foi dito, de que autor é quem atua com o domínio do fato. Essa ideia não deve ser entendida como uma natural continuação de argumentos lançados por teorias antigas ou como uma mera combinação, por exemplo, entre uma teoria objetivo-formal, para a qual autor é quem realiza o núcleo do tipo,[23] e uma teoria subjetiva da autoria e da participação. A ideia de domínio do fato desenvolvida por Roxin é, nesse sentido, uma descoberta, uma inovação dogmática.[24] Ponto de partida é a ideia, situada num plano ainda mais abstrato, de que o autor é a *figura central do acontecer típico* (*Zentralgestalt des tatbestandsmäßigen Geschehens*).[25] O conceito de autor é *primário* e possui significado central no injusto típico,[26] no sentido de que as formas de participação (a instigação

---

[21] Roxin, AT II, § 25 nm. 22 e ss.; exposição pormenorizada do estado atual da jurisprudência em Schünemann, *Leipziger Kommentar*, § 25 nm. 17 e ss.

[22] Em língua espanhola, o leitor encontrará referências históricas a respeito da ideia de domínio do fato em Díaz y García Conlledo, *La autoría en derecho penal*, Barcelona, 1991, p. 545 e ss. Ver, em língua portuguesa, a sucinta e precisa exposição de Figueiredo Dias, *Direito penal*, tomo I, 2. ed., Coimbra, 2007, p. 765 e ss.

[23] Roxin, *Täterschaft*, p. 34 e ss.

[24] Roxin, *Täterschaft*, p. 322 e ss., 326.

[25] Roxin, *Täterschaft*, p. 25 e ss.; AT II, § 25 nm. 10 e ss., 27.

[26] Nesse sentido é que Roxin fala que o conceito de autor é «indiferente em relação à culpabilidade» e também não é mera questão de merecimento de pena ou determinação judicial da pena, sendo antes uma categoria relacionada ao tipo, Roxin, *Täterschaft*, p. 330 e s. Essa é uma

e a cumplicidade) são causas de extensão da punibilidade,[27] que só entram em cena quando o agente não é autor. O partícipe é, da perspectiva do tipo penal, quem contribui para um fato típico em caráter meramente secundário, é a figura marginal, lateral do acontecer típico, o que se extrai ante a ausência de algum dos elementos que determinam positivamente a autoria do fato.[28]

A ideia reitora da *figura central do acontecer típico* retém pretensão de validade geral, e se expressa pelo domínio do fato (nos chamados delitos de domínio, que compreendem, fundamentalmente, os delitos comuns comissivos dolosos, como veremos abaixo no item 3), pela violação de um dever especial (nos delitos próprios, que Roxin chama de delitos de dever) ou pelo elemento típico que exige a prática da conduta com as próprias mãos (nos delitos de mão própria). O domínio do fato é, assim, uma das expressões, mas não a única, da ideia de que autor de um delito é, sempre, a figura central do acontecer típico.

3. AS TRÊS MANIFESTAÇÕES CONCRETAS DA IDEIA DE DOMÍNIO DO FATO

O domínio do fato como expressão da ideia reitora da figura central do acontecer típico manifesta-se, por sua vez, de três formas concretas, a saber: o domínio da ação (infra 3.1); o domínio da vontade (infra 3.2) e o domínio funcional do fato (infra 3.3).

3.1 Domínio da ação: autoria imediata

O domínio sobre realização do tipo pode manifestar-se, primeiramente, como um *domínio sobre a própria ação* (*Handlungsherrschaft*), que é o domínio de quem realiza, em sua própria pessoa, todos os elementos de um tipo, isto é, do *autor imediato*.[29] Trata-se da hipótese do § 25 I StGB, descrita pelas palavras «comete o fato por si mesmo».

Quem aperta o gatilho tem o domínio da ação e nunca poderá ser mero partícipe, ao contrário do que, como vimos, muitas vezes decidira a jurisprudência alemã, partindo de uma teoria subjetiva extrema. Aquele que domina a ação permanece autor ainda que aja a pedido ou a mando de outrem, ou

---

das razões pelas quais está equivocada a ilação de JESUS, *Teoria do domínio do fato no concurso de pessoas*, p. 28, de que a teoria do domínio do fato é adotada em nosso código penal na medida em que o legislador determina a agravação da pena daquele «que promove, ou organiza a cooperação no crime ou dirige a atividade dos demais agentes» (art. 62, I).

[27] Nesse sentido é que se pode dizer que a teorias do domínio do fato adota um conceito restritivo de autor. Cf. ROXIN, *Täterschaft*, p. 26 e ss., 328.

[28] ROXIN, *Täterschaft*, p. 268.

[29] ROXIN, *Täterschaft*, p. 127 e ss.; AT II, § 25 nm. 38 e ss.

mesmo em erro de proibição inevitável determinado por um terceiro (§ 17 do StGB; art. 21 do nosso CP); será um autor exculpado, mas ainda assim autor do fato típico, ainda que não necessariamente o único.[30]

3.2 Domínio da vontade: autoria mediata

A segunda maneira de dominar um fato está no chamado *domínio da vontade* (*Willensherrschaft*) de um terceiro que, por alguma razão, é reduzido a mero instrumento.[31] As razões desse domínio, próprio do *autor mediato,* descrito também pelo § 25 I do StGB, por meio da expressão «comete o fato por meio de outrem», são, fundamentalmente, três:

Em primeiro lugar, a *coação* exercida sobre o homem da frente.[32] Aqui propõe Roxin o por ele chamado *princípio da responsabilidade* (*Verantwortungsprinzip*): ao exculpar o homem da frente em certos casos de coação (§ 35 do StGB; art. 22, CP), o legislador dá a entender que quer responsabilizar o homem de trás que provoca ou que se aproveita dessa situação, o que entre nós é expressamente indicado no art. 22 do CP.[33] O princípio da responsabilidade é, para Roxin, o único parâmetro viável nos casos de coação, uma vez que dominar alguém que sabe o que faz é algo, em princípio, excepcional, que só pode ser admitido com base nos parâmetros fixados pelo legislador.

Um segundo grupo de razões para a autoria mediata está no *erro*.[34] Roxin desenvolve uma teoria escalonada dos vários erros que fundamentam autoria mediata, que vão desde o erro de tipo até o erro de proibição evitável.[35-36] A dá a B uma arma supostamente descarregada e convence-o a «assustar» C, apertando o gatilho; o «susto» é mortal. O estudante de direito X diz a Y que não é proibido sair do país portando U$$ 30.000 sem declarar à autoridade competente. Aqui, A e X são autores mediatos do homicídio doloso e da evasão de divisas. Para Roxin, e este é um dos aspectos mais controvertidos da teoria, também erros que não excluem nem diminuem o dolo ou a culpabilidade do homem da frente, como o *error in persona* (A diz a B: «pode atirar, é C», mas, como sabia A, se trata de D), ou mesmo erros sobre a quantidade do injusto (A diz a B: «destrua esse quadro, é uma mera cópia de um Rubens»,

---

[30] Roxin, AT II, § 25 nm. 43.

[31] Roxin, *Täterschaft*, p. 141 e ss.; AT II, § 25 nm. 45 e ss.

[32] Roxin, *Täterschaft*, p. 143 e ss.; AT II, § 25 nm. 47 e ss.

[33] Roxin, *Täterschaft*, p. 146 e s.; AT II, § 25 nm. 48. Observe-se que Roxin não aceita esse princípio nos casos de erro, que discutiremos a seguir, porque todo conhecimento superior do homem de trás significaria o domínio da vontade do homem frente, cf. *Täterschaft*, p. 172.

[34] Roxin, *Täterschaft*, p. 171 e ss.; AT II, § 25 nm. 61 e ss.

[35] Sobre os elementos do conceito de «erro de proibição evitável» ver em detalhes Leite, Existem deveres gerais de informação no direito penal? *RT* 922, 2012, p. 323 e ss., e Leite, *Dúvida e erro sobre a proibição no direito penal*, São Paulo, 2012, p. 35 e ss., p. 143 e ss.

[36] Roxin, *Täterschaft*, p. 197 e ss.; AT II, § 25 nm. 61.

apesar de saber que se trata de um original), bastam para fundamentar uma autoria mediata, pois esta, para Roxin, encontra sua razão última no *conhecimento superior* (*überlegenes Sachwissen*) do homem de trás, que lhe permite controlar, dominar o homem da frente como se esse fosse uma marionete.[37] Nesses casos, tanto o homem de trás, A, quanto o homem de frente, B, serão autores; ou seja, Roxin reconhece a possibilidade de autoria mediata por meio de um instrumento plenamente responsável: um autor por trás do autor.

Há, além das acima mencionadas, uma situação adicional, mais notória de autoria mediata por meio de um instrumento plenamente responsável. Trata-se da terceira forma de autoria mediata: além do domínio sobre a vontade de um terceiro por meio de erro ou de coação, propõe Roxin, de forma original, que se reconheça a possibilidade de domínio por meio de um *aparato organizado de poder*, categoria que ingressou na discussão científica em artigo publicado por Roxin em 1963 na revista *Goltdammer's Archiv für Strafrecht*,[38] e que é objeto constante das manifestações de Roxin.[39] Aquele que, servindo-se de uma organização verticalmente estruturada e apartada, dissociada da ordem jurídica, emite uma ordem cujo cumprimento é entregue a executores fungíveis, que funcionam como meras engrenagens de uma estrutura automática,

---

[37] ROXIN, *Täterschaft*, p. 212 e ss.; AT II, § 25 nm. 94 e ss. Cf. também o estudo Bemerkungen zum «Täter hinter dem Täter», em WARDA *et alii* (coords.), *Festschrift für Lange*, Berlin/New York, 1976, p. 173 e ss.

[38] ROXIN, *Straftaten im Rahmen organisatorischer Machtapparate*, GA 1963, p. 193 e ss.; *Täterschaft*, p. 242 e ss. Em sua tese habilitação, Roxin dedica apenas 10 das 600 páginas a essa categoria, devendo o artigo do Goltdammer's Archiv ser considerado o *locus classicus* da origem do domínio da organização. Ver a esse respeito SCHÜNEMANN, *Schrumpfende Basis, wuchernder Überbau? Zum Schicksal der Tatherrschaftsdoktrin nach 50 Jahren*, HEINRICH *et alii* (coords.), *Festschrift für Roxin zum 80.* Geburtstag, Berlin/New York, 2011, p. 799 e ss., p. 799.

[39] ROXIN, *Probleme von Täterschaft und Teilnahme bei der organisierten Kriminalität*, Samson *et alii* (coords.), Festschrift für Grünwald, Baden Baden, 1999, p. 549 e ss.; *Anmerkungen zum Vortrag von Prof. Herzberg*, AMELUNG (coord.), *Individuelle Verantwortung und Beteiligungsverhältnisse bei Straftaten in bürokratischen Organisationen des Staates, der Wirtschaft und der Gesellschaft*, Sinzheim, 2000, p. 55 e ss.; *Mittelbare Täterschaft kraft Organisationsherrschaft*, NStZ Sonderheft für Schäfer, München, 2002, p. 52 e ss (há trad. brasileira, Autoria mediata por meio do domíno da organização, trad. Tavares Lobato, L. GRECO/TAVARES LOBATO (coords.), *Temas de direito penal.* Parte General, Rio de Janeiro/São Paulo/Recife, 2008, p. 323 e ss.); *Organisationsherrschaft als eigenständige Form mittelbarer Täterschaft*, SchwZStr 125 (2007), p. 1 e ss. (há trad. brasileira, O domínio por organização como forma independente de autoria mediata, trad. Aflen da Silva, *Revista Panóptica*, ano 3 vol. 17 [2009], p. 69 e ss.); *Organisationsherrschaft und Tatentschlossenheit*, HOYER *et alii* (coords.), *Festschrift für Schroeder*, Heidelberg, 2006, p. 387 e ss.; AT II, § 25 nm. 105 e ss.; Bemerkungen zum Fujimori-Urteil des Obersten Gerichtshofs in Peru, *ZIS* 2009, p. 565 e ss. (há tradução brasileira: Observações sobre a decisão da Corte Suprema peruana no caso Fujimori, trad. A. Leite, *RBCC* 91, 2011, p. 11 e ss.); *Organisationssteuerung als Erscheinungsform mittelbarer Täterschaft*, AMELUNG *et alii* (coords.), Festschrift für Krey, Stuttgart, 2010, p. 449 e ss.; Zur neuesten Diskussion über die Organisationsherrschaft, *GA* 2012, p. 395 e ss.

não se limita a instigar, mas é verdadeiro autor mediato dos fatos realizados. Isso significa que pessoas em posições de comando em governos totalitários ou em organizações criminosas ou terroristas são autores mediatos, o que está em conformidade não apenas com os parâmetros de imputação existentes na história, como com o inegável fato de que, em estruturas verticalizadas dissociadas do direito, a responsabilidade tende não a diminuir e sim a aumentar em função da distância que se encontra um agente em relação ao acontecimento final.[40] Esse – e não, por exemplo, o número de vítimas ou o número de intervenientes[41] – é o critério material que indica que o domínio do aparato organizado compensa a perda de controle relativa ao distanciamento em relação ao fato concreto (a morte de determinada pessoa, por exemplo).[42] Os requisitos dessa forma de autoria mediata são, assim, a emissão de uma ordem a partir de uma posição de poder dentro de uma organização verticalmente estruturada (1) e dissociada do direito (2), e a fungibilidade dos executores (3).[43] O exemplo mais cristalino é o processo contra Eichmann, que inclusive serviu de paradigma a Roxin quando formulou a teoria, no início da década de 1960.[44]

A figura do domínio da organização originou uma das mais intensas *discussões* da atualidade, em que se debate, principalmente, se a figura sequer deve ser reconhecida[45] e, num plano mais concreto, se ela deve ser aplicada também a organizações não dissociadas do direito, isto é, a empresas.[46-47]

---

[40] Roxin, *Täterschaft*, p. 247. Isso não significa, obviamente, que os executores sejam meros partícipes, como decidira a jurisprudência no caso Staschinsky, acima mencionado. Como já foi dito, quem realiza de mão própria todos os elementos de um tipo tem o domínio sobre a ação e, portanto, é sempre autor.

[41] Roxin, *Täterschaft*, p. 247.

[42] Ver também o esclarecimento de Roxin, *Täterschaft*, p. 251 e ss.

[43] Cf. Roxin, AT II § 25 nm. 105, 107; Schünemann, *Leipziger Kommentar*, § 25, nm. 122 e s.

[44] Roxin, GA 1963, p. 193 e ss.; *Täterschaft*, p. 243, 246 e ss.

[45] O que é recusado, principalmente, por Köhler, *Strafrecht Allgemeiner Teil*, Berlin, 1997, p. 510 e s.; Jakobs, Anmerkung zu BGHSt 40, 228, NStZ 1995, p. 26 e s.; Jescheck/Weigend, *Strafrecht Allgemeiner Teil*, 5. ed. Berlin, 1996, § 62 II 8 (p. 664 e s., 670); Murmann, *Tatherrschaft durch Weisungsmacht*, GA 1996, p. 269 e ss. (p. 273 e ss., 275); Rotsch, Die Rechtsfigur des Täters hinter dem Täter bei der Begehung von Straftaten im Rahmen organisatorischer Machtapparate und ihre Übertragbarkeit auf wirtschaftliche Organisationsstrukturen, *NStZ* 1998, p. 491 e ss.; Otto, Täterschaft kraft organisatorischen Machtapparates, *Jura* 2001, p. 753 e ss. (p. 756, 757); Renzikowski, *Restriktiver Täterbegriff und fahrlässige Beteiligung*, Tübingen, 1997, p. 89. Ver Roxin, *Täterschaft*, p. 704 e ss.

[46] A favor BGHSt 40, 218, 237; no mesmo sentido Hefendehl, *Tatherrschaft im Unternehmen aus kriminologischer Perspektive*, GA 2004, p. 575 e ss. (586); Nack, *Mittelbare Täterschaft durch Ausnutzung regelhafter Abläufe*, GA 2006, p. 342 e ss. Schünemann afirmou recentemente que pensa que, caso Roxin tivesse usado outra expressão no lugar de «aparatos organizados de poder», como por exemplo «regimes terroristas que agem por meio de coação», teria ao menos dificultado a desnaturação de sua ideia pela jurisprudência, Schünemann, *Schrumpfende Basis, wuchernder Überbau? Zum Schicksal der Tatherrschaftsdoktrin nach 50 Jahren,*

O principal argumento dos críticos da teoria é o chamado princípio da autorresponsabilidade, segundo o qual seria inadmissível um autor por trás de outro autor plenamente responsável. Esse princípio, contudo, tem caráter duvidoso, como o primeiro autor do presente estudo demonstrará minuciosamente noutro estudo desta coletânea.[48] Voltemo-nos, assim, ao outro foco da discussão, ao segundo dos três requisitos acima mencionados, isto é, a dissociação ou desvinculação da ordem jurídica (*Rechtsgelöstheit*). Quem quer aplicar a construção a empresas começa, em geral, por negar a necessidade desse requisito, para com isso aplicar essa forma de autoria mediata a toda organização verticalmente estruturada e com executores fungíveis.

Roxin, desde sua primeira[49] manifestação até a última,[50] e Schünemann[51] insistem nesse critério. Apenas organizações de natureza criminosa, que se encontrem, nesse sentido, *dissociadas, apartadas da ordem jurídica*, como máfias, grupos terroristas ou ditaduras, conferem ao superior que emite ordens o domínio sobre a atuação concreta e responsável dos executores de suas ordens. Em empresas, caso o superior emita ordens ilegais e não haja outro fundamento para a autoria mediata (como erro ou coação), há, em regra, apenas instigação: «nesses casos não se age *com* o aparato, mas contra o aparato».[52] O fundamento da autoria mediata por domínio da organização não repousaria, assim, em um cru poder de mando, mas no funcionamento «clandestino», na conformação completamente apartada da ordem jurídica. Em organizações moldadas conforme à ordem jurídica, como sociedades empresárias em geral, é de se esperar que ordens ilegais emitidas por algum superior não sejam automaticamente cumpridas por terceiros autorresponsáveis, isto é, que não estão

---

Festschrift für Claus Roxin, Berlin/New York 2011, p. 799 e ss., p. 803. Em língua espanhola ver as considerações gerais de Cabana, *Responsabilidad penal del dirigente en estructuras jerárquicas*, Valencia, 2004, p. 305 e ss. Em detalhes sobre esse problema o estudo de Greco/Assis, na presente coletânea, p. 81 e ss.

[47] Há também uma interessante, mas menos prática discussão sobre o terceiro requisito, a fungibilidade (Rotsch, *Tatherrschaft kraft Organisationsherrschaft?, ZStW* 112 (2000), Berlin/New York, p. 518 e ss. (p. 527 e ss.); Neues zur Organisationsherrschaft, *NStZ* 2005, p. 13 e ss. (p. 16); *«Einheitstäterschaft» statt Tatherrschaft,* Tübingen, 2009, p. 324 e ss.; Herzberg, *Mittelbare Täterschaft und Anstiftung in formalen Organisationen*, Amelung (coord.), *Individuelle Verantwortung und Beteiligungsverhältnisse bei Straftätern in bürokratischen Organisationen des Staates, der Wirtschaft und der Gesellschaft*, 2000, p. 33 e ss. (p. 37 e s.); *Antwort auf die Anmerkung von Prof. Dr. Roxin*, no mesmo volume, p. 57 e ss. (p. 58 e ss.).; só mais recentemente se tem voltado os olhos para o primeiro requisito, a organização verticalmente estruturada (cf. Ambos, *Zur «Organisation» bei der Organisationsherrschaft*, Festschrift Roxin, 2011, p. 837 e ss.).

[48] Greco, nesta coletânea, p. 203 e ss.

[49] Roxin, *Täterschaft*, p. 249 e ss.

[50] Roxin, GA 2012, p. 409 e s.

[51] Schünemann, *Leipziger Kommentar*, § 25, nm. 130 e ss.; FS Roxin, 2011, p. 803 e ss.

[52] Roxin, *Täterschaft*, p. 249.

em erro e nem coagidos. Doutro modo, estar-se-ia partindo da presunção de que sociedades empresárias são organizações criminosas.[53] Isso não exclui que o superior seja, ao final, autor; essa atribuição de autoria se fundamenta, contudo, em outras razões, que não o seu domínio sobre o fato de executor.[54]

A ideia do domínio da organização causou grande *impacto* na doutrina e na jurisprudência. Schünemann considera, inclusive, o receio de Roxin de que, com o espetacular sucesso jurisprudencial da ideia de domínio da organização, essa categoria seja vítima de manipulações teóricas, a razão maior pela qual o autor insiste em se manifestar a esse respeito.[55] Por fim, o chamado domínio da organização não se confunde com o domínio do fato, sendo antes uma entre várias outras concretizações da ideia reitora de que autor do delito é a figura central do acontecer típico. Dominar a organização é «uma forma de aparição de domínio mediato do fato»[56] ao lado do domínio por erro ou por coação, e essas por sua vez têm a seu lado o domínio da ação, característico do autor imediato, e o domínio funcional do fato, característico da coautoria, ao qual em seguida nos voltaremos.

3.3 Domínio funcional do fato: coautoria

A terceira maneira de dominar um fato está numa atuação coordenada, em divisão de tarefas, com pelo menos mais uma pessoa. A aponta uma pistola para a vítima (grave ameaça), enquanto B lhe toma o relógio do pulso (subtração de coisa alheia móvel): aqui, seria inadequado que A respondesse apenas pelo delito de ameaça (art. 147, CP) ou de constrangimento ilegal (art. 146, CP), e B apenas pelo furto (art. 155, CP). Se duas ou mais pessoas, partindo de uma decisão conjunta de praticar o fato, contribuem para a sua realização com um ato relevante[57] de um delito, elas terão o *domínio funcional*

---

[53] Sobre o conceito vide Estellita/Greco, Empresa, quadrilha (art. 288 do CP) e organização criminosa. «Uma análise sob a luz do bem jurídico protegido», *RBCC* 91 (2011), São Paulo, p. 393 e ss.

[54] Observe-se, por fim, que as reflexões em torno do domínio da organização não significam que todos aqueles que integram o aparato organizado de poder são, sempre, autores. Há a possibilidade de cumplicidade no interior desses aparatos, por exemplo, quando o sujeito pratica fatos que não influenciam o direcionamento concreto do aparato, como aquele que, sem poder decisório qualquer, auxilia tecnicamente na elaboração de um plano de aniquilação de um grupo de pessoas (cúmplice), assim como aquele que, de fora do aparato, denuncia um determinado grupo e causa na cúpula uma ideia de aniquilação, sem possuir qualquer influência no decorrer dos acontecimentos (instigador). Cf. quanto a isso Roxin, *Täterschaft*, p. 249.

[55] Schünemann, *Festschrift Roxin*, 2011, p. 799 e ss., p. 801. Esse medo é fundado, como demonstra o fato de a jurisprudência alemã ter ampliado sensivelmente a aplicação da ideia de domínio da organização na decisão BGHSt 40, 218 e ss.

[56] Roxin, *Täterschaft*, p. 247.

[57] Segundo Roxin, *Täterschaft*, p. 275 e ss., na fase de execução (e não na fase preparatória); em sentido contrário, a posição dominante, cf. por todos Rengier, *Strafrecht* AT, 3. ed., München,

do fato (*funktionale Tatherrschaft*), que fará de cada qual *coautor* do fato como um todo, ocorrendo aqui, como conseqüência jurídica, o que se chama de imputação recíproca.[58] A e B responderão, assim, ambos pelo delito de roubo (art. 157, CP). A existência de uma imputação recíproca, que, concretamente, significa imputar a um sujeito fatos de terceiros, não é óbvia, e exige uma forte fundamentação jurídica, como se verá no decorrer deste livro.

4. AUSÊNCIA DE PRETENSÃO DE UNIVERSALIDADE. DOMÍNIO DO FATO, DELITOS DE DEVER E DELITOS DE MÃO PRÓPRIA

O critério do domínio do fato não é proposto com pretensões de universalidade, isto é, tal como se fosse aplicável a todas as espécies de delitos.[59] Há delitos cuja autoria se determina com base em outros critérios, que não a ideia de domínio do fato. A despeito disso, permanece como critério geral de orientação a já mencionada ideia de que autor é a figura central do acontecer típico.

4.1 Delitos de dever

O primeiro e mais importante desses delitos em que não se opera com a teoria do domínio do fato é o grupo dos chamados delitos de dever ou, como preferem os espanhóis,[60] delitos de violação de dever (*Pflichtdelikte*). A figura dos *delitos de dever* não só encontrou acolhida em grande parte da doutrina,[61]

2011, § 44, nm. 40 e s., p. 400 e ss.; Joecks, *Münchner Kommentar*, § 25, nm. 53 e ss., p. 1.157 e ss.

[58] Roxin, *Täterschaft*, p. 277 e ss.; AT II, § 25 nm. 188 e ss.

[59] Ver a exposição de Figueiredo Dias, *Direito penal*, p. 767 e ss.

[60] Díaz y García Conlledo, *La autoría en derecho penal*, p. 728 e ss., com esclarecimento sobre a terminologia. Ver também Robles Planas, *Garantes y cómplices*, Barcelona, 2007, p. 31 e ss; *La participación en el delito: fundamento y límites*, Madrid/Barcelona, 2003, p. 226 e ss. Sobre a aceitação e crítica na doutrina espanhola ver S. Bacigalupo, *Autoría y participación en delitos de infracción de deber*, Madri, 2007, p. 89 e ss., autora que compreende que a teoria da infração de um dever é um complemento necessário da teoria do domínio do fato (p. 15 e ss.); ver também Sánchez-Vera, citado na nota 62.

[61] Joecks, *Münchener Kommentar*, § 25, nm. 43; *Heine*, em: Schönke/Schröder Strafgesetzbuch Kommentar, 28. ed., München, 2010, vor § 25, nm. 84; Pariona, *Täterschaft und Pflichtverletzung*, Baden Baden, 2010, p. 71 e ss.; todos com ulteriores referências. Críticos Schünemann, *Leipziger Kommentar*, § 25, nm. 43 e s.; *J.H. Chen*, Das Garantensonderdelikt, Berlin, 2006, p. 68 e ss., 108 e ss.; Pizarro Beleza, *Die Täterschaftsstruktur bei Pflichtdelikten – Pflichtträgerschaft versus Tatherrschaft*, em: Schünemann/Figueiredo Dias, Bausteine eines europäischen Strafrechts. Coimbra-Symposium für Claus Roxin, Köln etc., 1995, p. 267 e ss. (p. 271 e ss.); *Hoyer*, em: Rudolphi *et alii* (coords.), Systematischer Kommentar zum Strafgesetzbuch, 7. ed., Köln, 2000, § 25, nm. 22 e ss. Contrário a essa teoria, em Portugal, Figueiredo Dias, *Direito penal*, p. 771. No Brasil, manifestou-se a esse respeito, com relativo pioneirismo, Moura, Autoria e participação nos crimes desde a empresa, *Revista CEPPG* 25 (2011), p. 54 e ss., que critica a incompatibilidade entre a ideia de domínio do fato e a de delitos de infração de

como também foi erigida por Jakobs e sua escola a um dos pilares de sua teoria normativista do injusto penal.[62]

Tipos penais há em que o legislador, ao invés de descrever da forma mais precisa possível as ações humanas que lesionam o bem jurídico, serve-se de outra técnica e se apóia em deveres, concretizados em outros setores da ordem jurídica, e cuja violação passa a ser um requisito do tipo penal.[63] Aqui, Roxin entende que autor é quem viola um dever especial,[64] pouco importando o domínio que tenha sobre o fato;[65] quem concorre para o fato sem esse dever será mero partícipe. Nesses casos, «é característico que o detentor desses deveres surge entre os outros intervenientes como aquele que possui uma relação especial com o conteúdo de injusto do fato, de modo que o legislador o considera, em função exclusiva dessa obrigação, a figura central do acontecer típico e, assim, autor».[66]

Se se seguisse, aqui, à risca a teoria do domínio do fato, poder-se-ia considerar suficiente para a autoria (mediata), por exemplo, que a qualificação pessoal existisse na pessoa do instrumento. Pense-se no *extraneus* que coage um funcionário público a cometer um delito funcional: o *extraneus* possui, sim, o domínio do fato, mas não poderá ser autor do delito funcional.[67] Consi-

---

um dever. Não se entende bem o porquê da crítica; a teoria do domínio do fato, que, como dito, não tem pretensões de universalidade, não cuida e nem pretende cuidar dos delitos de infração de dever.

[62] JAKOBS, *Strafrecht Allgemeiner Teil*, 2. ed., Berlin/New York, 1993, § 1, nm. 7, § 7, nm. 70 e s., § 21, nm. 115 e ss., § 29, nm. 57 e ss.; Die strafrechtliche Zurechnung von Tun und Unterlassen, Opladen, 1996, p. 19 e ss.; La normativización del derecho penal en el ejemplo de la participación, trad. Cancio Meliá, Modernas tendencias en la ciencia del Derecho penal y en la Criminología, Madri, 2001, p. 619 e ss.; SÁNCHEZ VERA, *Pflichtdelikt und Beteiligung,* Berlin, 1999, p. 51 e ss. (= *Delito de infracción de deber y participación*, Madri: Marcial Pons, 2002); *Delito de infración de deber*, Montealegre Lynett (coord.), *El funcionalismo en derecho penal*, vol. II, Bogotá, 2003, p. 273 e ss.; PERDOMO TORRES, *El concepto de deber jurídico*, no mesmo volume, p. 231 e ss. (248 e ss.); PIÑA ROCHEFORT, *Rol social y sistema jurídico-penal*, Montealegre Lynett (coord.), *El funcionalismo en derecho penal,* vol. I, Bogotá, 2003, p. 271 e ss. e ss. (p. 54 e ss.); MONTEALEGRE LYNETT/PERDOMO TORRES, *Funcionalismo y normativismo penal*, Bogotá, 2006, p. 49 e ss.

[63] ROXIN, *Täterschaft*, p. 352 e ss., p. 353; AT II, § 25, nm. 14, 267 e ss.; *Política criminal e sistema jurídico-penal,* trad. Greco, Rio de Janeiro, 2000, p. 34 e ss.

[64] Anteriormente, Roxin afirmou que esses deveres possuíam natureza extrapenal, pertenciam a outros ramos do direito (ROXIN, *Täterschaft*, p. 352 e ss., a explicação da mudança de opinião na p. 742). Em seu tratado, no entanto, publicado em 2003, Roxin dá ouvidos à crítica de Schünemann (por último, Leipziger Kommentar, § 25, nm. 39 e ss.) e altera essa posição, afirmando que esses deveres, uma vez incluídos no tipo penal, são deveres jurídico-penais, são parte do tipo penal: ROXIN, AT II, § 25 nm. 14, 267 e ss. Assim também o aluno peruano de Roxin, PARIONA, *Täterschaft und Pfichtverletzung*, Festschrift Roxin, 2011, p. 855 e ss.

[65] ROXIN, *Täterschaft*, p. 352 e ss., p. 353; AT II, § 25, nm. 14, 267 e ss.

[66] ROXIN, *Täterschaft*, p. 354.

[67] ROXIN, *Täterschaft*, p. 352 e ss.

derá-lo autor seria estranho, porque o que justifica a pena elevada do delito funcional – pense-se no peculato (art. 312, CP), com pena de 2 a 12 anos, e na apropriação indébita (art. 168, CP), com pena de 1 a 4 anos – é a violação de um dever que se dirige apenas ao detentor da função, e não a um terceiro.

O fundamental nos delitos de dever é a relevância da descrição típica para a determinação da autoria. Caso o tipo penal descreva a ação proibida e indique uma qualidade pessoal do autor, como ocorre nos delitos de dever, autor é apenas quem preenche esses dois requisitos, e a participação, como causa de extensão da punibilidade (conceito restritivo de autor) pode ocorrer ainda que falte um desses requisitos.[68] Nesses casos, o que determina a condição de autor ou de partícipe é a vinculação ao dever, e não a forma da contribuição concreta, se omissiva ou comissiva, de maior ou de menor importância. Autor é sempre e apenas aquele que possui o dever elevado a requisito do tipo penal em questão.

A *ratio* da proibição penal, nesses casos, é a violação de deveres ligados a um papel social assumido pelo próprio sujeito, mas a infração ao dever não constitui, ao contrário dos rumos que concedeu Jakobs à teoria,[69] o conteúdo de injusto típico, sendo apenas determinante para o conceito de autor.[70] Entre os delitos de dever se encontram, principalmente, os delitos próprios (delitos de funcionário público, por ex.), como é o caso dos delitos de corrupção passiva (art. 316, CP) e de peculato (art. 312, CP), e os delitos omissivos impróprios (em razão da posição de garantidor, art. 13, § 2.º, CP).[71] Os delitos omissivos não podem ser regidos pelos critérios dos delitos de domínio também porque o «domínio do fato pressupõe necessariamente um controle ativo do curso causal e não pode ser atingido por um mero não-fazer».[72]

4.2 Delitos de mão própria

Outro grupo de delitos cuja autoria é regida por critérios distintos do domínio do fato é o dos *delitos de mão própria:* neles, autor é exclusivamente quem pratica em sua própria pessoa a ação típica, sendo impossível a autoria mediata e a coautoria.[73] Há muita controvérsia sobre a classificação de um delito como delito de mão própria. Antes, discutia-se se o critério deveria

---

[68] Roxin, *Täterschaft*, p. 353.

[69] Cf. as referências acima, nota 62.

[70] Sobre essa diferença ver Robles Planas, *Garantes*, p. 34.

[71] Tavares, *Teoria dos crimes omissivos*, Madri, 2012, p. 404 e ss.

[72] Roxin, AT II, § 31, nm. 133 e ss. Assim também Schünemann, *Leipziger Kommentar*, § 25, nm. 209. Recentemente, um crítico da teoria do domínio do fato se manifestou especificamente sobre a autoria e a participação nos delitos omissivos: V. Haas, *Die Beteiligung durch Unterlassen*, ZIS 2011, p. 392 e ss.

[73] Roxin, *Täterschaft*, p. 399 e ss.; AT II § 25, nm. 15, 288 e ss.

ser a formulação típica (chamada teoria da letra da lei) ou o fato de o delito não exigir um resultado separável da ação proibida (chamada teoria do movimento corporal).[74] Roxin propõe que sejam diferenciados aqui três grupos de delitos: os delitos de comportamento vinculado (nossa tradução de «*verhaltensgebundene Delikte*»), em que o injusto repousa na reprovabilidade de um determinado modo de se comportar sem que seja necessária a comprovação de uma lesão a bem jurídico (exemplo do código alemão seria o incesto, § 173 StGB); os delitos de direito penal de autor (*täterstrafrechtliche Delikte*), que elegem como *ratio* da punição um modo de condução de vida, como o rufianismo, ainda existente em nosso Código Penal (art. 230 do CP); e os delitos de infração de um dever personalíssimo, como o delito de falso testemunho (art. 342, CP).[75] Os dois primeiros grupos são corpos estranhos no moderno direito penal e, em verdade, apenas o último grupo é de maior relevância.[76]

Para a dogmática da autoria e participação isso significa que, nesses casos, autor é quem realiza, por si próprio, o verbo de que se vale o legislador para descrever o tipo penal. Não é possível autoria mediata. Partindo dessas premissas, quem fornece informações falsas à testemunha, que, nelas crendo, acaba por incorporá-las na declaração prestada em juízo, não é autor do delito de falso testemunho (art. 342, CP). Como tampouco há fato principal, sequer culposo (inexiste falso testemunho culposo),[77] esse sujeito terá de ficar impune.

4.3 Delitos culposos?

Por fim, os delitos culposos, que inicialmente haviam sido entendidos como delitos de dever por Roxin,[78] devem ser regidos pelo sistema unitário de autor, isto é, renunciando-se a uma distinção entre autor e outras formas de participação e igualando, em regra, todas as formas de contribuição causal para o resultado.[79] Essa concepção vem sendo criticada cada vez mais,[80] e a

---

74 Roxin, AT II, § 25, nm. 288 e ss.

75 Roxin, AT II, § 25, nm. 297 e ss.

76 Roxin, AT II, § 25, nm. 301 e ss.

77 O que só seria relevante se se aceitar a possibilidade de participação em delito não doloso; na Alemanha, como se pode ver da redação dos dispositivos do direito alemão citados supra, isso é excluído pela própria lei.

78 Até a segunda edição, *Täterschaft und Täterschaft*, 2. ed. Berlin/New York, 1967, p. 527 e ss.; esse capítulo 11° sobre «Autoria e participação nos delitos culposos» foi retirado das edições seguintes, cf. 3. ed. Berlin/New York, 1975, p. 527 e ss., p. 741 e ss. Sobre o conceito unitário de autor e o seu desenvolvimento ver Schünemann, *Leipziger Kommentar*, vor § 25, nm. 5 e ss. No Brasil ver Souza Santos, *Coautoria em crime culposo e imputação objetiva*, Barueri, 2004, especialmente p. 93 e ss. e p. 109 e ss.

79 Roxin, *Täterschaft*, p. 737 e ss., p. 741; Schünemann, *Leipziger Kommentar*, § 25, nm. 215 e ss.

80 Principalmente Renzikowski, *Restriktiver Täterbegriff*, p. 154 e ss., 261 e ss.

possibilidade, por exemplo, de uma coautoria culposa não é de todo descartada, nem pelo próprio Roxin.[81]

5. REPERCUSSÃO

A doutrina aderiu amplamente à teoria do domínio do fato como ideia capaz de indicar contornos mais concretos para a distinção entre autor e partícipe. Evidentemente, não se trata de uma construção teórica inconteste. Na década de 80, mencione-se especialmente a monografia de Stein, que propôs uma teoria do concurso de pessoas fundada numa teoria das normas;[82] na atualidade, vejam-se especialmente os modelos de Jakobs, que propõe um retorno a um conceito extensivo de autor,[83] de Haas, que recorre a concepções civilísticas (entendendo, por exemplo, a instigação como mandato, o instigado, assim, como representante, na forma do § 164 I BGB, art. 116 do nosso CC),[84] e de Robles Planas e Rotsch, que propõem um retorno ao conceito extensivo de autor que, em última análise, reconduz a teoria do concurso de agentes à imputação objetiva.[85]

Como foi dito logo no início, a influência do livro do Roxin mal pode ser dimensionada. As ideias nele contidas estão no centro da discussão desde os anos que se seguiram à sua enunciação até os dias de hoje. A sistematização das formas de autoria, a diferenciação entre as diversas espécies de autoria mediata, segundo os seus fundamentos (e não apenas segundo o defeito presente no homem da frente, como procedem, contudo, ainda boa parte das exposições didáticas[86]), a clarificação da estrutura da coautoria, como atuar conjunto fundado em divisão de tarefas ou funções, a teoria dos delitos de dever e dos delitos de mão própria, todas essas contribuições foram decisivas e representam um *point of no return* na teoria do concurso de pessoas. Que a teoria ainda está em plena evolução, configura uma obviedade.

A mais notória consequência da construção de Roxin, contudo, é a figura de *autoria mediata por meio de aparatos organizados de poder*, que depois de tornar-se doutrina majoritária,[87] foi admitida não apenas pela jurisprudência

---

[81] A esse respeito ver SCHÜNEMANN, *Leipziger Kommentar*, § 25, nm. 215 e ss.; e *Roxin*, AT II, § 25, nm. 8., 239 e ss. Ver o estudo de GRECO/TEIXEIRA, nessa coletânea, p. 63 e s.

[82] STEIN, *Die strafrechtliche Beteiligungsformenlehre*, Berlin, 1988, p. 221 e ss.

[83] JAKOBS, *Beteiligung*, DÖLLING (coord.), *Festschrift für Lampe*, Berlin, 2003, p. 561 e ss.; *La normativización*, p. 619 e ss.

[84] HAAS, *Die Theorie der Tatherrschaft und ihre Grundlagen*, Berlin, 2008, p. 58 e ss. (sobre a instigação cf. p. 85 e ss.); v. Também HAAS, Kritik der Tatherrschaftslehre, *ZStW* 119 (2007), p. 519 e ss.

[85] ROBLES, *La participación*, p. 182 e ss.; ROTSCH, *Einheitstäterschaft*, p. 421 e ss.

[86] Por exemplo, RENGIER, *Strafrecht*, § 43, nm. 6 e ss., p. 370 e ss.

[87] Com ulteriores referências LACKNER/KÜHL, *Strafgesetzbuch*, 27. ed. München, 2011, § 25, nm. 2; HEINE, SCHÖNKE/SCHRÖDER (nota 12), § 25, nm. 25a; em língua portuguesa por

alemã,[88] como também pela de outros países, como a Argentina e o Peru,[89] e encontrou reconhecimento no direito penal internacional.[90] Ao que parece, o nosso Supremo Tribunal Federal fez uso da teoria da Ação Penal n. 470; em que medida dela serviu-se ao julgar o caso, é outra questão, cujo exame terá de ser reservado para o estudo detalhado do segundo autor do presente artigo, na sequência deste livro.

6. O QUE *NÃO É* A TEORIA DO DOMÍNIO DO FATO

Observamos acima que só de recente data a quinquagenária teoria do domínio do fato passou a ser objeto de interesse generalizado da comunidade jurídica brasileira. Desde que a teoria foi mencionada na sustentação oral do Procurador Geral de Justiça na Ação Penal 470, diante do Pleno do Supremo Tribunal Federal, avolumam-se manifestações sobre a teoria, e, na mesma proporção, cresce o estado de incerteza e desorientação generalizada. Infelizmente, tem-se a impressão de que boa parte daqueles que se auto-intitulam conhecedores da teoria e que se propõem a explicá-la para o grande público – sem meias palavras – não sabem verdadeiramente do que se trata. Não é à toa que a maior parte dessas manifestações carece de referências bibliográficas.

---

ex. FIGUEIREDO DIAS, Autoria e participação no domínio da criminalidade organizada: alguns problemas, em: *Questões fundamentais de direito penal revisitadas*, São Paulo, 1999, p. 355 e ss. (p. 365 e ss.).

88 BGHSt 40, 218, 236 s.; 307, 316 s.; 42, 65, 69; 44, 204, 206; 45, 270, 296 ss.; síntese em SCHÜNEMANN, *Leipziger Kommentar*, § 25, nm. 124 e s.

89 Sobre a situação argentina, com várias informações, ver AMBOS, *Tatherrschaft durch Willensherrschaft kraft organisatorischer Machtapparate,* GA 1998, p. 226 e ss. (p. 238). Sobre o caso Fujimori no Peru, ver os estudos publicados na ZIS 2009: ROTSCH, *Von Eichmann bis Fujimori – Zur Rezeption der Organisationsherrschaft nach dem Urteil des Obersten Strafgerichtshofs Perus*, p. 549 e ss., AMBOS, *Politische und rechtliche Hintergründe des Urteils gegen den ehem. Peruanischen Präsidenten Alberto Fujimori*, p. 552 e ss.; ROXIN, *Bemerkungen zum Fujimori-Urteil des Obersten Gerichtshofs in Peru*, p. 565 e ss.; SCHROEDER, *Tatbereitschaft gegen Fungibilität*, p. 569 e ss.; JAKOBS, *Zur Täterschaft des Angeklagten Alberto Fujimori*, p. 572 e ss.; HERZBERG, *Das Fujimori-Urteil: Zur Beteiligung des Befehlsgebers an den Verbrechen seines Machtapparates*, p. 576 e ss; CARO CORIA, *Sobre la punición del ex presidente Alberto Fujimori. Fujimori como autor mediato de una organización criminal estatal*, p. 581 e ss.; GARCÍA CAVERO, *La autoría mediata por dominio de la voluntad en aparatos de poder organizados: El caso de Alberto Fujimori*, p. 596 e ss.; MEINI, *La autoría mediata por dominio de la organización en el caso Fujimori. Comentario a la sentencia de fecha 7.4.2009* (Exp. a.v. 19 – 2001) emitida por la Sala Penal especial de la Corte Suprema p. 603 e ss.; PARIONA, *La autoría mediata por organización en la Sentencia contra Fujimori,* p. 609 e ss.; VAN DER WILT, *On Functional Perpetration in Dutch Criminal Law. Some reflections sparked off by the Case against the former Peruvian president Alberto Fujimori*, p. 615 e ss. Ver a coletânea peruana, que reúne todos os estudos acima citados: AMBOS/MEINI (orgs.), *La autoría mediata. El caso Fujimori*, Lima, 2010.

90 Referências em AMBOS, *Internationales Strafrecht*, 2. ed., 2008, § 7 nm. 25; ZIS 2009, p. 564 nota 127.

Constrói-se, assim, uma ciência penal de ouvir-dizer, o que seria divertido, se se tratasse de um jogo de telefone-sem-fio, mas se torna trágico, quando o que se segue desse «segundo Roxin...» é uma sentença condenatória que enjaula alguém por tantos e tantos anos. Nem mesmo juristas de renome podem ser poupados desse reproche.[91] Cuidaremos, em seguida, de alguns dos erros que nos parecem mais difundidos.

6.1 «Segundo a teoria do domínio do fato, o mandante é autor»

A contrata B, para que este mate C, o amante de sua esposa. Após anos de maus-tratos nas mãos de P, M pede ao filho F maior de idade que mate o pai tirano. A e M são «mandantes», mas não autores, e sim partícipes, instigadores. Isso com ou sem a teoria do domínio do fato, mais até com ela, do que sem ela. Porque sem a teoria, o natural seria entender, arrimado na letra

---

[91] Veja-se, por todos, o artigo de Lênio Streck (acessível em: http://www.conjur.com.br/2012-ago-06/lenio-streck-mensalao-dominio-fato-algo-tipo-ponderacao). A despeito de criticar o fato de que «os autores que fundaram as diversas teorias são lidos por *apud»* e a «cultura manualesca», «que ensina teoria do delito (...) de segunda ou terceira mão», Streck faz o mesmo e ainda vai além. Em primeiro lugar, ele cria termos em língua estrangeira, chama a teoria do domínio do fato (em alemão: *Tatherrschaft*) repetidamente de *Theorie der Tatsache und Theorie Domäne der objektiv-subjektiv*, o que, em alemão, é ainda menos compreensível do que em português (traduzido: «teoria do fato e teoria domínio do [inserir substantivo] objetivo-subjetivo»). Em segundo lugar, o que é ainda mais grave, o autor comete uma série de erros materiais. O principal deles encontra-se na passagem segundo a qual a teoria «tem como pressuposto determinar a possibilidade de se "pegar" "*Der Mann hinter*", ou seja, o homem que está por trás do crime ou da organização criminosa». Aqui, Streck não apenas faz errôneo e novamente desnecessário uso de expressões em língua estrangeira (sucintamente, o correto seria dizer *Hintermann*; a expressão criada por Streck contém tantos erros, que teríamos de fazer mais uma nota para apontá-los), como comete um tríplice deslize: ele reduz a teoria a uma de suas aplicações concretas, como se domínio do fato fosse o mesmo que domínio da organização; insinua que, sem a teoria, não se «pegaria» esse homem de trás, que ficaria impune, o que contraria frontalmente qualquer leitura que se dê ao art. 29 do CP; por fim, ao escrever que *Der Mann hinter* está «por trás do crime ou da organização», dá a entender que a autoria deriva da mera posição em face da organização, e que não precisa ter relação direta com o crime (sobre esse erro, infra 6.4). Por fim, o artigo contém citações visivelmente emprestadas de publicações cujo conteúdo o autor aparentemente desconhece. Veja-se a passagem: «há farto material sobre isso, *v.g.*, *Festschrift für Claus Roxin zu* (sic) *70. Geburstag* (sic) *am 15 mai* (sic) *2001, Verlag de Gruyter*. Berlin, 2001 – Bernd Schünemann e Cristian Jager – editores». Nesse livro, a coletânea de estudos em homenagem a Roxin pelos seus 70 anos, que reúne 85 estudos e alcança quase 1600 páginas, apenas 6 cuidam de problemas relativos ao concurso de pessoas (a saber, os estudos de Otto, p. 483-502; Cerezo Mir, p. 549-562; Volk, p. 563-574; Luzón Peña/Díaz y García, p. 575-608; Muñoz Conde, p. 609-624; Charalambakis, p. 625-640), e apenas um, o de Muñoz Conde, trata do domínio sobre a organização. Enfim, ainda que o diagnóstico geral de Streck («estamos diante de uma tese que corre o risco de não ser bem entendida»; «trata-se de uma tese complexa. O seu risco é que ela seja transformada em uma nova "ponderação" ou em uma espécie de "argumento de proporcionalidade ou de razoabilidade", como se fosse uma cláusula aberta, volátil, dúctil») esteja correto, o autor critica o cisco no olho alheio e ignora a trave que está no próprio.

do art. 29, *caput*, CP, que A e M, já por terem concorrido para o crime, são autores. Só teorias que conectam a autoria à realização do tipo, como a teoria formal-objetiva ou a teoria do domínio do fato, farão de A e M partícipes.

A ideia de que, segundo a teoria do domínio do fato, ter-se-ia aqui autoria, de que o «mandante» (termo, diga-se de passagem, coloquial, de conteúdo jurídico obscuro) é autor, de que existiria um «autor intelectual» – é um grande equívoco cuja origem parece ser o pequeno livro de D. Jesus.[92] A raiz do equívoco é uma confusão entre domínio do fato, autoria mediata por domínio da organização e instigação. É verdade que quem aceita a autoria mediata por domínio da organização transforma algumas hipóteses de instigação em autoria. Mas apenas algumas hipóteses, aquelas em que o comando é dado a partir de uma organização em que se apresentem os três requisitos acima mencionados. A e M não agem a partir de uma tal organização e não são, portanto, autores.

6.2 «Agora, com o domínio do fato, não vai escapar mais ninguém»

Como se disse repetidamente, a teoria do domínio do fato parte da ideia de que autor é a figura central do acontecimento típico. Os tipos penais são o ponto de partida dessa teoria. Ela é, portanto, uma manifestação de um chamado conceito restritivo de autor: apenas o autor realiza diretamente o tipo, a conduta do partícipe só se torna punível em razão de um outro dispositivo legal, que opera como causa de extensão da punibilidade.

A leitura mais natural do art. 29, *caput*, CP, que diz responder pelo crime todo aquele que para ele concorre, é no sentido de um conceito extensivo de autor. Tal é o caso especialmente se se entender, como tradicionalmente se faz, a expressão «concorrer de qualquer modo» como sinônima de «causar», que é definida no art. 13, *caput*, CP como «a ação ou omissão sem a qual o resultado não teria ocorrido«. Todos os causadores seriam, assim, autores, ainda que a pena concreta deva ser imposta «na medida da culpabilidade» de cada qual (art. 29, *caput*, CP), e ainda que se possa reduzir a pena para a «participação de menor importância» (art. 29, § 1.º, CP). Ou seja: é o art. 29, *caput*, CP, tal como ele é tradicionalmente entendido, que não deixa ninguém escapar. A rigor, o que se teria de estudar é se, por que e de que forma, em um ordenamento jurídico que conhece um dispositivo desse teor, se deve recepcionar a teoria do domínio do fato – o que será realizado no próximo estudo.

De qualquer modo, nem mesmo nos casos de coautoria, em que se deriva da teoria do domínio do fato uma explicação natural para a chamada imputação recíproca (o controle conjunto, chamado de domínio funcional),

---

92 Jesus, *Teoria do domínio do fato no concurso de pessoas*, p. 27; assim também, por exemplo, Nucci, *Código Penal comentado*, 10. ed., São Paulo, 2010, art. 29 item 3.

pune-se, no geral, mais do que com base no tradicional conceito extensivo.[93] Pense-se no caso acima mencionado, do primeiro comparsa que subtrai coisa alheia móvel enquanto seu colega aponta pistola para a vítima. O conceito extensivo tradicional diria: quem aponta a arma realiza a grave ameaça, mas também causa a/concorre para a subtração, estando presentes, assim, todos os elementos do tipo objetivo do roubo; inversamente, quem toma o objeto, em momento anterior, disse ao colega que fizesse uso da arma, de modo que ele concorreu para a grave ameaça. Ou seja, também o conceito extensivo de autor chega, no geral, a uma imputação recíproca; ele, contudo, a baseia tradicionalmente numa mera co-causação, que é, por si só, ilimitada, e aqui reside um problema.

6.3 «X é autor, porque possuía o domínio do fato»

Talvez o erro mais comum e menos observado é fundamentar o status de alguém como autor atribuindo-lhe o domínio do fato. Do ponto de vista da teoria e da metodologia do direito, a ideia de autor como figura central do acontecer típico, bem como a ideia de domínio do fato, não são conceitos classificatórios, ou seja, que postulam um conjunto de elementos sob os quais se podem subsumir as diversas formas de comportamento ocorridas na realidade, mas sim conceitos que Roxin caracteriza como *abertos*[94] e Schünemann como *tipológicos*.[95] Não entraremos nos detalhes metodológicos dessas caracterizações, e sim nas consequências que daí derivam para o manuseio da teoria no dia-a-dia da atividade forense.

A ideia de domínio do fato não é uma definição de autor, mas um *critério reitor* que deve ser concretizado não pelo juiz no caso concreto, e sim pela doutrina diante de grupos de casos:[96] «Não se trata de uma descrição da

---

[93] A única situação em que isso talvez se dê seja a de contribuições individuais redundantes; pense-se na chamada coautoria aditiva ou alternativa (a respeito SCHÜNEMANN, *Leipziger Kommentar*, § 25, nm. 194), caso clássico: pelotão de fuzilamento, dezenove das vinte balas disparadas perfuram órgãos vitais da vítima, não é possível descobrir quem errou o disparo. É intuitivo que nenhum dos vinte membros do pelotão poderá reportar-se ao *in dubio pro reo*, para responder por mera tentativa. Ainda assim, poder-se-ia dizer que compor o pelotão é concorrer, co-causar o fuzilamento, e com isso responsabilizar a todos pela morte. Essa argumentação, contudo, não resolve todos os casos imagináveis; sobre isso, em detalhe, GRECO, *Kausalitäts- und Zurechnungsfragen bei unechten Unterlassungsdelikten*, ZIS 2011, p. 674 e ss., p. 6.681 e ss. (há tradução para o português, no prelo, feita por Ronan Rocha, intitulada: Problemas de causalidade e imputação nos delitos omissivos impróprios) e o estudo de GRECO/ASSIS, nesta coletânea, p. 81.

[94] ROXIN, *Täterschaft*, p. 122 e ss.

[95] SCHÜNEMANN, *Die Rechtsfigur des «Täters hinter dem Täter» und das Prinzip der Tatherrschaftsstufen*, Festschrift für Schroeder, p. 401 e ss.; *Festschrift Roxin*, 2011, p. 799 e ss., p. 806.

[96] ROXIN, AT II, § 25, nm. 27 e ss.

autoria, mas de um critério formal, um ponto de apoio metodológico.»[97] Com a teoria do domínio do fato, «não foi encontrada uma fórmula mágica, da qual se possa deduzir um resultado diante de uma qualquer situação».[98] No dia-a-dia forense, isto é, no momento de resolver se, em um caso concreto, A é autor ou mero partícipe, de nada serve afirmar «autor, porque tem o domínio do fato» ou «partícipe, porque lhe falta o domínio do fato».[99] Tais afirmações são vazias de conteúdo, na medida em que o fundamental é determinar quais circunstâncias concretas fazem do sujeito o senhor do fato. Essas circunstâncias estão enumeradas pelos grupos de caso que acima descrevemos: elas são o cometimento de mão própria da ação delituosa (efetuar o disparo, socar a vítima), e é isso que tem de ser mencionado, para daí derivar que há domínio do fato, sob a forma do domínio da ação; o uso de um instrumento em erro, sob coação ou por meio de um aparato organizado de poder, e dessas circunstâncias que derivará o domínio da vontade e, com ela, o domínio do fato; e, por fim, a existência de um plano comum, com repartição de tarefas, e de uma contribuição relevante, do que deriva o domínio do fato, sob a forma do domínio funcional do fato. Os termos domínio da ação, da vontade, ou funcional, aparecem, assim, só ao final da argumentação; eles não a fundamentam, mas são o seu resultado.

Perguntar-se-á, talvez: então para que ou para quem servem esses termos? Eles servem para o doutrinador, ou para o juiz, enquanto está a resolver não o caso concreto, e sim a discutir em abstrato que exigências que devem ser atendidas para que se possa falar, por ex., em um domínio funcional do fato. Eles servem, assim, como ideias reitoras para que se determinem os *contornos gerais* das várias formas de autoria. Será possível reconhecer um domínio funcional, ainda que a contribuição do agente seja dada em fase preparatória (supra 3.3.)? É sequer imaginável um domínio da vontade, se essa vontade é plenamente responsável (supra 3.2.)? No momento de dar uma resposta a um caso concreto, contudo, esses questionamentos têm de estar resolvidos. O juiz tem, de antemão, de dispor de critérios gerais que lhe digam o que importa, e o que não.[100] Se A planejou junto com B e C o roubo, mas ficou em casa, a qualificação de A como autor dependerá não de que se afirme «A tem o domínio funcional do fato», e sim de que o seu comportamento seja passível de subsunção sob o primeiro pressuposto, a saber, a decisão comum para o fato (o que, aqui, é de se afirmar), e sob o segundo pressuposto da contribuição relevante (o que aqui dependerá de se se entendeu ou não necessário que a contribuição seja dada na fase executória).

---

[97] Roxin, *Täterschaft*, p. 25.

[98] Roxin, *Täterschaft*, p. 326.

[99] Cf., no entanto, Jesus, *Teoria do domínio do fato no concurso de pessoas*, p. 27.

[100] Roxin, *Täterschaft*, p. 118.

Não é à toa que a teoria desenvolveu um mapa complexo e diferenciado das várias formas de autoria, com três subformas e uma série de ulteriores distinções. Se bastasse dizer «A tem o domínio do fato», todo esse esforço seria desnecessário. Poder-se-ia ficar com a teoria normativa da combinação, de que se serve a jurisprudência alemã (supra 1), ou com a ideia de «participação de menor importância», de que já fala o art. 29, § 1.º, CP. O que a teoria do domínio do fato almeja é, pelo contrário, superar uma mera aplicação intuitivo-emocional da etiqueta de autor, conforme considerações de merecimento de pena (segundo a tese: autor é quem merece a pena mais grave), que degradaria a ideia de domínio do fato a mero slogan vazio de conteúdo.[101]

6.4 «X dominava o fato, porque era o chefe do grupo»

Homicídio é «matar alguém» (art. 121, *caput*, CP), furto é «subtrair, para si ou para outrem, coisa alheia móvel» (art. 155, CP). Ocupar uma posição de destaque ou mesmo de comando em um grupo em que uma pessoa plenamente responsável pratica uma dessas condutas não faz de ninguém, por si só, autor dessas condutas. Aliás, tal não é o caso nem mesmo com base na leitura tradicional do art. 29, *caput*, CP: ter uma posição de comando não significa, necessariamente, concorrer, causar o fato. Confirmando o que dissemos, que a teoria do domínio do fato é, no geral, não mais extensiva e sim mais restritiva que o conceito extensivo de autor em que se baseia o art. 29, *caput*, CP, aqui só será possível falar em autoria se o chefe de um grupo emite uma ordem dentro de uma estrutura que atenda aos requisitos do domínio da organização (estrutura verticalizada, dissociação do direito, fungibilidade do executor, supra 3.2.), ou da coautoria (decisão comum, contribuição relevante [na fase de execução?]).

6.4.1 «Não importa o que X fez; X era o chefe, logo, tinha o domínio do fato»

Uma variante mais concreta do presente equívoco é dizer que domínio do fato é o poder de evitar o fato. O chefe, ainda que não tenha feito nada, poderia ter agido; e se o tivesse, o fato poderia ter sido evitado, ou o teria sido com total segurança.

Essa argumentação é dotada de uma plausibilidade intuitiva. Ela, contudo, nada tem a ver com a ideia de domínio do fato; o que se está fazendo, a rigor, é confundi-la com a omissão imprópria, prevista no art. 13, § 2.º, CP. O domínio do fato, como dito (supra 3), se refere aos delitos de domínio, isto é, a delitos comissivos. Só quem age positivamente tem algo nas mãos, que

[101] ROXIN, *Täterschaft*, p. 108 e ss., 320.

pode dominar. Os delitos de omissão não são delitos de domínio, a eles não se aplica o critério do domínio do fato.

Esse poder de evitar o fato nada mais é do que aquilo de que já fala o art. 13, § 2.º, CP: «A omissão é penalmente relevante quando o omitente devia e podia agir para evitar o resultado». Ocorre que a mera posição de chefe não significa, por si só, que o agente teria conseguido evitar o resultado no caso concreto, caso tivesse agido. Há ainda que se avaliar a possibilidade física de o fazer. E, ainda mais importante, nem tudo que uma pessoa pode evitar tem de ser por ela evitado. Por isso, fala o artigo também em um «dever de agir», que é concretizado na frase seguinte do citado dispositivo. Esse ponto ficará melhor esclarecido no estudo de GRECO/ASSIS.[102]

6.4.2 «Não importa o que X sabia; X era o chefe, logo, tinha o domínio do fato»

O presente erro é ainda mais elementar. Como se viu, a ideia domínio do fato se aplica apenas a delitos de domínio, que são, em sua totalidade, delitos dolosos. Dolo é, segundo a definição clássica, conhecimento e vontade de realizar o tipo objetivo,[103] querer o resultado ou assumir o risco de produzi-lo, no dizer do art. 18, I, CP. Isso significa que se o agente não agiu, pelo menos, assumindo o risco da realização do tipo, isto é, com dolo eventual, sequer se poderá falar em domínio do fato. Uma responsabilidade fundada na mera posição de comando, que dispensa qualquer dolo, existe apenas no direito penal internacional, na chamada *command responsibility* (art. 28, Estatuto do Tribunal Penal Internacional), uma figura de duvidosa legitimidade,[104] que nada tem a ver com aquilo de que agora estamos cuidando.

6.5 «Segundo a teoria do domínio final ou funcional do fato, Bin Laden foi o autor do atentado de 11 de setembro de 2011»

Uma tal afirmativa contém várias imprecisões.

Em primeiro lugar, como vimos, domínio do fato não é o mesmo que autoria mediata por *domínio da organização*. Essa forma de autoria mediata é uma das espécies, uma das concretizações do domínio do fato. Analogamente, os EUA fazem parte da América, mas não são a América. E mais, agora aban-

[102] Nesta coletânea, p. 81.

[103] Por todos, CIRINO DOS SANTOS, *Direito penal*, p. 132.

[104] WEIGEND, *Zur Frage eines «internationalen» Allgemeinen Teils*, em: SCHÜNEMANN *et alii.* (coords.), *Festschrift für Roxin*, Berlin/New York, 2001, p. 1375 e ss. (p. 1397); AMBOS, *A parte geral do direito penal internacional*, trad. Japiassu/Raisman, São Paulo, 2008, p. 347; *Internationales Strafrecht,* 3. ed., München, 2011, § 7 nm. 59. Sobre essa figura o estudo de LEITE, na presente coletânea, p. 123.

donando a analogia: é possível aceitar o domínio do fato sem aceitar o domínio da organização, como o faziam ninguém menos que Welzel e Jescheck.[105]

Em segundo lugar, *domínio final* do fato é uma denominação usada apenas por finalistas. Como se observou (supra 1), foi o finalista Welzel quem recuperou a ideia do domínio do fato para a dogmática da autoria e da participação. No mencionado estudo de 1939, derivava ele a ideia da teoria finalista da ação. Ocorre, contudo, que a monografia de Roxin construiu a teoria com base em outro fundamento, a saber, a ideia de que autor é a figura central da realização do tipo. Além disso, quase toda a doutrina moderna acolhe o domínio do fato, ao passo quase ninguém mais acolhe em sua integralidade a teoria finalista da ação. Portanto, é, no mínimo, desaconselhável usar o termo domínio final do fato, porque com isso se insinua uma relação de dependência que inexiste.

Por fim, o *domínio funcional* do fato é, como acima exposto, uma fundamentação para a imputação recíproca, a qual, por sua vez, decorre unicamente da figura da coautoria. Ao contrário do que muitas vezes se diz, provavelmente em razão do hábito surgido sob a égide do CP/40, cujo título IV da Parte Geral era denominado «da coautoria», coautoria não é o mesmo que concurso de pessoas.[106] Coautoria é o concurso de vários autores (e não de autor e partícipe), uma autoria conjunta, em que o comportamento de cada qual é imputado a todos os demais (nisso se diferenciando da autoria mediata, em que há imputação unilateral, e não recíproca, porque só o comportamento do instrumento é imputado ao homem de trás, e não vice-versa; e da chamada autoria colateral, em que vários autores agem, e cada um responde apenas pelos seus próprios atos). Pense-se, novamente, no exemplo do roubo mencionado supra, 3.3. A ideia do domínio funcional tenta justificar por que é possível que B responda por uma grave ameaça que, a rigor, não foi ele, e sim A quem cometeu; e por que A pode responder por uma subtração realizada por B. Brevemente, essa fundamentação está em que A e B dão uma contribuição relevante para a realização do tipo de roubo, contribuição essa que se move no marco de uma decisão comum de praticar o fato. Identificar o domínio do fato com esse domínio funcional é, mais uma vez, o mesmo que identificar os EUA com a América.

Talvez a razão que esteja por trás desse último erro, do uso despropositado do termo domínio funcional do fato, seja a vaga ideia de que, se um finalista entende o domínio como um domínio final do fato, o funcionalista, e Roxin é um funcionalista, o entenderá como domínio funcional. O termo

---

[105] WELZEL, *Das deutsche Strafrecht*, 11. ed., Berlin, 1969, p. 98 e ss., p. 100; JESCHECK/WEIGEND, *Lehrbuch des Strafrechts*, 5. ed., Berlin, 1996, § 62 II 8 (p. 670).

[106] Ao menos para quem defende um conceito restritivo e não unitário de autor (cf. já acima, nota 14), pressuposto de que parte a teoria do domínio do fato.

funcional, no contexto de que agora tratamos, é usado porém noutro sentido: funcional, aqui, significa com diferenciação de funções, com divisão de tarefas. Apenas isso.

7. CONCLUSÃO

As conclusões de nosso estudo introdutório podem ser assim resumidas, a fim de oferecer as linhas mestras para a discussão futura:

7.1. A função dogmática da chamada teoria do domínio do fato é *distinguir entre autor e partícipe* e não oferecer um argumento em favor de uma punição que não ocorreria de outra forma; nosso art. 29 do CP se inclina no sentido de uma teoria que sequer distingue entre autor e partícipe (sistema unitário).

7.2. O critério geral de orientação para determinar o conceito de autor é o da *figura central do acontecer típico*. Partícipe é quem não realiza o tipo. Sua punição dependerá da presença de outros pressupostos.

7.3. A ideia reitora de *domínio do fato* é uma expressão desse critério geral de orientação e se desdobra em três manifestações mais concretas, a saber: o domínio da ação (autoria imediata); o domínio da vontade (autoria mediata) e o domínio funcional do fato (coautoria).

7.3.1. *Autor imediato* é quem executa de mão própria a ação típica.

7.3.2. Um sujeito é *autor mediato* quando coage ou induz a erro um terceiro que executa o crime, ou quando possui o domínio de uma organização verticalmente estruturada e dissociada da ordem jurídica.

7.3.3. Coautor é quem, no marco de um plano comum, dá, juntamente com outra pessoa, uma contribuição relevante à realização do fato, surgindo, como conseqüência jurídica, uma imputação recíproca.

7.4. A ideia de domínio de fato não se aplica a todas as espécies de delitos; ela não é aplicável, por exemplo, aos chamados *delitos de dever*, aos *delitos de mão própria* e aos delitos culposos.

7.5. Da teoria do domínio do fato não decorre, em absoluto, que o «*mandante*« seja autor (intelectual).

7.6. Tampouco diz a teoria que quem tem uma *posição de comando* é automaticamente autor. Não existe responsabilidade penal pela mera posição.

7.7. A teoria, em regra, sequer permite punir mais do que já seria possível fazer com base na letra do art. 29 do CP. A única exceção é a coautoria alternativa.

7.8. O domínio do fato é uma *ratio*, um tanto abstrata, que orienta a construção das várias formas de autoria e de seus pressupostos mais concretos. A resolução dos casos individuais se dá por meio da subsunção sob esses pressupostos mais concretos.

7.9. Tanto a ideia de *domínio da organização*, como a de *domínio funcional*, são expressões mais concretas da ideia de domínio do fato, não sendo desta sinônimas.

Dessas conclusões, gostaríamos de destacar a 7.7 como a mais importante na prática. Isso significa, concretamente, que se alguém, reportando-se ao domínio do fato, chegar a uma conclusão que pune mais do que seria possível punir só com recurso ao art. 29 do CP, há grande probabilidade ou mesmo uma presunção de que esse alguém esteja aplicando a ideia de domínio do fato de forma errônea, usando como artimanha retórica um termo cujo real significado desconhece. Que esse foi o caso da decisão da AP 470/STF, veremos em breve.

Em suma: o diletantismo que detectamos na elaboração do Projeto de Código Penal que ora tramita no Senado Federal[107] não é monopólio do Poder Legislativo. Esperamos que o presente estudo, modesto em seus propósitos, ao menos contribua a deixar um pouco mais claro o que é e o que não é a teoria do domínio do fato.

---

107 Greco, «Princípios fundamentais e tipo no novo Projeto de Código Penal (Projeto de Lei 236/2012 do Senado Federal)»; e Leite, «Erro, causas de justificação e causas de exculpação no novo Projeto de Código Penal (Projeto de Lei 23672012 do Senado Federal)», ambos em: *Revista Liberdades – Edição Especial – Reforma do Código Penal* (2012), p. 35 e ss., p. 59 e ss.

AUTORIA COMO REALIZAÇÃO DO TIPO: UMA INTRODUÇÃO À IDEIA DE DOMÍNIO DO FATO COMO O FUNDAMENTO CENTRAL DA AUTORIA NO DIREITO PENAL BRASILEIRO

Luís Greco e Adriano Teixeira

A. CONSIDERAÇÕES INTRODUTÓRIAS

I. PRIMEIRAS CONSIDERAÇÕES

O presente estudo pretende introduzir o público brasileiro às estruturas fundamentais da dogmática do concurso de pessoas e à ideia de domínio do fato. No artigo «O que é e o que não é a teoria do domínio do fato», escrito por Luís Greco em conjunto com Alaor Leite,[1] tinha-se, em parte, o mesmo objetivo, mas com uma diferença de enfoque. Ali buscou-se fornecer uma descrição de caráter histórico-dogmático, isto é, apresentar ao leitor brasileiro o teor de certas ideias, tais como elas foram desenvolvidas pelos autores que a formularam, e de desfazer mal-entendidos em curso na dogmática penal brasileira. No presente estudo, por sua vez, o enfoque é de caráter lógico-dedutivo. O trabalho tentará introduzir o leitor na dogmática da autoria e do concurso de pessoas e também na teoria do domínio do fato, esclarecendo, primeiramente, aquilo de que se trata quando se discute a autoria no direito penal; em segundo lugar, fundamentando a ideia de que autoria é domínio do fato; e, em terceiro lugar, analisando em que medida o direito positivo brasileiro é passível de ser interpretado com base nessa «nova» teoria.

Começaremos com uma hipótese a um tempo simples e complexa, com base na qual se torna possível enxergar o cerne do problema da autoria no direito penal – o fato de que autoria é realização do tipo,[2] de modo que discutir sobre o conceito de autor sempre significa discutir sobre os limites do tipo.

II. A HIPÓTESE SIMPLES E COMPLEXA

O caso apresentado a seguir pode ser considerado simples, porque se colocam poucos problemas jurídicos; sua aparente complexidade decorre apenas da circunstância de que há vários intervenientes.

Seis pessoas: A, B, C, D, E e F. A desfere uma punhalada no coração da vítima V, matando-a instantaneamente. B a segura e a mantém imóvel para que A possa aplicar esse golpe de punhal. O punhal de que se valeu A lhe foi emprestado por C, que assim agiu em plena consciência a respeito de o que deveria ocorrer. D é quem se dirigiu a A, oferecendo-lhe mil reais para que desse «um sumiço» em V. E é o segurança de A, um ex-lutador peso pesado que, apesar de estar em condições de facilmente salvar V, nada faz. F, por sua

---

[1] Neste volume GRECO/LEITE, *O que é e o que não é a teoria do domínio do fato. Sobre a distinção entre autor e partícipe no direito penal*, p. 19 e ss.

[2] Vide já LANGE, *Der moderne Täterbegriff und der deutsche Strafgesetzentwurf*, Berlin/ Leipzig, 1935, p. 7; entre nós BRUNO, Direito Penal. Parte Geral, Tomo 2, 3. ed., Rio de Janeiro, 1967, p. 267, nota 7: «O espaço que ocupa no conceito de crime a tipicidade da ação exige que a noção de autor se restrinja àquele que realiza a ação típica».

vez, é comerciante em uma loja de ferragens; ele vendeu, dois anos atrás, o punhal a C.

Imagine-se, ademais, que não dispomos de um código penal com uma parte geral, mas apenas de uma única lei penal com um único dispositivo, de teor idêntico ao do atual art. 121, *caput*, do CP: «Matar alguém. Pena: ...» Será possível punir A, B, C e D de acordo com o nosso código imaginário? E E, o segurança? E F, o vendedor do punhal?

Esse é, em seu cerne, o problema da autoria no direito penal: saber se o sujeito realizou o tipo. Tentaremos demonstrar, em primeiro lugar, que autor é quem realiza o tipo e que há, portanto, uma estreita correlação entre o conceito de autoria e o conceito de tipo.[3]

B. AUTORIA COMO REALIZAÇÃO DO TIPO

I. AUTORIA (= REALIZAÇÃO DO TIPO) COMO CAUSAÇÃO

A concepção mais tradicional de tipo baseia-se na ideia de que o tipo é a causação de um resultado. Matar é causar a morte de alguém. No entanto, o que é causar alguma coisa? A maneira mais natural de se determinar o que é causação é aplicar a teoria da equivalência dos antecedentes, segundo a qual toda condição é causa do resultado. A famosa fórmula da *conditio sine qua non* consiste em eliminar mentalmente o fator analisado como possível causa do resultado e verificar se este desapareceria ou não.[4] Ao se adotar essa concepção causal de tipo, chega-se a um *conceito extensivo de autor:*[5] quem contribui de forma causal para o resultado é autor, não importando o modo e a intensidade da contribuição. Autoria – realização do tipo – é o mesmo que causação.

Com base nesse critério causal, o que se poderia dizer dos 6 agentes de nosso exemplo? Se A não tivesse apunhalado V, este não teria morrido. Se B não tivesse segurado V, tampouco teria se dado a morte. Se C não houvesse

---

3 Renzikowski, *Normbegründung und Zurechnung – Grundlagen eines restriktiven Tatbegriffs*, p. 2 (artigo ainda não publicado, gentilmente cedido pelo autor, correspondente a conferência proferida em Barcelona, dezembro de 2013), diz expressa e veementemente: «Toda teoria do concurso de pessoas começa com o tipo!».

4 Cf. pioneiramente Von Buri, Über Kausalität und deren Verantwortung, Leipzig, 1873, p. 1 e ss.; na atualidade, por ex., Rengier, *Strafrecht Allgemeiner Teil*, 5. ed., Munique, 2013, p. 74; Cirino dos Santos, *Direito penal. Parte Geral*, Curitiba/Rio de Janeiro, 2006, p. 120; Busato, *Direito penal. Parte Geral*, São Paulo, 2013, p. 325.

5 Cf. com toda a clareza Von Buri, *Die Causalität und ihre Strafrechtlichen Beziehungen*, Stuttgart, 1985, p. 38 e ss. A introdução dessa nomenclatura é atribuída a Zimmerl, Grundsätzliches zur Teilnahmelehre, *ZStW* 49 (1929), p. 40; cf. também Bähr, *Restriktiver und extensiver Täterschaftsbegriff*, Breslau-Neukirch, 1933, p. 14 e ss., que fala em interpretação extensiva e restritiva dos tipos da parte especial.

emprestado o punhal a A, a vítima também não teria morrido daquela maneira.[6] Como foi o dinheiro de D que levou A a matar V, também D causou o resultado. Se o segurança tivesse agido, poderia ter evitado o resultado, o que torna seu comportamento causal, só que por omissão.[7] Quando chegamos ao F, que vendeu o punhal a A, fica claro o problema da concepção causal. F também terá causado o resultado morte, pois não se pode eliminar a venda do punhal a A sem que o resultado morte em sua configuração concreta (ou seja, do jeito que ocorreu de fato) também desapareça. Logo, todos os 6 agentes realizam o tipo único de nosso código imaginário. Isso porque, repita-se, o tipo de homicídio «matar alguém» é assim apreendido em um conceito extensivo de autor: quem contribui de forma causal para a morte de uma pessoa realiza o tipo.[8] Já intuitivamente desconfia-se de uma concepção que trata todos os 6 agentes de nosso exemplo como *autores*, sobretudo o comerciante que vende uma faca dois anos antes da consumação do crime. Ainda, a rigor, são autores os pais de A, B, C, D e E.[9] Essa concepção acaba, portanto, por dissolver os tipos. Entender a realização do tipo como causação faz com que os limites da tipicidade sejam de tal modo estendidos a ponto de se esfacelarem.[10] Essa dissolução dos tipos viola o princípio da legalidade, pois debilita a função de garantia[11] que deve cumprir o tipo penal.[12]

---

6 Isto é, no mesmo momento e no mesmo lugar, cf. Greco, *Kausalitäts- und Zurechnungsfragen bei unechten Unterlassungsdelikten*, ZIS 2011, p. 674 e ss. (p. 680); (uma tradução para o português, de autoria de Ronan Rocha, será em breve publicada).

7 A respeito da causalidade na omissão, falam alguns em quase-causalidade, causalidade hipotética, causalidade normativa; nada impede, contudo, que se use o termo causalidade (cf. Greco, ZIS 2011, p. 674 e s.).

8 Zimmerl, *ZStW 49* (1929), p. 40.

9 Zimmerl, *ZStW 49* (1929), p. 41; Roxin, *Täterschaft und Tatherrschaft*, 1. ed., Hamburg, 1963; 8. ed., Berlin: DeGruyter, 2006, p. 29, que fornece outros exemplos, como o do sujeito que auxilia o suicídio de um outro. Aquele deveria, segundo o modelo causal, ser visto como autor do crime de homicídio; cf. ainda Zaffaroni/Slokar, *Derecho penal*. Parte General, 2. ed., Buenos Aires, 2002, p. 768; Puppe, *Die architektur der beteiligungsformen*, GA 2013, p. 523.

10 Zimmerl, *ZStW 49* (1929), p. 41 fala em aniquilação («Vernichtung») dos tipos; Renzikowski, *Restriktiver Täterbegriff und fahrlässige Beteiligung*, Tübingen, 1997, p. 15; Roxin, *Täterschaft*, p. 451; *Idem*, *Allgemeiner Teil*, vol. II, München, 2003, § 23 nm. 3; Greco, *Cumplicidade através de ações neutras: A imputação objetiva na participação*, Rio de Janeiro, 2004, p. 25; Luzón/Díaz, *Objektive positive Tatbestimmung und Tatbestandsverwirklichung als Täterschaftsmerkmale*, em: Schünemann *et alii* (coords.), *Festschrift für Claus Roxin*, Berlin/New York: DeGruyter, 2001, p. 580. Schünemann, *Leipziger Kommentar zum Strafgesetzbuch*, 12. ed., Berlin, 2007, § 25 nm. 7 e ss.

11 Roxin, *Política criminal e sistema jurídico-penal*, Trad. Luis Greco, Rio de Janeiro, 2000, p. 29-30: «o *tipo* está sob a influência da ideia de determinação legal, à qual a legitimação da dogmática por muitas vezes é reduzida; os tipos servem, na verdade, ao cumprimento do princípio *nullum crimen*, devendo ser estruturados dogmaticamente a partir dele».

12 Zimmerl, *ZStW* 49 (1929), p. 41; Roxin, *Täterschaft*, p. 651, 661; Triffterer, *Beteiligungslehre*, p. 33; Zaffaroni/Slokar, *Derecho penal*, p. 772; Batista, *Concurso de Agentes*, 2. ed., Rio de Janeiro, 2004, p. 35, 55, 59.

Um modelo construído sobre um conceito extensivo de autor é típico de um *sistema unitário de autoria*, que não diferencia entre autor e partícipe (sistema unitário formal), ou o faz apenas no plano conceitual, fixando o mesmo marco penal (máximo e mínimo) para todos os que concorrem causalmente para o fato (sistema unitário funcional[13]).[14] Isso quer dizer: cada concorrente responde exclusivamente por seu próprio injusto, segundo sua própria culpabilidade. Se o mesmo resultado também fundamenta a punibilidade de outros agentes, isso, a princípio, não importa. Nesse sentido, a contribuição causal de cada concorrente fundamenta uma autoria original,[15] autônoma. O credo do sistema unitário consiste na ideia de *individualização* do injusto, culpabilidade e pena.[16] Assim, em um tal sistema, a forma e a intensidade da contribuição de cada concorrente são relevantes apenas para a *aplicação da pena.*

Se, por um instante, voltarmos os olhos para o nosso código real, percebemos que o sistema brasileiro é bem próximo dessa concepção causal, que transforma a questão da forma de contribuição do agente no delito em um mero problema de dosimetria da pena, especialmente em razão de dois dispositivos. O primeiro é o art. 29, *caput*, que diz que: «Quem, de qualquer modo, concorre para o crime incide nas penas a este cominadas, na medida de sua culpabilidade». O problema central que se coloca é determinar o que significa «concorrer» para o crime. Em geral, «concorrer» é interpretado com referência ao art. 13, *caput*, que diz que «o resultado, de que depende a existência do crime, somente é imputável a quem lhe deu causa. Considera-se causa a ação ou omissão sem a qual o resultado não teria ocorrido». A combinação dos dois dispositivos nos remete, portanto, à concepção causal de autoria e conduz à interpretação de que o F de nosso exemplo teria atuado de forma típica – sobre o sistema de autoria do direito brasileiro ainda se falará mais adiante (cf. abaixo C).

Para evitar que F seja considerado autor de uma ação típica, apresentam-se evidentemente formulações aptas a corrigir o plano da causalidade, como a exigência de dolo ou a reunião dos critérios de imputação objetiva.[17] Isso só

---

13 Fd. KIENAPFEL, *Der Einheitstäter im Strafrecht*, Frankfurt am Main, 1971, p. 21 e ss.

14 Assim, o Código Penal austríaco, § 14: «Não apenas o autor imediato comete a ação punível, mas também todo aquele que determina um terceiro a praticá-la, ou senão aquele que contribui para a sua prática» (*Nicht nur der unmittelbare Täter begeht die strafbare Handlung, sondern auch jeder, der einen anderen dazu bestimmt, sie auszuführen, oder der sonst zu ihrer Ausführung beiträgt*); a mesma interpretação do CP austríaco em RENZIKOWSKI, *Restriktiver Täterbegriff und fahrlässige Beteiligung*, 1997, p. 10, nota 4.

15 FRIEDRICH, *Strafbare Beteiligung – akzessorische oder originäre Täterschaft?*, in: SCHMOLLER (Org.), *Festschrift für Otto Triffterer zum 65.* Geburtstag, 1996, p. 56.

16 KIENAPFEL, *Einheitstäter*, p. 31.

17 Por ex., ROBLES PLANAS, *La participación en el delito: fundamento y límites*, Madri/ Barcelona, 2003, p. 182 e ss.; ROTSCH, *«Einheitstäterschaft» statt Tatherrschaft*, Tübingen,

mostra, no entanto, que a concepção causal tem de ser abandonada. Contudo, o problema não reside somente em se considerar F, o comerciante da loja de ferragens, autor, mas também C, D, e E, respectivamente quem emprestou a arma, quem deu dinheiro para a execução da punhalada e o forte segurança que podia ter evitado o fato.

Diante da expressa distinção entre autor e partícipe feita pela lei alemã,[18] não se podia aceitar um sistema unitário de autoria. Os autores fieis ao cânone causal tiveram, assim, de recorrer a uma distinção fundada no aspecto subjetivo do agente.[19] Se o critério para determinar a tipicidade é a causalidade – no sentido da teoria da equivalência das condições – e, portanto, uma diferenciação objetiva das contribuições delitivas mostra-se impossível, recorrer a uma distinção subjetiva afigura-se o caminho mais natural.[20] Critérios para tal distinção passam a ser de natureza psicológica, como a vontade, a intenção, os motivos e o ânimo dos agentes.[21]

Assim, no âmbito de um conceito extensivo, mas *diferenciador* de autoria,[22] emergiram as *teorias subjetivas*, dominantes por muito tempo tanto na jurisprudência quanto na doutrina alemãs, e que ainda não foram de todo abandonadas pelos tribunais alemães.[23] Segundo a versão extrema da teoria subjetiva, autor é aquele que, com «vontade de autor» (*animus auctoris*), deseja o fato como próprio, e partícipe aquele que, com «vontade de partícipe» (*animus socii*), deseja apenas apoiar fato alheio («teoria do dolo»). Outro critério relevante no âmbito da teoria subjetiva é o grau do próprio interesse no delito («teoria do interesse»).[24]

2009, p. 419 e ss. Cf. também Hamdorf, *Beteiligungsmodelle im Strafrecht. Ein Vergleich von Teilnahme – und Einheitstätersysteme in Skandinavien, Österreich und Deutschland*, Freiburg im Breisgau, 2002, p. 347, que informa que, com exceção da Áustria, tais restrições à punibilidade não se impuseram nos sistemas que adotaram um conceito extensivo de autor.

18 Assim os §§ 47-49 do Código Penal do Império Alemão.

19 Assim, por exemplo, já em 1885, Von Buri, *Die Causalität und ihre strafrechtlichen Beziehungen*, p. 41; sobre isso, Roxin, *Täterschaft*, p. 5; Batista, *Concurso de agentes*, p. 34.

20 Zimmerl, *ZStW* 49 (1929), p. 42.

21 Roxin, *Täterschaft*, p. 51.

22 Como já esboçado no texto, um conceito extensivo de autor caracteriza-se por descrever os tipos penais como qualquer forma de causação de uma lesão a bem-jurídico. Em sistemas baseados em um conceito extensivo, os dispositivos relativos, por exemplo, à instigação e à cumplicidade representam fatores de *restrição da punibilidade.* Cf. Renzikowski, *Täterbriff*, p. 11.

23 A chamada «teoria normativa da combinação», cf. Schünemann, LK-StGB § 25, nm. 23.

24 Com referências Schünemann, LK-StGB, § 25 nm. 3-4; cf. também Hungria, em: Hungria/Fragoso, *Comentários ao Código Penal*, vol. 1, tomo II, Arts. 11 a 27, 5. ed., Rio de Janeiro, 1978, p. 403.

Percebe-se que a distinção entre autor e partícipe buscada apenas na atitude interna do agente revela-se vaga[25] e arbitrária,[26] distante de um direito penal do fato e mais próxima de um direito penal de autor.[27] Em nosso exemplo inicial, D, que ofereceu o dinheiro a A – portanto tinha um evidente interesse na prática do delito – seria autor segundo a teoria subjetiva, enquanto A, que executou a punhalada, caso não tivesse nada contra a vítima e sentisse que estava apenas submetendo-se às intenções de D, poderia até mesmo ser considerado partícipe. Não é necessário, no entanto, recorrer a nenhum exemplo hipotético para comprovar que a teoria subjetiva leva a resultados altamente questionáveis. Dois casos julgados na Alemanha, sob o domínio da teoria subjetiva extrema, são exemplares nesse sentido. O Tribunal do Império alemão (*Reichsgericht*), no chamado «caso da banheira» – no qual após o nascimento de um filho ilegítimo a mãe implorou que a irmã afogasse a criança em uma banheira –, condenou a irmã, que de fato afogou o bebê, não como autora, mas apenas como cúmplice (*Gehilfe*) do crime de homicídio.[28] Ademais, no «caso Staschynskij», a Corte Federal alemã (*Bundesgerichsthof*, correspondente ao nosso STJ), condenou como cúmplice um agente secreto que executou um homicídio em missão ordenada por um serviço de inteligência.[29]

Logo, verifica-se que a concepção causal de tipo e o conceito de autoria sobre ela construído devem ser superados. O caminho, descrito na seção seguinte, deve ser conceber o tipo como descrição de uma ação humana.

II. AUTORIA (= REALIZAÇÃO DO TIPO) COMO AÇÃO

Uma das fundamentais contribuições do finalismo foi conceber o tipo penal não como descrições de causações, mas de ações humanas.[30] A ideia é que o tipo proíbe algo e proibições não se dirigem a processos causais, porque causações (exemplo: gravidez, ter um filho) não podem ser controladas pelo direito. Por outro lado, a ação «matar alguém» o pode.

Dessa concepção de tipo – tipo enquanto proibição de ações humanas – decorre uma outra concepção de autor. Autor é quem *comete* o crime e não quem causa um resultado típico.[31] «Matar alguém» significa portanto,

---

[25] SCHÜNEMANN, LK-StGB § 25 nm. 32.
[26] BATISTA, *Concurso de agentes,* p. 69.
[27] RENZIKOWSKI, *Täterschaft*, p. 17.
[28] *RGSt* 74, 84.
[29] *BGHSt* 18, 87, 94 s.
[30] WELZEL, *Das deutsche Strafrecht*, 11. ed., Berlin, 1969, p. 54; STRATENWERTH/KUHLEN, *Strafrecht – Allgemeiner Teil. Die Straftat*, 6. ed., München, 2011, § 7 nm. 7 e ss.
[31] RENZIKOWSKI, *Täterbegriff*, p. 11.

empreender a ação de matar e não causar o resultado morte.[32] Assim, nem todo comportamento que representa uma condição necessária para o resultado segundo a teoria da *conditio sine qua non* fundamenta uma autoria. Em nosso exemplo, no qual figuraram A, B, C, D, E, F, nem todos poderão ser considerados autores do homicídio. Desse modo, chega-se ao que se denomina um *conceito restritivo de autor.*[33] Cada tipo descreve o comportamento de alguém que o realiza; esse alguém é o autor. [34] Partícipes, isto é, instigadores ou cúmplices, não são autores, não realizam o tipo. Assim, em nosso código penal imaginário, que contém apenas o tipo de homicídio «matar alguém», a ação de B, emprestar a arma, bem como a de D, oferecer dinheiro para a execução do delito, seriam *atípicas* e, consequentemente, impuníveis. Esses comportamentos só poderiam ser punidos, se fossem acrescentados dispositivos ao código, fundamentadores dessa punibilidade. É nesse sentido que se diz que, em um conceito restritivo de autor, autor é só quem realiza o tipo; a possível punição de outros que não realizam o tipo, os chamados partícipes, ocorre através de uma *ampliação da punibilidade*[35] e não de uma restrição, como era feito partindo de um conceito extensivo de autoria.

No entanto, os critérios para determinar quem é autor e quem é partícipe não são unívocos no interior de um conceito restritivo de autor. Dentro dessa concepção geral, pode-se identificar duas vertentes: uma que chamaremos de *formal* e outra que chamaremos de concepção *material.*

1. Concepção formal

A antiga e já superada teoria formal-objetiva considera autor aquele que pratica de mão própria a ação descrita no tipo. Todos os outros concorrentes são partícipes.[36] Não há dúvida de que essa teoria possui um núcleo correto e não incorre nos mesmos problemas da concepção causal. Ninguém duvida de que A, que esfaqueia a vítima, causando-lhe a morte, seja autor do crime de homicídio, ou de que aquele que pega e foge com a bolsa deixada em cima da mesa por alguém que foi ao banheiro seja também autor de um furto. A teoria formal-objetiva impede, por exemplo, que se considerem autores F, que vendeu, C, que emprestou o punhal, e com mais razão D, que ofereceu o

---

[32] ZIMMERL, *ZStW* 49 (1929), p. 45.

[33] Expressão cunhada provavelmente por ZIMMERL, *ZStW* 49 (1929), p. 45.

[34] WELZEL, *Das deutsche Strafrecht*, 11. ed., Berlin/New York, 1969, p. 100; cf. também ZIMMERL, *ZStW* 49 (1929), p. 45; ROXIN, *Täterschaft*, p. 328-329; *Idem*, AT II, § 25; SCHÜNEMANN, LK-StGB § 25, nm. 13. nm. 5; expressamente contra essa afirmação ROBLES PLANAS, *Garantes y Cómplices*, p. 21.

[35] ZIMMERL, ZStW 49 (1929), p. 46; BRUNO, *Direito penal I*, p. 267, nota 7; RENZIKOWSKI, *Täterbegriff*, p. 11; cf. ademais RENGIER, *Strafrecht AT*, p. 412; ROXIN, AT II, § 25 Nm. 5: «normas de imputação».

[36] Vide as referências em ROXIN, *Täterschaft*, p. 34 e ss.

dinheiro a A. No entanto, qual será o status de B, que segurou a vítima para que A a esfaqueasse? A rigor, portanto, em nosso exemplo e em nosso código imaginário, segundo a teoria formal-objetiva em sua forma pura, somente A seria autor e, portanto, punível.

Percebe-se, logo, que o formalismo dessa teoria desemboca em um naturalismo tosco. Matar é apenas o apertar o gatilho ou esfaquear? Vê-se que a diferença entre praticar a ação típica de mão própria e por meio de outrem pode ser mínima. Instalar um bomba-relógio ou açular um cachorro em direção a um terceiro seria ação típica de homicídio ou lesões corporais; deixa o agente de ser autor, caso se valha não mais de uma bomba ou de um cão, mas de um menor ou doente mental? Parece claro que, do ponto de vista da autoria e também da ideia de tipo, não há grande diferença entre essas ações.

Embora correta em seu ponto de partida, a teoria formal-objetiva se depara, assim, com dificuldades diante de uma série de casos, quais sejam, os que hoje classificaríamos como de autoria mediata e algumas hipóteses de coautoria, em que a contribuição isolada do agente não se enquadra na descrição do tipo (segurar a vítima não é «matar»).[37] Aqui já se vê que a perspectiva formal-objetiva, para dar conta de casos como esses, se vê pressionada a flexibilizar seu enfoque na casualidade de um ato físico (como desferir a facada) e aproximar-se, pouco a pouco, de uma construção de natureza mais jurídica. Com isso, chega-se a uma construção material, cuja formulação mais bem acabada é justamente a teoria do domínio do fato.[38]

2. Concepção material

A ideia de domínio do fato é tributária de uma nova concepção não só sobre o conceito de autor e de partícipe, mas principalmente sobre o tipo penal. Parte-se da premissa de que os tipos penais são descrições de ações perigosas para um bem, sendo que essas descrições valem tanto para os delitos dolosos quanto para os delitos culposos. No entanto, na hipótese de dolo, não se trata apenas da criação de um mero risco, mas de um risco que o autor domina. Assim, a ideia de domínio do fato pressupõe a construção de um tipo de homicídio, por exemplo, que descreve não apenas a ação de matar segundo a linguagem cotidiana, mas ações em que se manifesta o domínio do risco que a pessoa morra. Matar alguém, portanto, não é somente causar a morte de alguém ou fazer aquilo que a linguagem do dia-a-dia chama de matar alguém,

---

[37] Roxin, *Täterschaft*, p. 36-37; Batista, *Concurso de agentes*, p. 64 e ss; Schünemann, LK-StGB § 25 nm. 36.

[38] Roxin, *Täterschaft*, p. 35, considera-a a precursora imediata da teoria do domínio do fato; cf. também Batista, *Concurso de agentes*, p. 77.

mas matar alguém é dominar o risco da morte de outrem. Essa constitui a tese central da teoria do domínio do fato.

Essa tese sustenta-se em duas considerações distintas.[39] Uma consideração pode ser chamada de *consequencialista*, de utilidade social. Se o direito penal busca a proteção de bens jurídicos, cuja lesão ocorre através de ações humanas, faz sentido que ele dirija suas proibições primordialmente às figuras centrais dessas ações, e estas são, em regra,[40] as pessoas que dominam o que fazem, as que, em última análise, dominam o risco do resultado.[41] São pessoas a que a norma pode se dirigir com maior esperança de uma certa eficácia. Todavia, esse é um argumento de utilidade social, e um argumento de utilidade social nunca é suficiente para que o Estado possa restringir a liberdade de uma pessoa. É necessário, ainda, averiguar se essa persecução de interesses sociais à custa de uma pessoa determinada pode ser legitimada diante dessa pessoa, noutras palavras, precisa-se de um argumento que demonstre que o Estado não está meramente instrumentalizando a pessoa a favor do interesse de terceiros. Esse argumento, não mais de natureza consequencialista, deve ser, para usar um termo da filosofia moral, um argumento *deontológico*.[42] Aqui a ideia será a de que nós somos mais responsáveis por aquilo que dominamos. A realização daquilo que dominamos é uma função imediata de nossa liberdade, e esta tem como corolário imediato uma certa responsabilidade. Assim, o direito possui maior legitimidade em responsabilizar aquele que domina o que faz.

Apresentadas as fundamentações consequencialista – maior interesse do direito em motivar aquele domina o fato – e deontológica – maior legitimidade em responsabilizar aquele que possui o domínio do que faz –, resta ainda determinar o objeto desse domínio, ou seja, precisar o que é o «fato» do domínio do fato. O domínio se dirige, à primeira vista, apenas à própria ação, ao próprio movimento corpóreo. Assim, lembrando que matar alguém significa criar e controlar o risco de que alguém morra, quem desfere uma punhalada em outra pessoa cria e controla o risco dessa morte. Disso deriva a ideia de *autoria direta ou imediata*, que é o caso de A do nosso exemplo de partida. Então, retomando a ideia de responsabilidade acima mencionada,

---

39 Considerações semelhantes, discutindo a legitimidade do tratamento mais severo da conduta dolosa, já em Greco, Dolo sem vontade, em: Silva Dias *et alii* (Orgs.), *Liber Amicorum de José de Sousa e Brito em comemoração do 70º Aniversário*, p. 892.

40 Exceções ao critério do domínio do fato, adiante B. III, IV.

41 Ver Roxin, *Täterschaft*, p. 336; Schünemann, LK-StGB § 25 nm. 36; *Idem, Schrumpfende Basis, wuchernder Überbau? Zum Schicksal der Tatherrschaftsdoktrin nach 50 Jahren*, in: Heinrich *et alii* (coords.), *Festschrift für Roxin zum 80.* Geburtstag, Berlin/New York: DeGruyter, 2011, p. 808-809.

42 Sobre argumentos consequencialistas e deontológicos em direito penal de um modo geral, ver Greco, *Lebendiges und totes in Feuerbachs straftheorie*, Berlin, 2009, p. 230 e ss.; *Idem*, Conveniência e respeito: sobre o hipotético e o categórico na fundamentação do Direito Penal, *RBCC* 95 (2012), p. 43-84.

quem domina a própria ação é sempre responsável pelo fato. Em outras palavras, ao dominar pela própria ação o risco do resultado, o agente chama, por assim dizer, a responsabilidade do fato para si, afastando, a princípio, a de outros. Logo, se quisermos responsabilizar a título de autoria não só A, mas B, C, D, E ou F, precisamos aduzir considerações adicionais. Existe, assim, ao menos em sentido fraco, um *princípio da autorresponsabilidade*,[43] que determina que, *prima facie*, quem domina a própria ação sempre será autor e que exige maior fundamentação para a imputação de autoria a outros agentes. Isso não significa, repise-se, que inexistem outras maneiras de dominar o fato além de por meio da própria ação, mas apenas que será necessário encontrar fundamentos adicionais. É o que se verá a seguir, quando serão apresentadas as formas de autoria que podem ser fundamentadas na ideia de domínio do fato.

3. Consequências

a) Autoria como domínio sobre a própria ação

A primeira forma de manifestação do domínio sobre a realização do tipo já foi esboçada acima, trata-se do *domínio sobre a própria ação* (*Handlungsherrschaft*), que é o domínio de quem realiza, em sua própria pessoa, todos os elementos de um tipo, isto é, do *autor imediato*[44] *ou autor direto*.[45] Cuida-se da hipótese que o § 25 I StGB descreve com as palavras «comete o fato por si mesmo».

Com base no nosso exemplo, trata-se de A. Quem, de mão própria, esfaqueia uma pessoa, assim como quem aperta o gatilho, tem o domínio da ação e nunca poderá ser mero partícipe, ao contrário do que, como vimos, algumas vezes decidira a jurisprudência alemã, partindo de uma teoria subjetiva extrema («caso Staschyinskij» e «caso da banheira»). Mesmo agindo a pedido ou a mando de outrem, ou mesmo em erro de proibição inevitável determinado por um terceiro (§ 17 do StGB; art. 21 do nosso CP), aquele que domina a ação permanece autor. Ele pode ser um autor exculpado, e há mais pelo menos mais um autor, do qual já cuidaremos; mas a tipicidade de seu comportamento e, portanto, a autoria é inquestionável.[46]

---

[43] Sobre isso GRECO, *Domínio da organização e o chamado princípio da autorresponsabilidade*, neste volume, p. 203 e ss.

[44] ROXIN, *Täterschaft*, p. 127 e ss.; AT II, § 25 nm. 38 e ss; SCHÜNEMANN, LK-StGB § 25 nm. 55; PUPPE, GA 2013, p. 523.

[45] BATISTA, *Concurso de agentes*, p. 77.

[46] ROXIN, AT II, § 25 nm. 43.

b) Autoria como domínio conjunto

Uma outra forma de dominar um fato consiste numa atuação coordenada, em divisão de tarefas, com uma ou mais pessoas. Em nosso exemplo, B segura a vítima para que A a esfaqueie. A rigor, tomando o comportamento de B individualmente – e caso permanecêssemos somente com a ideia de domínio sobre a própria ação ou com o critério formal-objetivo – teríamos uma ação que corresponderia ao delito de constrangimento ilegal, art. 146 de nosso código real, ao passo que somente A seria autor do crime de homicídio. No entanto, mesmo em nosso código imaginário, que não possui o tipo de constrangimento ilegal, mas somente o de homicídio («matar alguém»), B não restaria impune, caso avancemos na construção da ideia de domínio do fato.

A e B, ao partirem de uma decisão comum de praticar o fato e prestarem contribuição relevante para a realização desse fato,[47] dominam o fato de forma conjunta; eles possuem, portanto, o *domínio funcional do fato,* que fará de cada qual *coautor* do fato como um todo. A união desses dois elementos (plano delitivo comum e contribuição relevante ou realização comum[48]) fundamenta aqui o que se chama de imputação recíproca, ou seja, a ação individual de um coautor – a qual, por si só, pode não ser suficiente para realizar o tipo (caso de B) – é imputada ao outro e vice-versa.[49] Por ambos, portanto, coligados criarem e controlarem o risco de morte da vítima, A e B terão realizado, em conjunto, o tipo «matar alguém».

c) Autoria como domínio de um terceiro

aa) Vislumbra-se ainda uma outra espécie de autoria ancorada não no domínio da própria ação, mas da ação de um terceiro. Modifiquemos um pouco o nosso exemplo, imaginando que A é doente mental. O fato de A ser doente mental não lhe retiraria o domínio do fato; apesar de inimputável, ele realiza o tipo, age mesmo antijuridicamente, mas não seria punido, pois isento de culpabilidade. No entanto, a situação de inimputabilidade de A pode modificar a forma de concurso dos outros agentes. Se C, sabendo que a A é um doente mental, empresta-lhe o punhal para que esfaqueie a vítima, passa a existir por parte C uma terceira forma de domínio do fato, que é o *domínio da*

---

[47] Segundo Roxin, *Täterschaft*, p. 275 e ss., na fase de execução (e não na fase preparatória); em sentido contrário, a posição dominante, cf. por todos Rengier, *Strafrecht AT*, p. 400 e ss.; Joecks, *Münchener Kommentar zum Strafgesetzbuch*, 2. ed., München, 2011, § 25, nm. 53 e ss., p. 1157 e ss.

[48] Atente-se para a controvérsia registrada na nota anterior.

[49] Roxin, *Täterschaft*, p. 277 e ss.; AT II, § 25 nm. 188 e ss.; Schünemann, LK-StGB § 25 nm. 156; Batista, *Concurso de agentes*, p. 101 e ss; Cirino dos Santos, *Direito penal*, p. 358 e ss; Renzikowski, *Normbegründung*, p. 17, que diz que somente essa imputação recíproca é que fundamenta o injusto da coautoria, e não o domínio funcional do fato.

vontade (*Willensherrschaft*). C controla a realização do tipo, pois ele cria um risco que tem nas mãos ao valer-se de um terceiro que, por sua vez, é reduzido a mero instrumento.[50] Esta forma de autoria, chamada de *autoria mediata,* também é descrita pelo § 25 I do StGB, por meio da expressão «comete o fato por meio de outrem».

bb) (1) Outrossim, tem-se um domínio da vontade nos casos em que o chamado homem de trás exerce *coação* sobre a pessoa que executa a ação pessoalmente.[51] Modificando nosso exemplo de partida uma vez mais, vamos imaginar que D não apenas ofereceu dinheiro a A, mas, após sequestrar a mãe dele, ameaçou matá-la caso A não esfaqueasse a vítima V. Em nosso código imaginário composto por um solitário artigo (o tipo do art. 121 «matar alguém»), se nos mantivermos fiéis à ideia de domínio do fato pelo domínio da vontade, para afirmar a autoria mediata de D nem precisaríamos recorrer a uma norma como a do art. 22 do nosso código real, que diz: «Se o fato é cometido sob coação irresistível ou em estrita obediência a ordem, não manifestamente ilegal, de superior hierárquico, só é punível o autor da coação ou da ordem». À responsabilidade de D no exemplo original voltaremos adiante.

(2) A autoria mediata também pode se fundamentar no *erro* do homem da frente.[52] O paciente P, por gratidão, contempla o médico M em seu testamento. Este diz à enfermeira E que injete em P um analgésico para a dor. M, no entanto, abastece a seringa com veneno. E, sem saber disso, executa a tarefa. P morre. Neste caso, E agiu em erro de tipo (art. 20, CP); já M, que provocou e se aproveitou desse erro, é autor mediato do delito de homicídio.[53] Também é autor mediato do crime de evasão de divisas o estudante de direito X, que diz a Y que não é proibido sair do país portando 30.000 dólares sem declarar à autoridade competente.[54] Aqui X é autor mediato por ter causado e se aproveitado do erro de proibição de Y (art. 21, CP).[55]

(3) Remetemos o leitor a outros estudos deste volume, para somente mencionar uma última forma, e a mais polêmica, de autoria mediata, incluída

---

50 Roxin, *Täterschaft*, p. 141 e ss.; AT II, § 25 nm. 45 e ss; Batista, *Concurso de agentes*, p. 130; Cirino dos Santos, *Direito penal*, p. 354 e ss.

51 Roxin, *Täterschaft*, p. 143 e ss.; AT II, § 25 nm. 47 e ss; Cirino dos Santos, *Direito penal*, p. 356.

52 Roxin, *Täterschaft*, p. 171 e ss.; AT II, § 25 nm. 61 e ss.

53 Essa consequência já vem positivada em nosso código no Art. 20, § 2.º, CP.

54 O mesmo exemplo em Greco/Leite, *O que é e o que não é a teoria do domínio do fato*, neste volume, p. 26.

55 Outros casos mais controversos de erro que podem fundamentar autoria mediata em Greco/Leite, *O que é e o que não é a teoria do domínio do fato*, p. 26-27.

no gênero domínio da vontade: o domínio que o autor possui por comandar um aparato organizado de poder, o chamado *domínio da organização*.[56]

cc) Voltemos agora ao caso de D de nosso exemplo inicial. Dificilmente se pode dizer que D realiza o tipo «matar alguém». O fato de D oferecer uma recompensa não lhe confere um domínio sobre a vontade de A. Este decide praticar o fato *sponte sua*, tem pleno conhecimento das circunstâncias, domina o que faz, e não há razão alguma que possa excluir sua responsabilidade. D tampouco tem a seu dispor um aparato organizado de poder.

Somente seguindo-se um conceito extensivo de autor, submetido ao cânone causal, seja na forma de um sistema unitário ou na forma de um sistema diferenciador subjetivista (ver acima, respectivamente B I), seria possível fazer de D autor do delito de homicídio. A formulação falaciosa do «autor intelectual», pretensamente baseada na ideia de domínio do fato, é denunciada por Alaor Leite e Luís Greco em outra contribuição neste mesmo livro, ao qual remetemos o leitor.[57]

4. Conclusão intermediária

Assim, podemos chegar a uma conclusão intermediária. Os três casos de domínio acima mencionados (domínio sobre a própria ação, domínio sobre uma ação conjunta e domínio de um terceiro ou domínio da vontade) são hipóteses de realização do tipo. Ou seja, os indivíduos que possuem uma dessas três formas de domínio «matam», «subtraem», «constrangem» – realizam, enfim, os verbos típicos, p. ex., do homicídio, do furto e do constrangimento ilegal, respectivamente.

Em nosso exemplo, portanto, somente A e B são autores.[58] A essa conclusão podemos chegar já com base em nossa lei imaginária, em que não existe um art. 29 e só há uma norma de conteúdo idêntico ao do art. 121 do CP. Supera-se, assim, o problema do formalismo e do naturalismo tosco, próprios da teoria formal-objetiva.

C, D, E e F, contudo, não matam, não são autores e ficariam impunes conforme nosso código imaginário. A intuitiva necessidade de punição de pelo menos alguns desses 4 agentes exige a formulação de outras concepções de autoria, baseadas em critérios distintos, de um outro conceito de tipo, ou

---

[56] Greco/Leite, *O que é e o que não é a teoria do domínio do fato*, neste volume, p. 27; Leite, *Domínio do fato, domínio da organização e responsabilidade penal por fato de terceiros. Sobre os conceitos de autor e partícipe na APn 470 do STF*, neste volume, p. 138; Greco/Assis, *O que significa a teoria do domínio do fato para a criminalidade de empresa*, neste volume, p. 99 e ss.

[57] Greco/Leite, *O que é e o que não é a teoria do domínio do fato*, p. 38.

[58] Lembre-se, contudo, das modificações dos exemplos acima propostas em que A é doente mental ou em que D coage A.

de normas complementares que legitimem porque alguém que não é autor, ou seja, não realiza o tipo, pode ser punido.

III. AUTORIA (= REALIZAÇÃO DO TIPO) COMO VIOLAÇÃO DE UM DEVER

Alguns tipos, dentre eles os mais tradicionais como homicídio, furto, roubo, lesão corporal etc., descrevem a realização de riscos criados por movimentos corpóreos. Outros, por outro lado, descrevem, à primeira vista, um dever e sua violação. Essa contraposição corresponde à famosa distinção elaborada por Roxin entre delitos de ação (*Handlungsdelikte*) – ou delitos de domínio (*Herrschaftsdelikte*) – e delitos de dever (*Pflichtdelikte*), também conhecidos como delitos próprios ou especiais.[59] Nestes delitos, ao legislador pouco importaria a configuração externa da conduta, porque a razão da sanção residiria no fato de o indivíduo infringir as exigências de um dever específico que a ele assiste.[60] Pense-se no crime de prevaricação (art. 319, CP): «Retardar ou deixar de praticar, indevidamente, ato de ofício, ou praticá-lo contra disposição expressa de lei, para satisfazer interesse ou sentimento pessoal». Aqui a razão da punibilidade encontrar-se-ia na violação do dever de probidade assumida pelo funcionário perante a Administração Pública. O mesmo se poderia dizer dos tipos de concussão (art. 316) e corrupção passiva (art. 317, CP),

Com a introdução da ideia de violação de um dever como razão de ser do tipo – relembrando-se a estreita correlação entre tipo e autoria –, modifica-se o critério que vai determinar a autoria, ou seja, o critério do domínio do fato passar não mais a ser o decisivo. Logo, autor dos delitos citados neste parágrafo, a princípio, não é mais quem domina o risco da produção do resultado, mas só pode ser quem é titular do dever descrito pelo tipo,[61] o chamado *intraneus*.[62] Segundo, portanto, a teoria dos delitos de dever, o agente a quem o dever descrito no tipo não diz respeito – *o extraneus* –, a despeito de dominar os acontecimentos, será considerado apenas partícipe.[63] Assim, caso acrescentemos um tipo idêntico ao de prevaricação ao nosso código imaginário, em que continuariam inexistindo quaisquer arts. 29 e 30 (este último regula a chamada comunicabilidade de circunstâncias),[64] alguém que coagisse um funcionário público a retardar algum ato de ofício, apesar de possuir o domínio do fato, não poderia ser considerado autor mediato, mas somente partícipe (instigador), ficando impune.[65]

---

59 Fd. ROXIN, *Täterschaft*, p. 352, 355.
60 ROXIN, *Política criminal* , p. 33.
61 BATISTA, *Concurso de agentes*, p. 79.
62 ROXIN, *Täterschaft*, p. 353.
63 ROXIN, *Täterschaft*, p. 353.
64 Cf. abaixo D.II.1.d.
65 Cf. com exemplos análogos, ROXIN, *Täterschaft*, p. 360 e ss.

Uma concepção extensiva, que se baseia na contribuição causal para um determinado resultado, encontra dificuldades para lidar com os delitos especiais ou de dever, justamente porque nestes a produção de um resultado está em um segundo plano.[66] No exemplo acima, apesar de o coator ser condição determinante para o resultado típico, ele não será autor do crime. Veremos ainda adiante (cf. abaixo D.II.1.d) que, infelizmente, o nosso código real, dominado pela concepção extensiva, conduz à punição do coator como autor do crime de prevaricação, muito embora não lhe toque o dever descrito no tipo; um resultado, a nosso ver, insatisfatório.[67]

Segundo a teoria dos delitos de dever, também nos *crimes omissivos* a autoria é determinada não pelo domínio do fato, e sim pela infração de um dever.[68] Voltando, uma vez mais, ao nosso exemplo, vejamos o caso de E, segurança da vítima V. E, que durante a ação dos coautores A e B permanece inerte, não domina o risco de morte de V; ele simplesmente deixa as coisas tomarem seu rumo. E pode, sim, impedir o resultado, mas, em princípio, o problema reside noutro lugar. Não se pode dizer que E, por ser forte, domina o risco. Se houvesse outra pessoa no local do delito, tão ou mais forte que E, que não fosse segurança de V, mas que observasse todo o desenrolar dos fatos e, não obstante, também não fizesse nada, dificilmente poderíamos dizer que essa pessoa teria realizado o tipo «matar alguém». Ela teria praticado, no máximo, a conduta corresponde ao tipo de omissão de socorro existente em nosso código real (art. 135, CP).[69] Logo, percebe-se que a possível imputação de autoria a E não pode se fundamentar no domínio do fato, mas em uma outra consideração, qual seja, a violação do dever de salvar alguém.

Embora este dever não seja expressamente descrito pelo tipo «matar alguém» – daí a nomenclatura *crime omissivo impróprio*, em contraposição ao *crime omissivo próprio*, em que o dever de evitar o resultado já vem descrito no próprio tipo, como, por exemplo, no delito de omissão de socorro

---

66 Roxin, AT II, § 25 Nm. 4.

67 Sobre esse problema no julgamento do caso «mensalão», ver o texto de Leite neste volume («Domínio do fato, domínio da organização e responsabilidade penal por fatos de terceiros. Sobre os conceitos de autor e partícipe na APn 470 do Supremo Tribunal Federal»).

68 Roxin, *Täterschaft*, p. 459 e ss.; dessa forma, entre nós, já Fragoso, em Hungria/Fragoso, *Comentários*, p. 633.

69 Art. 135: «Deixar de prestar assistência, quando possível fazê-lo sem risco pessoal, à criança abandonada ou extraviada, ou à pessoa inválida ou ferida, ao desamparo ou em grave e iminente perigo; ou não pedir, nesses casos, o socorro da autoridade pública». Veja-se também esse exemplo de Hungria/Fragoso, *Comentários*, p. 423: «Tome-se a hipótese de um banhista que assiste a um celerado atirar às ondas uma criança e se abstém de intervir, por mero comodismo ou indiferença, deixando que a criança se afogue, embora tivesse podido salvá-la: responderá pelo crime de *omissão de socorro* (art. 135 do Código Penal), mas não como partícipe de homicídio» (destaque no original).

–, ele deriva da *posição de garantidor*[70] assumida por E. Em nosso exemplo, o segurança E assumiu um dever de proteção, comprometeu-se, portanto, a impedir o resultado. A violação desse dever de evitar o resultado, próprio de sua posição de garantidor, é que possibilita que E seja responsabilizado pelo crime de homicídio.

Todavia, a responsabilização de E como *autor* do crime de homicídio não é incontroversa. Aqueles autores que não se filiam, ao menos não inteiramente, à teoria dos delitos de dever, vão dizer que, à míngua do domínio do fato, E será apenas partícipe.[71] Para Roxin, contudo, a violação do dever fundamenta automaticamente a autoria. Assim, ainda que E estivesse em outro lugar, viajando, e recebesse a notícia de que haveria um atentado contra a vítima V, sendo-lhe possível, com um telefonema, impedir o fato, a circunstância de ele ter assumido o dever de proteger a vítima já faria dele autor do homicídio.[72]

IV. AUTORIA COMO CRIAÇÃO DE UM RISCO JURIDICAMENTE DESAPROVADO/VIOLAÇÃO DO DEVER DE CUIDADO OBJETIVO (DELITOS CULPOSOS)

Até aqui, cuidamos da autoria em duas modalidades de tipos: tipos que são descrições de ações arriscadas, cujo critério para se aferir a autoria é o domínio do fato, e tipos que descrevem violações de dever, nos quais os possíveis autores restringem-se àqueles que violam um dever, os chamados delitos especiais ou de dever, neles incluídos os crimes omissivos impróprios. Há ainda um outro grupo de tipos, que descreve somente criações de risco, mas não criações de riscos que se dominam. Criação de risco significa a violação de um dever de cuidado objetivo, conduta descrita pelos *tipos culposos*.

Imaginemos que A e B de nosso exemplo inicial agem sem dolo de matar; eles pretendem apenas «assustar» a vítima V, que, no entanto, morre. A e B são autores do homicídio, mas de um homicídio culposo. Eles «mataram alguém»,

---

70 Para uma análise histórica e crítica da dogmática da posição de garantidor, ver SCHÜNEMANN, Sobre a posição de garantidor nos delitos de omissão imprópria, trad. Alaor Leite, em: SCHÜNEMANN, *Estudos de direito penal, direito processual penal e filosofia do direito*, São Paulo, 2013, p. 159-181.

71 Por todos, *Münchener Kommentar-Joecks*, § 25 Rn. 185 e ss.

72 Registra-se ainda a existência de teorias intermediárias, que imputam a autoria ou não conforme a modalidade da posição de garantidor. O garantidor detentor de uma posição de proteção (*Beschützergarant*) seria sempre autor, enquanto o detentor de uma posição de guarda (*Überwachungsgarant*) seria apenas partícipe (por todos, *Heine*, em: SCHÖNKE/SCHRÖDER, *Strafgesetzbuch Kommentar,* 28. ed., München, 2010, antes do § 25, nm. 104 e ss.). Uma outra corrente, sob influência da ideia de domínio do fato, faz a distinção entre autor e partícipe nos crimes omissivos impróprios depender de critérios adicionais, como o grau de domínio do transcurso dos acontecimentos, a proximidade do local dos fatos, e a participação no plano delituoso (com referências RENGIER, *Strafrecht* AT, p. 509).

mas não porque eles dominavam o risco da morte de alguém, pois não sabiam que a vítima poderia morrer. A ideia de domínio pressupõe conhecimento.[73] O conhecimento – componente indispensável do *dolo* – é necessário para a existência de domínio sobre a realização do fato. Apenas aquele que sabe o que faz e o que pode decorrer de seu fazer controla aquilo que faz e o que pode decorrer de seu fazer.[74] A e B agiram, portanto, sem dolo; não dominavam o risco, mas podiam fazê-lo. Agiram, assim, com *culpa*.

Observe-se que o critério do domínio do fato não tem qualquer relevância para os crimes culposos ou negligentes. Segundo a concepção tradicional, os tipos culposos descrevem um comportamento descuidado/criador de um risco, sendo que, a princípio, todos os criadores desse risco são autores. No entanto, para se afirmar a autoria culposa, não basta a criação de um risco ou a violação de um dever objetivo de cuidado. Exigem-se critérios adicionais, desenvolvidos pela *teoria da imputação objetiva*. Não se pune quando a norma de cuidado violada não era apta a evitar o resultado concreto (nexo do fim de proteção da norma). Além disso, resta impunível a conduta quando se verifica que a conduta alternativa conforme o direito também não evitaria o resultado (nexo de aumento do risco).[75] De qualquer modo, todos que criarem um risco não-permitido e causarem o resultado, preenchidos os critérios de imputação objetiva, terão realizado o tipo do delito culposo. Logo, os delitos culposos são dominados por um conceito extensivo de autor, em que não se diferencia autor de partícipe.[76] Nesse âmbito, vige um sistema unitário de autoria.

Deve-se registrar, no entanto, a existência de concepções alternativas, como a de Luzón/Diaz (determinação objetiva do fato)[77] e Renzikowski, que defendem um conceito restritivo de autor também no delito culposo.[78] Uma análise dessas concepções foge, contudo, do escopo do presente estudo, de caráter introdutório.

---

[73] GRECO, *Dolo sem vontade*, p. 891-892.

[74] GRECO, *Dolo sem vontade*, p. 892.

[75] Cf. GRECO, *Um panorama da teoria da imputação objetiva*, 3. ed., São Paulo, 2013, p. 99 e ss., 118 e ss.

[76] Isso não prejulga a possibilidade de uma imputação recíproca, isto é, de uma coautoria; a favor dela GRECO, *Kausalitäts – und Zurechnungsfragen*, p. 687 e s.; em detalhe SOUZA SANTOS, Coautoria em *Crime culposo e imputação objetiva*, Barueri, 2004.

[77] LUZÓN/DÍAZ, *FS-Roxin I*, p. 598 e ss; LUZÓN, *La «determinación objetiva del hecho». Observaciones sobre la autoría en delitos dolosos e imprudentes de resultado,* Estudios penales, Barcelona, 1991, p. 197 e ss.

[78] RENZIKOWSKI, *Täterbegriff*, p. 154 e ss.

V. PARTICIPAÇÃO COMO NÃO-REALIZAÇÃO DO TIPO, COMO CONTRIBUIÇÃO SEM DOMÍNIO

Se voltarmos as atenções novamente para nosso exemplo de partida e nosso código imaginário, percebemos que ainda não analisamos a conduta de C, que emprestou o punhal a A, e D, que ofereceu dinheiro a A para que este «se livrasse» de V. Apenas constatamos que estes não realizam o tipo «matar alguém», não são autores do crime de homicídio, pois somente prestam uma *contribuição sem domínio*. Instigadores, como D, e cúmplices, como C, não realizam o injusto descrito no tipo, mas participam de um delito alheio.[79]

No entanto, isso não quer dizer que C e D devem permanecer impunes. Para puni-los, seria necessário acrescentar algo a nosso código imaginário. Em um conceito restritivo de autor, como aqui se defende, uma vez que ações como as de C e D não são típicas, a punibilidade desses agentes depende da criação de normas que a fundamentem. Tais normas precisam abarcar condutas a princípio não típicas, como a instigação e a cumplicidade (auxílio). Por isso, sói dizer-se que tais dispositivos constituem razões de *extensão da punibilidade*. Aqui, um dispositivo como o art. 29 *caput*, CP, que iguala todos que concorrem para o crime em autor, não é mais redundante. O mesmo se pode dizer dos §§ 26, 27 StGB, que são normas específicas para cada forma de participação (instigação e cumplicidade, respectivamente). A diferença é que o art. 29 tende a negar que haja uma diferença entre autoria e participação, ou a relega para a dosimetria da pena (cf. adiante D. II), ao passo que os dispositivos do StGB impõem essa distinção já no plano do tipo e preveem um marco penal diferente para a cumplicidade. Portanto, dispositivos específicos relativos à participação têm uma dupla finalidade: a) possibilitar a punição dessas formas de comportamentos, que, segundo o conceito restritivo de autor, restariam impunes; b) possibilitar que tais ações sejam punidas de modo diferente das ações dos autores.[80]

Materialmente, torna-se necessário encontrar um fundamento que justifique porque se imputa a realização de um tipo por um terceiro ao agente. A doutrina alemã dominante entende como fundamento da punibilidade da participação uma agressão *indireta ou acessória* – através da participação na ação típica de outrem – ao bem-jurídico protegido pelo tipo.[81] O injusto da participação submete-se ao injusto da ação principal.[82] Consequentemente, não se pode punir o partícipe, se o delito principal não foi ao menos tentado.

---

[79] Renzikowski, *Normbegründung*, p. 1.

[80] Zimmerl, *ZStW* 49 (1929), p. 46; Renzikowski, *Täterbegriff*, p. 11.

[81] Por todos, Schünemann, LK-StGB antes do § 26, nm. 1 e ss.

[82] Há autores, no entanto, que defendem um injusto autônomo da participação, por exemplo, Robles Planas, *Die zwei Stufen der Beteiligungslehre – am Beispiel der Beteiligung durch*

Chega-se, assim, por um lado, à ideia de *acessoriedade*. Qual o nível de acessoriedade de um determinado sistema jurídico, fica a cargo do legislador. O legislador alemão, por exemplo, exige que a ação principal seja dolosa e antijurídica, mas não culpável (§§ 26, 27, StGB). Fala-se em uma acessoriedade *limitada*. Ainda é pensável uma acessoriedade extrema, quando se exige que a ação principal seja, além de dolosa e antijurídica, culpável,[83] e uma acessoriedade mínima, no caso de se exigir apenas a tipicidade do fato principal.

Por outro lado, a participação também pressupõe uma agressão *autônoma* ao bem-jurídico. A consequência disso é a não-punibilidade da vítima que instiga ou auxilia um terceiro a atacar o seu próprio bem-jurídico – por exemplo, se X pede a Y que o mate e Y, apesar de tentar, não consegue, X não pode ser punido por tentativa de homicídio contra si mesmo. Outra consequência é a não punição do chamado «agente provocador» que, apesar de instigar o autor principal, sabe que a lesão ao bem-jurídico protegido não se consumará.[84] Por isso, a doutrina considera incorreto derivar a punibilidade da participação *exclusivamente* do princípio da acessoriedade.[85]

C. CONCLUSÃO INTERMEDIÁRIA: SUPERIORIDADE DO CONCEITO RESTRITIVO/DOMÍNIO DO FATO

Até aqui, cremos ter demonstrado a superioridade do conceito restritivo de autor e as vantagens do critério do domínio do fato para determinar quem é autor, quem realiza o tipo, e quem é partícipe, quem apenas toma parte em fato alheio. A ideia que subjaz ao conceito restritivo de autor é de que a descrição típica representa ao mesmo tempo uma descrição do autor. Foi visto que um conceito extensivo de autor traz consigo uma indesejada ampliação da punibilidade, promovendo uma verdadeira dissolução dos tipos, o que dificilmente se deixa compatibilizar com o princípio da legalidade. Mostrou-se que o conceito restritivo, aliado à ideia de domínio de fato, melhor se coaduna com uma concepção de tipo que não mais apreende os tipos como causações, mas como descrições de ações humanas arriscadas.

Ademais, viu-se que a concepção material de autoria, concretizada na ideia de domínio do fato, supera as insuficiências tanto da teoria subjetiva,

Unterlassen, GA 2012, p. 277 e ss.; *Idem*, *Garantes y cómplices*, p. 19; Renzikowski, *Normbegründung*, p. 18; com mais referências Schünemann, LK-StGB antes do § 26, nm 9 e ss.

83 A favor de uma acessoriedade extrema, por exemplo, Jakobs, *Akzessorietät. Zu den Voraussetzungen gemeinsamer Organisation,* GA 1996, p. 253 e ss.; Pawlik, *Das Unrecht des Bürgers. Grundlinien der Allgemeinen Verbrechenslehre*, Tübingen, 2012, p. 275-276. (Essa parece ser uma tendência das construções que relativizam a distinção entre injusto e culpabilidade.)

84 Para a correta fundamentação dogmática cf. Greco, Das Subjektive an der objektiven Zurechnung, *ZStW* 117 (2005), p. 519 e ss., p. 552 e s.

85 Schünemann, LK-StGB antes do § 26, nm. 3.

ainda presa ao cânone causal, quanto da teoria formal-objetiva, cujo naturalismo grosseiro apresenta visíveis limitações. Por fim, também se pôde perceber que a teoria do domínio do fato não oferece um critério geral para determinar a autoria em todos os tipos penais. Nos delitos especiais ou delitos de dever, a autoria fundamenta-se na violação de um dever, ao passo que nos delitos culposos o critério é a criação de um risco juridicamente desaprovado, não havendo distinção entre autor e partícipe.

A seguir, investigaremos se e em que medida a concepção aqui defendida – conceito restritivo de autor, teoria do domínio do fato – pode ser aplicada ao direito positivo, sobretudo o brasileiro. A partir de agora, abandonemos nosso código imaginário e voltemos as atenções para códigos reais.

D. DIREITO POSITIVO

I. DIREITO ALEMÃO

No direito alemão, os dispositivos relativos a autoria e participação guardam correspondência perfeita com um conceito restritivo de autor e com a teoria do domínio do fato. Esses dispositivos, introduzidos com a reforma do StGB em 1975, foram formulados já levando em conta a teoria do domínio do fato.[86]

Pode-se dizer que o § 25 I, que determina que será punido como autor aquele que, pessoalmente ou por meio de outrem, comete o crime, possui caráter meramente declaratório sob uma concepção restritiva de autoria.[87] Perceba-se que a lei não imputa a autoria a quem simplesmente causa ou concorre para o crime, mas a quem o comete (*begeht*), ou seja, a quem realiza o tipo. Por outro lado, este dispositivo serve para afastar definitivamente a aplicação da teoria subjetiva extrema, pois impede que o agente que executou o crime de mão própria seja considerado apenas partícipe[88] (cf. acima B. I, casos «banheira» e «Staschyinskij»). O dispositivo prevê expressamente a autoria mediata, ao declarar que autor é também quem comete o delito «por meio de outrem». E o § 25 II prevê a coautoria, determinando que são autores aqueles que «cometem o crime em conjunto». Com essas duas disposições, ficam resolvidas as apontadas insuficiências da teoria formal-objetiva.

Já os §§ 26, 27, que regulam as formas específicas de participação – instigação (*Anstiftung*) e cumplicidade (*Beihilfe*) – cumprem um papel, como visto, constitutivo de acordo com um conceito restritivo de autor.

---

[86] ROXIN, *Täterschaft*, p. 546.

[87] Para o texto traduzido, cf. acima, GRECO/LEITE, *O que é e o que não é a teoria do domínio do fato*, nesta coletânea, p. 26.

[88] ROXIN, *Täterschaft*, p. 547.

II. DIREITO BRASILEIRO

Por sua vez, os dispositivos em que o direito brasileiro regula o concurso de pessoas (arts. 29-31, CP) parecem no mínimo ambíguos no que diz respeito à tomada de posição em favor de um conceito extensivo ou restritivo de autor. Veremos em que medida é possível interpretar o CP à luz de um conceito restritivo de autor e da ideia de domínio do fato, primeiro analisando individualmente os dispositivos legais, em segundo lugar valendo-nos de um argumento principiológico.

1. Os dispositivos do CP

A própria Exposição de Motivos da reforma da Parte Geral do CP, de 1984, manifesta-se em sentido similar: «O Código de 1940 rompeu a tradição originária do Código Criminal do Império, e adotou neste particular a teoria unitária ou monística do Código italiano, como corolário da teoria da equivalência das causas (Exposição de Motivos do Ministro Francisco Campos, item 22). Sem completo retorno à experiência passada, curva-se, contudo, o Projeto aos críticos dessa teoria, *ao optar, na parte final do art. 29, e em seus dois parágrafos, por regras precisas que distinguem a autoria da participação.* Distinção, aliás, reclamada com eloquência pela doutrina, em face de decisões reconhecidamente injustas» (nosso destaque). Veremos, assim, em que medida o art. 29, *caput,* e sua parte final («na medida de sua culpabilidade»), e os dois parágrafos que acompanham o art. 29 representam, de fato, «regras precisas que distinguem a autoria da participação». Poderíamos daí derivar a compatibilidade de nosso código com um conceito restritivo de autor e com a teoria do domínio do fato?[89] Sob esse prisma, cabe também analisar o art. 30 e o art. 31.

a) *Art. 29,* caput*: Existe possibilidade de diferenciação entre autor e partícipe?*

«Quem, de qualquer modo, concorre para o crime incide nas penas a este cominadas, na medida de sua culpabilidade». À primeira vista, tomando por base ao *caput* do art. 29, lido juntamente com o art. 13 (cf. acima B. I), parece que estamos diante de um dispositivo característico de um sistema unitário formal, baseado em um conceito extensivo de autor, de base causal, exatamente no sentido preconizado por Von Liszt, que pregava a existência,

---

[89] BATISTA, *Concurso de agentes*, p. 45, interpreta o *caput* do art. 29 como já afastado da concepção causal: «Quem concorre» não pode ser interpretado (apenas) como «quem se faz concausa para o crime». Ou seja: o art. 29 do CP diz que quem – que qualquer modo = seja por autoria direta, autoria mediata ou coautoria, ou por instigação ou cumplicidade – concorre para o crime, incide nas penas a este cominadas.»

em qualquer código penal, de apenas uma única norma referente à autoria: «quem estabeleceu uma condição para o resultado ocorrido é responsável por este». Um tal dispositivo contribuiria, segundo Von Liszt, sobremaneira para a simplificação do direito penal, evitando uma miríade de querelas meramente conceituais e doutrinárias.[90] Essa pretensão de von Liszt ganhou (embora não completa) acolhida junto à União Internacional de Direito Penal,[91] fonte de que bebeu o Código Penal Italiano de 1930, por sua vez inspiração confessa do Código Penal Brasileiro de 1940.[92]

Sabe-se que, na reforma da Parte Geral ocorrida em 1984, ao teor do antigo art. 25 do CP de 1940 («Quem, de qualquer modo, concorre para o crime incide nas penas a este cominadas») acrescentou-se apenas a expressão «na medida de sua culpabilidade». Essa expressão não representa, todavia, *necessariamente* qualquer matização do conceito extensivo, causalista,[93] estatuído no CP de 1940. Dizer que cada concorrente será punido na medida de sua culpabilidade[94] corresponde, na realidade, a um dos escopos de qualquer sistema unitário, qual seja, promover a individualização do injusto,[95] da culpabilidade e da pena, relegando, assim, a análise das distintas contribuições dos

---

90 V. LISZT, *Strafrechtliche Aufsätze*, vol. II, Berlin, 1905 , p. 88.

91 Sobre a influência de v. Liszt sobre a União Internacional de Direito Penal, ver SCHÖBERL, *Die Einheitstäterschaft als europäisches Modell. Die strafrechtliche Beteiligungsregelung in Österreich und den nördischen Ländern*, Berlin/Wien/Zürich, 2006, p. 40 e ss.

92 Cf. HUNGRIA, em HUNGRIA/FRAGOSO, *Comentários*, p. 405: «A solução que se impõe, remetendo-se para o museu do direito penal as teorias da acessoriedade e da autoria mediata, é o repúdio à diferenciação apriorística entre os partícipes, pelo reconhecimento da singela verdade de que a participação, em qualquer caso, é concausação do resultado antijurídico, não havendo distinguir entre causa e concausa, entre causa imediata e causa mediata, entre causa principal e causa secundária. [...] Esta é a teoria chamada cumplicidade-causa, monística ou igualitária, adotada pelo nosso Código, a exemplo do Código italiano», ver também p. 409-410: «Depois do exemplo do Código norueguês (1902), e vitorioso no seio da União Internacional de Direito Penal, o critério da equiparação dos concorrentes ao crime tornou-se tendência do direito penal moderno»; cf ainda BATISTA, *Concurso de agentes*, p. 14. Ver GRECO/LEITE, *Autoria e participação no projeto de novo Código Penal* (PLS 236/2012), neste volume, p. 176.

93 Cf. com diversas referências da doutrina brasileira, BATISTA, *Concurso de agentes*, p. 15 e ss.

94 Acreditamos que a culpabilidade de que fala o art. 29 deve ser entendida em sentido amplo, referida à medição da pena. Não se trata, portanto, da culpabilidade enquanto terceiro elemento do delito, conforme a tradicional teoria tripartite. Sobre isso, TEIXEIRA, «Culpabilidade e proibição de dupla valoração na determinação judicial da pena na Ação Penal 470 do Supremo Tribunal Federal» («caso mensalão»), *RBCC* 106 (2014), p. 21 e ss.

95 BATISTA, *Concurso de agentes*, p. 39, defende, contudo, que o art. 29 impõe apenas a individualização da culpabilidade, sendo que, quando a lei refere-se a *crime*, está-se a reportar a um único injusto, no qual todos os concorrentes participam: «A cláusula acrescentada à disciplina do concurso pela reforma de 1984, segundo a qual a punibilidade de cada concorrente se determina segundo sua própria culpabilidade, parece responder a essa inclinação: monismo no injusto, pluralismo na reprovabilidade». A este ponto voltaremos quando abordarmos o problema da acessoriedade no âmbito da discussão do art. 31, CP.

agentes à *determinação judicial ou dosimetria da pena*.[96] A interpretação mais natural do art. 29, *caput*, CP é, assim, a de que esse dispositivo contém uma opção pelo conceito extensivo e unitário de autor. O acréscimo ao final do dispositivo não altera, necessariamente, essa leitura.

Parece, ainda assim, haver espaço para uma *interpretação alternativa*. Segundo essa interpretação, o art. 29, *caput*, teria natureza dúplice, abarcando, numa formulação vaga («concorrer de qualquer modo») tanto os autores, quanto os partícipes. No que respeita ao primeiro aspecto, à autoria, o dispositivo teria caráter declaratório. A rigor, ele repetiria o que já dizem os tipos da parte especial: quem mata, lesiona, subtrai é autor, uma vez que autoria é realização do tipo. A importância do dispositivo estaria, assim, na sua segunda dimensão, referida aos partícipes, aos que não matam, lesionam ou subtraem, e que por isso só podem ser punidos se seu comportamento for compreendido por uma norma de extensão da punibilidade. O art. 29, *caput*, CP seria essa norma, que teria, nesse aspecto, natureza constitutiva. Como essa interpretação restringe o sentido literal possível do termo «concorrer de qualquer modo», que tradicionalmente é interpretado em conjunto com o art. 13, *caput*, CP, não há qualquer óbice fundado no princípio *nullum crimen sine lege*.

b) Participação de menor importância (art. 29, § 1.º): participação em sentido estrito?

O § 1.º prevê uma diminuição de pena de um sexto a um terço caso a *participação seja de menor importância*. Como vimos, a exposição de motivos se reporta a esse parágrafo para declarar a opção do Código por um conceito restritivo.

Aqui, é preciso cuidado. Autor é quem realiza o tipo, não necessariamente quem realiza o maior desvalor e merece a maior pena.[97] Não cremos que a figura da «participação» de menor importância seja equivalente à participação em sentido estrito, que engloba, como vimos, a instigação e a cumplicidade. Assim, nada obsta, em princípio, a que a figura seja afirmada também no caso de um autor. Conforme uma concepção restritiva, o autor pode, em tese, praticar ações de menor importância, e o partícipe, por sua vez, pode praticar ações essenciais. Por exemplo: H, grande especialista em sistemas de segurança, a pedido de uma quadrilha, elabora por escrito um

[96] Por todos, KIENAPFEL, *Einheitstäter*, p. 29, 32. Isso, de fato, parece corresponder à prática judicial brasileira. Cf., por exemplo, recente acórdão do STF: HC/RS 105.674, rel. Min. Marco Aurélio, *DJ* 17.10.2013; v. ainda o acórdão da APn 470/MG do STF («caso mensalão»), rel. Min. Joaquim Barbosa, *DJ* 17.12.2012, em que se diz: «Quanto à participação subordinada, é aspecto que se reflete na dosimetria da pena, não afastando, no caso, a responsabilidade criminal» (f. 52.871).

[97] ROXIN, *Täterschaft*, p. 30.

intricado plano para o furto de um banco dotado de um robusto e complexo sistema de segurança e entrega-o aos membros da quadrilha que irão executar o plano. Durante a execução do furto, H encontra-se em outro país. H nem chega a saber se a quadrilha obteve sucesso na empreitada criminosa. Neste caso, segundo a teoria do domínio do fato em sua forma tradicional, H não seria autor do crime, mas sim partícipe, especificamente, cúmplice. Contudo, dificilmente poderia ser dito que a participação de H é de menor importância.

Ao lado deste parágrafo, deve-se registrar a existência de outras normas concernentes à aplicação da pena em nosso código ligadas ao modo de participação no delito. Trata-se dos dispositivos do art. 62, I, II e III, CP, que agravam o crime para o agente que promove, organiza ou dirige os demais agentes; coage ou induz outrem à execução do delito; instiga ou determina a cometer o crime alguém sujeito à sua autoridade ou não-punível em virtude de condição ou qualidade pessoal; ou ainda executa o crime, ou nele participa, mediante paga ou promessa de recompensa. Pode-se citar, além disso, a primeira parte da atenuante do art. 65, III, *c*, CP, dirigida àquele que tenha cometido o crime sob coação a que podia resistir, ou em cumprimento de ordem de autoridade superior. A diferença entre esses dispositivos e a regra da participação de menor importância está no fato de que esta constitui causa de diminuição de pena, a ser considerada na terceira fase da dosimetria da pena conforme o método trifásico previsto pelo art. 68, *caput* (e que pode reduzir a pena abaixo do mínimo legal), enquanto aqueles representam agravantes e atenuantes, de relevância para a segunda fase da medição da sanção penal. Percebe-se que tampouco essas agravantes e atenuantes refletem uma distinção entre autor e partícipe. Por exemplo, ao art. 62, I, CP pode subsumir-se a conduta de um coautor ou um instigador, ao passo que o art. 62, II, descreve o comportamento de um autor mediato ou de um instigador.

A existência de regras de medição de pena ligadas às formas ou níveis de participação (em sentido lato) no crime parecem corresponder ao que Kienapfel, modernamente um dos grandes defensores do sistema unitário, chama de um sistema unitário «temperado» – o qual nisso se diferencia do sistema formal de Von Liszt.[98] Além do fato de que essas formas de contribuição não correspondem às tradicionais modalidades de participação em sentido estrito (instigação e cumplicidade), uma diferença fundamental entre um sistema unitário «temperado» e um sistema diferenciador está em que essas normas de aplicação da pena relacionadas ao modo ou intensidade de concorrência no crime aparecem ao lado, em concorrência com os demais fatores de medição de pena, contando não mais e não menos do que eles.[99]

---

[98] KIENAPFEL, *Einheitstäter*, p. 35.

[99] KIENAPFEL, *Einheitstäter*, p. 36.

A distinção entre autoria e participação é um problema de tipo; ela não pode ser vista, portanto, como um conjunto de regras de aplicação da pena. Não faz mal repetir que não é o merecimento de uma maior e menor pena que determina se o sujeito é autor ou partícipe.[100] Relegar a aplicação dos conceitos de autor e partícipe ao momento de medição da pena faz com que essa distinção perca seus contornos, fique em boa parte entregue à discricionariedade do juiz; significa dissolver uma distinção que, em última análise, diz respeito aos limites entre uma conduta que realiza o tipo e outra que não o faz sem uma norma de extensão, nos controvertidos e heterogêneos critérios de aplicação da pena concreta.[101]

Isso significa, em síntese, que a previsão de uma diminuição de pena para uma participação de menor importância (art. 29, § 1.º) e para outras formas de concurso de pessoas não pode ser mencionada como argumento em favor de (ou contra) um conceito restritivo de autor. Inversamente, ainda que a autor e partícipe se cominasse a mesma pena, seria possível falar em um conceito restritivo, como se faz, em parte, na Alemanha, em que o instigador recebe a mesma pena que o autor (§ 26 StGB). Analogamente, roubo e a extorsão têm a mesma pena (4 a 10 anos, arts. 157, 158, CP), mas não são o mesmo tipo.

c) A chamada participação dolosamente distinta (art. 29, § 2.º, CP)

O art. 29, § 2.º, tem a seguinte redação: «se algum dos concorrentes quis participar de crime menos grave, ser-lhe-á aplicada a pena deste; essa pena será aumentada até metade, na hipótese de ter sido previsível o resultado mais grave».

Este estranho dispositivo parece inadequado em qualquer concepção de tipo e de autoria de que se parta. Como já afirmou Luís Greco em outra sede, a única razão de ser desse dispositivo é deixar claro que o excesso de um concorrente pode fundamentar a culpa de outro.[102] Seria a hipótese de dois sujeitos, J e L, que planejam executar conjuntamente um furto (art. 155, CP) e um deles, L, com o intuito de facilitar a subtração, desfere um soco na vítima, praticando roubo (violência contra a pessoa, art. 157, CP), o que era previsível. Nesse caso, o concorrente que só quis participar (só o tinha o dolo de) do furto, J, terá a pena (do furto!) aumentada até metade. Todavia,

---

[100] ROXIN, *Täterschaft*, p. 30, 31.

[101] ROXIN, *Täterschaft*, p. 451; *Idem*, AT II, § 23 nm. 3; LUZÓN/DÍAZ, *Roxin-FS I*, p. 580; VOLK, *Tendenzen zur Einheitstäterschaft – Die verborgene Macht des Einheitstäterbegriffs*, em: SCHÜNEMANN *et alii* (coords.), *Festschrift für Roxin*, Berlin/New York: DeGruyter, 2001, p. 564; SCHÜNEMANN, LK-StGB § 25, nm. 7 e ss.

[102] GRECO, Princípios fundamentais e tipo no novo projeto de código penal (projeto de lei 236/2012 do Senado Federal), revista *Liberdades* Especial – Reforma do Código Penal, 09/2012, p. 53.

não vislumbramos razões que expliquem por que, em casos dessa ordem, não se aplicam simplesmente as regras do crime culposo e do concurso formal de crimes. Porque, a rigor, a solução mais natural seria: J não responde pelo excesso de L, pois lhe falta dolo.[103] O que lhe resta quanto ao excesso é autoria a título de culpa. Ao todo, J responderia como coautor do crime ao qual o seu dolo referia (furto), em concurso formal com a autoria culposa do delito correspondente ao excesso do coautor (lesões corporais). O dispositivo do art. 29, § 2.º, modifica essas regras gerais e determina que J será punido por furto, com pena agravada.

Como no concurso formal a pena deve ser aumentada de um sexto até a metade (art. 70, *caput*), parece que, nesse exemplo, não andou tão mal o legislador. Mas o erro se revela em toda a sua gravidade se se imaginar que o excesso consiste não mais em uma lesão corporal, caso o meio de coação constitutivo do roubo seja a grave ameaça ou uma violência que não se traduza em lesões corporais (L amarra a vítima). Aqui, agravar a pena do outro concorrente, que podia prever o fato mais grave, é puni-lo por um constrangimento ilegal culposo, sendo que inexiste no CP o tipo culposo de constrangimento ilegal. Com isso, a solução positivada pelo legislador nesse dispositivo amplia a punibilidade em certos casos e se revela uma violação ao princípio da culpabilidade.[104] Por força do art. 29, § 2.º, a pena de J relativa ao furto seria aumentada até metade, o que nos parece um resultado um tanto drástico. Mais razoável seria, talvez, mencionar o constrangimento ilegal para aumentar um pouco a pena com base na etapa de fixação da pena-base, conforme o art. 59 do CP.

Em suma, esse dispositivo não é nem um argumento favorável, nem contrário à recepção da teoria do domínio do fato e a um entendimento restritivo de autor. O dispositivo não parece fazer sentido, nem sequer de acordo com a concepção tradicional.

d) Comunicabilidade de circunstâncias (art. 30, CP)

A finalidade do art. 30, CP, que diz que «não se comunicam as circunstâncias e as condições de caráter pessoal, salvo quando elementares do crime», parece ser, de um lado, possibilitar a punibilidade da participação nos delitos especiais e próprios (ou delitos de dever). Com efeito, em um sistema dominado por um conceito extensivo de autor, autoria significa a causação do resultado; no entanto, em tipos como os dos delitos especiais, exige-se mais um requisito, determinada qualidade pessoal, que vai além dessa mera causação. Assim, no caso de um peculato (art. 312, CP), para punir A, o amigo

---

103 Cf. Rengier, *Strafrecht AT*, p. 401-402; Schünemann, LK-StGB § 25 nm. 176.

104 Fragoso, em Hungria/Fragoso, *Comentários*, p. 638, fala em «intolerável responsabilidade objetiva».

do funcionário público F que ajuda este na subtração de um bem pertencente à Administração Pública, torna-se necessário um dispositivo como o art. 30.[105] Concretamente: o tipo do art. 312 («apropriar-se o funcionário público de dinheiro, valor ou qualquer outro bem móvel...») não se deixa reduzir a uma mera causação (art. 13, *caput*), a um concorrer de qualquer modo (art. 29, *caput*), mas é necessariamente causação/concorrer de qualquer modo por um funcionário público. Como A não tem essa qualidade, o tipo só pode ser a ele aplicado por meio de uma norma extensiva.

Há duas possibilidades construtivas para essa norma extensiva. A primeira delas é uma extensão do dever ao *extraneus*: o *extraneus* que atua junto a um *intraneus* se transformaria em um *intraneus* e, com isso, teria o poder de realizar já o próprio tipo da parte especial e de ser autor. Essa é a solução da comunicabilidade de circunstâncias. A segunda possibilidade é a de não prever qualquer comunicação de circunstâncias, de modo que o *extraneus* não realizaria o tipo; e justamente por não realizar o tipo, ele poderia ser, no máximo, partícipe, e nunca autor.

A primeira solução é a que segue o CP; a razão para isso parece estar no fato de que, com ela, torna-se possível manter as teses de que todo aquele que concorre é autor, de que autor é quem realiza o tipo, e de que só é punível quem realiza o tipo. Noutras palavras, esta é a solução mais natural para quem parte de um conceito extensivo e unitário de autor.

Um sistema restritivo e diferenciador não teria, assim, necessidade de um dispositivo sobre a comunicabilidade de circunstâncias.[106] Bastaria seguir o segundo modelo, que é também o alemão (§ 28 StGB).[107] O partícipe não

---

[105] Schumann, *Zum Einheitstätersystem des § 14 OWiG*, Berlin, 1979. É possível, no entanto, que, em relação aos delitos especiais, o art. 29 possa ser interpretado de modo a dispensar a existência de uma norma de comunicabilidade. Assim é parcialmente interpretado o Código Penal austríaco, também partidário de um conceito extensivo de autor (ver nota 14): cada concorrente realiza diretamente todo o delito (*das gesamte Tatbild*), até mesmo quando não preenche a elementar típica. Nos delitos especiais, portanto, basta que a elementar (circunstância de caráter pessoal) esteja presente na pessoa de ao menos um dos concorrentes (cf. Triffterer, *Die Österreichische Beteiligungslehre. Eine Regelung zwischen Einheitstäter- und Teilnahmesystem?*, Viena, 1983, p. 59-60). De acordo com essa interpretação ainda, a regra de comunicabilidade existente no código penal austríaco (§ 14 I) tem significado apenas declaratório (Triffterer, *Beteiligungslehre*, p. 86); assim também Leite, *Domínio do fato domínio da organização e responsabilidade penal por fatos de terceiros*, neste volume, p. 154.

[106] Cf. Greco, revista *Liberdades* Especial – Reforma do Código Penal, 09/2012, p. 54.

[107] Pode-se, livremente, assim traduzir o teor dessa norma: «(1) Se estiverem ausentes no partícipe (instigador e cúmplice) elementos pessoais especiais («besondere persönliche Merkmale») (§ 14 I) que fundamentam a punibilidade do autor, a pena do primeiro deve ser atenuada conforme o § 49 I. (2) Se a lei determinar que elementos pessoais especiais agravam, atenuam ou excluam a pena, isso só vale para os intervenientes (autor ou partícipe) nos quais esses elementos estejam presentes». O dispositivo é, de resto, de difícil de interpretação e

realiza o tipo, mas promove uma agressão indireta, por meio do autor, ao bem-jurídico protegido. Na hipótese de um delito especial, o partícipe contribui para a violação de um dever praticada por outrem.

É verdade, assim, que o dispositivo do art. 30 é um argumento contra um sistema como o aqui proposto. Ocorre que esse argumento não pode ser considerado decisivo. A ideia de comunicabilidade de circunstâncias é sumamente problemática da perspectiva do *princípio da culpabilidade*; o fato de que o modelo unitário e extensivo se veja forçado a recorrer a ela é, a rigor, mais um argumento contra esse modelo.[108]

Por um lado, é verdade que o art. 30 pode ser interpretado para impedir que fatores acessórios atinentes à pessoa de cada concorrente, e que podem ser relevantes para a aplicação da pena ou até mesmo fundamentar uma qualificação (por exemplo, homicídio qualificado por motivo fútil, art. 121, § 2.º, CP), sejam imputados a outro que não os possua. O problema, contudo, é que esse dispositivo abre a possibilidade de punir o *extraneus* que participa de um delito especial com a mesma pena de um *intraneus*.[109] Ou seja, por força do art. 30, em conjunto com o art. 29, a contribuição do comparsa do funcionário público (*extraneus*) será igualada juridicamente à conduta do funcionário público (*intraneus*), apesar de somente este violar o dever descrito no tipo.[110] E o que é pior: se se verificar que o *extraneus* teve, do ponto de vista fático, uma participação mais intensa no delito, as normas do código penal brasileiro permitem que ele seja punido de forma mais severa que o *intraneus*, pois não há previsão de redução de pena para o *extraneus*.[111]

O problema põe-se já no plano da legitimação. Como pode alguém se tornar destinatário de um dever que não é seu? O agente isento do dever descrito no tipo não pode ser igualado juridicamente ao detentor do dever. Pense-se em um exemplo cotidiano: o amigo que acompanha um homem casado ao prostíbulo não comete adultério, não trai sua mulher. Segundo o CP e a comunicabilidade de circunstâncias, ele o faz, e sua conduta é tão reprovável quanto a do homem casado. Essa nivelação fere algo que não é um mero sentimento de justiça, mas sim o próprio princípio da culpabilidade.

---

encerra inúmeros problemas dogmáticos. Sobre isso, por todos, SCHÜNEMANN, LK-StGB § 28; recentemente ROGER, *Die sog. Zumessungslösung zu § 28 II StGB*, GA 2013, p. 694 ss.

[108] Vide já GRECO, revista *Liberdades* Especial – Reforma do Código Penal, 09/2012, p. 54.

[109] ROXIN, AT II, § 25 Nm. 3.

[110] A esse resultado também leva o § 14 I, segunda parte, da Lei dos Ilícitos Administrativos (OWiG – Ordnungswidrigkeitengesetz), na Alemanha. Cf. SCHUMANN, *Einheitstätersystem*, p. 38 e ss.

[111] Ao contrário, por exemplo, do projeto de 1893, ver BATISTA, *Concurso de agentes*, p. 11, nota 29.

No entanto, isso não significa que um *extraneus* que participa de um delito especial deve permanecer impune, ou que o amigo não fez nada. A solução mais correta parece ser a de punir o *extraneus* – todavia, como partícipe e não como autor. O fundamento da punição do concorrente-*extraneus* encontra-se, como é natural, na ideia de acessoriedade, como visto acima (cf. B V). Sob esse aspecto, bastaria uma solução como a do § 28 StGB, que já pressupondo a impossibilidade de imputar autoria ao *extraneus*, prevê uma redução obrigatória de pena para este.[112]

Em síntese: o dispositivo do art. 30 do CP é, de fato, um argumento contra o modelo restritivo e diferenciador. Ocorre que essa norma viola frontalmente o princípio da culpabilidade, de modo que nenhum argumento que nela se baseie pode ter importância decisiva.

e) Tentativa de participação (art. 31)

Em uma concepção restritiva de autor, em que vige o princípio da acessoriedade, só se pune o partícipe se a ação principal ao menos alcançar o estágio da tentativa.[113] Caso contrário, nem se pode falar em fato típico principal, pois atos preparatórios são por definição atípicos. Assim, inexistindo fato principal, inexiste participação. Logo, participar em um delito que sequer vem a ser tentado é, em princípio, impunível.[114] Caso o legislador queira punir essa tentativa da participação, deve fazê-lo criando um dispositivo próprio, como é o caso do § 30 StGB, que prevê a punibilidade da tentativa da instigação, deixando a tentativa do auxílio ou cumplicidade impunível.[115]

O mesmo não se pode dizer de um sistema unitário de autor fundado na causalidade e coerentemente desenvolvido. Ausente a ideia de acessoriedade, tentar participar do delito, ou seja, estabelecer um condição que poderia levar ao resultado, já é, a rigor, tentar praticar o delito. Assim, não há diferença entre tentativa de participação e tentativa. Por exemplo, se A dá a B uma chave-mestra para que este cometa um furto, e B a recebe, mas não leva adiante o plano, o crime não chega a ser tentado por B. Por A, a rigor, sim. Isso significa que A seria punido como autor de um furto tentado e B, que

---

[112] Registre-se a solução oferecida por Ortiz, *Concurso de agentes nos delitos especiais*, São Paulo, 2011, p. 202 e ss., que propõe uma redução de pena para o *extraneus* através do art. 29, § 1º (participação de menor importância); sobre isso também Assis, «O delito de peculato na AP 470 do STF – "caso mensalão"», *RBCC* 106 (2014), São Paulo, p. 104 e ss.

[113] Bruno, *Direito penal I*, p. 272, 275; Roxin, AT II, § 26 nm. 2.

[114] Bruno, *Direito penal I*, p. 275; Triffterer, *Beteiligungslehre*, p. 45

[115] Por isso Rengier, *Srafrecht AT*, p. 445 classifica esse dispositivo como uma «norma de imputação», de caráter constitutivo.

estava mais próximo da lesão ao bem jurídico e da realização completa do tipo, permaneceria impune[116] – o que, já intuitivamente, é um contrassenso.

Para evitar esse contrassenso, nosso art. 29, *caput*, que não contém qualquer manifestação da ideia de acessoriedade,[117] necessita de um dispositivo como o art. 31 («O ajuste, a determinação ou instigação e o auxílio, salvo disposição expressa em contrário, não são puníveis, se o crime não chega, pelo menos, a ser tentado»).

Há, assim, novamente duas possibilidades de interpretação desse dispositivo. A primeira, e a mais natural, parte de um modelo extensivo e unitário. O dispositivo seria uma correção do modelo, em si injustificada, cuja razão de ser residiria na exigência de evitar contrassensos como o acima apontado, como uma correção necessária de uma insuficiência de um sistema unitário de autoria. Nessa interpretação, o art. 31 teria natureza constitutiva; ele limitaria o alcance do art. 29, *caput*.

Ainda assim, é possível entender esse dispositivo como uma manifestação da ideia de acessoriedade, como uma tentativa do CP de superar o modelo tradicional, enfim, como um reconhecimento implícito do acerto de um modelo restritivo e diferenciador. É de se notar que, por meio desse dispositivo, o CP descreve pela primeira vez as formas clássicas de participação em sentido estrito – a instigação e o auxílio ou cumplicidade – e lhes atribui uma consequência jurídica.[118] Por essa razão, e por trazer uma regra que é manifestação da ideia de acessoriedade, o art. 31 também pode ser entendido como uma aproximação a uma concepção restritiva de autoria e a um sistema diferenciador. Dessa perspectiva, o dispositivo teria, contudo, natureza meramente declaratória; ele simplesmente esclareceria o que já se sabe, isto é, que a existência de participação depende de um fato principal.

f) A participação em autolesões (arts. 121, 122, 129, CP)

Por fim, convém voltar os olhos para a Parte Especial. Comecemos com o tipo da participação em suicídio (art. 122). Esse dispositivo fundamenta a punição autônoma daquele que induz ou instiga alguém a suicidar-se ou presta-lhe auxílio para que o faça. Primeiro podemos observar que, pela segunda vez, aparecem no código as tradicionais formas de participação em sentido estrito (instigação e cumplicidade). O fundamental aqui é, no entanto,

---

[116] Triffterer, *Beteiligungslehre*, p. 39.

[117] Ao contrário das normas de participação do StGB – §§ 26, 27 –, que exigem expressamente a existência de um fato principal doloso e antijurídico. Faz-se notar aqui, talvez, a influência de Hungria, em Hungria/Fragoso, *Comentários*, p. 402-403, que classificava a «renitente teoria da acessoriedade» como «teoria falsa».

[118] Nesse sentido Bruno, *Direito penal I*. p. 264.

notar um afastamento do conceito extensivo fundado na teoria da equivalência das condições: se «matar alguém» fosse apenas causar a morte de alguém, a conduta descrita no art. 122 corresponderia já ao tipo de homicídio.[119]

Um defensor do modelo unitário e extensivo pode, contudo, replicar, que esse modelo é justamente a razão de ser do art. 122. Entregar a arma ao suicida é «matar alguém»; a rigor, o art. 122 seria *lex specialis* do art. 121, o qual ficaria suprimido por via do concurso aparente de normas. Isso, contudo, não convence. A uma, porque se o legislador suprimisse o art. 122, se esse dispositivo deixasse de existir – como é o caso em sistemas como o alemão – participar em suicídio se tornaria punível segundo os termos do art. 121. A duas, porque o mesmo problema se coloca já no delito de lesões corporais. Se entregar a arma é «matar alguém», é também «ofender a integridade corporal ou a saúde de outrem» (art. 129, CP). Toda participação em condutas autolesivas se torna, segundo um conceito extensivo, lesão do terceiro. Não há situação em que fique mais claro o quanto o modelo extensivo dissolve os tipos e atrita com a ideia de legalidade.

g) Síntese

Viu-se, assim, que os dispositivos do CP, se bem que em seu conjunto apontem para um modelo extensivo e unitário, não são refratários a uma reinterpretação baseada em um modelo restritivo e diferenciador. E, tomados individualmente, alguns permanecem de todo neutros diante dos dois sistemas («na medida de sua culpabilidade, art. 29, *caput*; participação de menor importância, art. 29, § 1.º; participação dolosamente distinta, art. 29, § 2.º); outros são, é verdade, mais próprios de um sistema extensivo e unitário, mas permitem uma reinterpretação progressista fundada na ideia de legalidade, de que os tipos não podem ser dissolvidos («quem, de todo modo, concorre», art. 29, *caput*). O único dispositivo que realmente aponta em sentido contrário ao modelo aqui defendido é o da comunicabilidade de circunstâncias (art. 30), que, contudo, é problemático por igualar *extraneus* e *intraneus* de maneira não mais condizente com o princípio da culpabilidade. Por outro lado, o dispositivo que declara impune a participação em crime que sequer chega a ser tentado (art. 31) e, principalmente, a própria distinção entre lesionar outrem e participar em uma autolesão, que é pressuposta por todos os tipos da parte especial, demonstram a necessidade de um modelo como o que aqui se propõe.

---

[119] Esse argumento encontra-se já em Greco, *Cumplicidade através de ações neutras*, Rio de Janeiro, 2004, p. 11.

2. Considerações materiais

Com isso, retorna-se ao que acima se disse em favor de um conceito restritivo de autor: apenas esse conceito se compatibiliza com as exigências de garantia do princípio *nullum crimen, nulla poena sine lege*. Em última análise, ainda mais importante do que a exegese dos diversos dispositivos do CP, são as razões materiais para uma diferenciação entre autor e partícipe, as quais em grande parte já foram aduzidas ao longo deste estudo: o principal argumento está na ideia de legalidade, de que os tipos não podem dissolver-se.

Assim, por um momento, devemos esquecer as normas da parte geral acima analisadas e voltar-nos aos requisitos de tipicidade dos delitos da parte especial.[120] Defender um conceito restritivo de autor nada mais é que interpretar os tipos em espécie de forma restritiva.[121] Não se trata, portanto, de somente determinar o alcance do art. 29, mas antes o alcance, por exemplo, do art. 121, do art. 129, do art. 155, de cada tipo da parte especial como um todo. Como pretendemos ter mostrado com o nosso exemplo inicial e nosso código imaginário, a partir dessa perspectiva, o art. 121 descreve apenas a conduta daquele que executou o crime de mão própria (autoria direta); por meio de outrem, o chamado instrumento (autoria mediata); ou em conjunto, contribuindo de forma relevante para um plano delitivo comum (coautoria). Para punir aquele que apenas auxilia ou determina (instiga) a ação do autor, é preciso recorrer ao art. 29, que seria, assim, uma norma de extensão da punibilidade.

E. CONCLUSÃO

Autoria é realização do tipo. A um tipo entendido como causação corresponde um conceito extensivo de autor, a um tipo entendido como ação corresponde um conceito restritivo de autor. Uma concepção formalista do tipo como ação chegará à chamada teoria formal-objetiva de autoria, segundo

---

120 Assim BATISTA, *Concurso de agentes*, p. 54, 55: «Reconstruir as formas típicas de autoria e participação no delito é o ingrato legado de um código penal que teria pretendido exterminá-las, oferecendo como preço uma proposição teórica inaceitável (a panaceia do princípio causal). [...] só nos resta a tentativa de, a partir dos dispositivos do código e de seus princípios fundamentais, empreender uma reconstrução dogmática extremamente dificultada pela pobreza da lei». Mais adiante, o autor, com base nesse método, defende a aplicação da teoria do domínio do fato ao direito penal brasileiro: «Sob uma perspectiva generalizante, a distinção autoria-participação se aproximará de seu ponto de repouso: os tipos da parte especial. Na apreciação individualizada de casa caso, corresponderá ao juiz verificar quem possuía o domínio do fato (nas suas diferentes formas de exprimir-se) e quem o não possuía, discernindo autores e partícipes. Para o direito penal brasileiro, nenhum obstáculo teórico existe contra a utilização desse critério para os crimes comissivos dolosos».

121 Sobre o conceito de interpretação restritiva dos tipos no âmbito da autoria, ver BÄHR, *Täterbegriff*, p. 16.

a qual autor é quem realiza o ato que imediatamente conduz ao resultado; uma concepção mais «material», que enxerga nos tipos comportamentos perigosos, poderá ver no domínio sobre esse perigo o critério fundamentador da autoria (nos delitos dolosos comuns). Nos delitos especiais e culposos, será necessário valer-se de outros critérios.

Verificamos que o sistema de autoria e participação tal como regulado em nosso código penal parte, à primeira vista, de um conceito extensivo de autor e apresenta características de um sistema unitário. A par das insuficiências e do *deficit* de legitimidade de alguns dispositivos acima apontados, nosso sistema tende a dissolver a distinção entre autor, instigador e cúmplice em um emaranhado de critérios de determinação da pena. Por outro lado, com o apoio de argumentos adicionais baseados na interpretação de determinados dispositivos (arts. 31, 121, 122, 129) e com base no princípio da legalidade, é possível partir já *de lege lata* de um conceito restritivo de autor e da teoria do domínio do fato.

O QUE SIGNIFICA A TEORIA DO DOMÍNIO DO FATO PARA A CRIMINALIDADE DE EMPRESA

Luís Greco e Augusto Assis

Sumário: I. Introdução – II. A premissa básica – III. Responsabilização dos superiores segundo a leitura tradicional do art. 29, *caput*, CP.: 1. A visão tradicional: modelo extensivo e unitário de autor; 2. A responsabilização do gerente segundo o modelo tradicional; 3. Síntese – IV. Responsabilização dos superiores segundo uma reinterpretação do CP nos moldes da teoria do domínio do fato: 1. Autoria comissiva: a) Autoria imediata; b) Coautoria: aa) Coautoria: requisitos (plano comum, contribuição relevante) e consequência (imputação recíproca); bb) Casos de estrutura «horizontal»; cc) Casos de estrutura «vertical»: (1) Verticalidade como empecilho à coautoria?; (2) Ausência de plano comum; (3) Ausência de contribuição relevante; (4) Casos em que há plano comum e contribuição relevante. Comparação com a leitura tradicional do art. 29, *caput*, CP; dd) Conclusão intermediária; c) Autoria mediata: aa) Casos clássicos: coação, erro; bb) Domínio da organização: (1) A concepção original: fungibilidade do executor, organização hierarquicamente estruturada e dissociada do direito; (2) Aplicação a contextos empresariais: (a) O caminho da jurisprudência alemã; (b) «Vantagens» da construção; (c) A adaptação do modelo original ao contexto empresarial; (d) Comparação com a leitura tradicional do art. 29, *caput*, CP; 2. Participação comissiva: a) A participação no novo modelo: instigação e cumplicidade; b) Comparação com o modelo tradicional; 3. Conclusão intermediária – V. Responsabilização do gerente segundo os princípios da omissão imprópria: 1. Considerações iniciais; 2. A posição de garantidor do gerente da empresa: a) Dever de vigilância em relação a produtos; b) Dever de vigilância em relação a subordinados; c) Autoria e participação no delito omissivo impróprio; d) Conclusão intermediária:

a posição de garantidor do gerente da empresa como o ponto de apoio para a responsabilização a título de omissão imprópria – VI. Delitos especiais: 1. Considerações introdutórias: Necessidade da qualidade especial de autor; 2. Empresário em que falta a qualidade especial: a) Outra pessoa física apresenta a qualidade especial; b) Apenas a empresa apresenta a qualidade especial – VII. Concurso entre responsabilidade omissiva e comissiva – VIII. Conclusão.

I. INTRODUÇÃO

A teoria do domínio do fato tornou-se largamente conhecida no Brasil, não apenas no âmbito jurídico, após ter sido mencionada[1] no julgamento da AP 470, o denominado «Mensalão».[2] O suposto ineditismo[3] da teoria certamente contribuiu para a sua difusão. O fator que despertou decisivamente o interesse na ideia de domínio do fato foi, entretanto, a forma como ela vem hoje comumente apresentada. Mais do que uma teoria «nova», «moderna», que superaria as deficiências da anterior e chegaria a resultados mais satisfatórios, a teoria do domínio do fato vem sendo vendida como a ponte que permitiria que as classes altas, no caso «Mensalão» a classe política e a cúpula de bancos e agências publicitárias, fossem responsabilizadas criminalmente por delitos cometidos no âmbito das estruturas por eles controladas. A ideia de domínio do fato serviria – essa a ideia difundida – à responsabilização de um superior hierárquico, cujo comportamento, até então, não seria «alcançado» pelo direito penal.[4]

---

[1] «Aplicada» não seria o termo técnico correto, uma vez que o STF não se serviu, verdadeiramente, da teoria. Sobre isso ver o trabalho de LEITE, neste volume, p. 123 e ss.; ver também BOTTINI, Aplicação da teoria do domínio dos fatos na AP 470, *Conjur*, 13.07.2013, acessível em: [www.conjur.com.br/2013-ago-13/direito-defesa-aplicacao-teoria-dominio-fatos-ap-470] (acessado em: 19.12.2013).

[2] A ideia de domínio do fato aparece, por exemplo, em julgados posteriores ao julgamento da AP 470: HC 260.390/PE julgado pelo STJ, publicado em 19.11.2013; acórdãos anteriores ao julgamento já haviam, entretanto, feito menção à teoria. Vide a decisão do próprio STF, na APn 481, de relatoria do Min. Luiz Fux.

[3] Ineditismo no sentido de que grande parte das pessoas, especialmente dos leigos, jamais havia ouvido falar em «domínio do fato» e «domínio da organização». A ideia de domínio do fato é, entretanto, antiga – levando em conta apenas os contornos dados a ela por Roxin, a expressão tem pouco mais de cinco décadas (ROXIN, *Täterschaft und Tatherrschaft*, 1. ed., Hamburgo, 1963). Sobre o desenvolvimento da ideia de domínio do fato ver o trabalho, neste volume, GRECO/LEITE, p. 19 e ss.; ver também SCHÜNEMANN, em: *Leipziger Kommentar zum Strafgesetzbuch*, 12. ed., vol. 1, Berlin, 2007, § 25 nm. 7 e ss. Em língua espanhola, ver DÍAZ Y GARCÍA CONLLEDO, *La autoría en derecho penal*, Barcelona, 1991, p. 545 e ss.; e em língua portuguesa, FIGUEIREDO DIAS, *Direito penal*, tomo I, 2. ed., Coimbra, 2007, p. 765 e ss.

[4] Observação similar faz CAMARGO, Sobre o domínio do fato no contexto da criminalidade empresarial, *RBCC* 102, 2013, p. 365 e ss. (382).

O *objetivo do presente trabalho* é, portanto, *analisar se a teoria do domínio do fato efetivamente amplia a punibilidade dos superiores hierárquicos em relação à concepção de concurso de pessoas derivada da leitura tradicional do art. 29,* caput, *do CP*.[5] O estudo não irá, por outro lado, expor de forma pormenorizada as premissas gerais da teoria, pois a isso se propõem dois outros trabalhos neste mesmo volume.[6]

Primeiramente, será esboçada uma premissa básica da responsabilização criminal, a de que não há responsabilidade pela simples detenção de uma posição (II). Em segundo lugar, descreveremos se e como se responsabiliza o superior hierárquico de acordo com a concepção tradicional (III). Em seguida, esclareceremos como isso é feito a partir da ideia de domínio do fato (IV). Assim será possível *comparar* se a teoria do domínio do fato facilita ou não a responsabilização do superior hierárquico. Adiantamos que a *resposta* a esse questionamento será, *predominantemente, negativa*. Tentaremos demonstrar que a forma mais técnica de responsabilizar o superior hierárquico é recorrer aos delitos omissivos impróprios, previstos no art. 13, § 2.º, CP (V), e a tais delitos não se aplica a ideia de domínio do fato, e sim a de violação de dever. Em seguida será necessário verificar se as mesmas conclusões valem também nos casos em que se trata de um delito especial, isto é, de crimes cujo tipo exige uma qualidade especial de autor (VI). Por fim, serão necessárias algumas palavras sobre a questão do concurso entre a responsabilidade omissiva e comissiva pelo mesmo fato (VII).

II. A PREMISSA BÁSICA

A premissa elencada na introdução, de que não há responsabilização apenas por deter uma posição, é, além de fundamental, geral, no sentido de que ela vale para a responsabilização tanto a partir da concepção tradicional, quanto da teoria do domínio do fato. Ambas as formas de responsabilização pressupõem uma ação (que, no caso de um diretor de empresa, será em geral um comando) ou uma omissão (não dar um comando);[7] e no caso de crimes

---

5 Sobre a correção dessa ideia, ver também GRECO/LEITE neste volume, p. 38 e ss., e em artigo publicado no jornal *Folha de S.Paulo*. Fatos e mitos sobre a teoria do domínio do fato. Tendências/Debates, jornal *Folha de S.Paulo*, 13.10.2013, acessível em: [www1.folha.uol.com.br/opiniao/2013/10/1358310-luis-greco-e-alaor-leite-fatos-e-mitos-sobre-a-teoria-do-dominio-do-fato.shtml].

6 GRECO/LEITE, GRECO/TEIXEIRA, cits., neste volume, p. 19 e ss. e 47 e ss.

7 KUHLEN, *Strafrechtliche Produkthaftung*, em: *50 Jahre Bundesgerichtshof, Festgabe aus der Wissenschaft*, vol. 4 (coords. Canaris, Roxin, etc.), München, 2000, p. 667; observação similar faz CAMARGO, *RBCC* 102, p. 384 e s. (390). De tão fundamental, a premissa de que o direito penal sanciona apenas condutas está contida já na primeira frase do tratado de ROXIN, *Strafrecht Allgemeiner Teil*, vol. I, 4. ed., München, 2006, § 1, nm. 1, e em diversas outras passagens da obra (por ex. § 7, nm. 64), e também em qualquer manual de direito penal (por ex. em WESSELS/

especiais, é necessária, além disso, uma qualidade especial de autor, fundamentadora de um dever de agir ou de omitir.

Parece-nos que a melhor maneira de visualizar as intricadas questões objeto do presente trabalho será tomar como base um *exemplo simples*, a que algumas vezes retornaremos no curso do estudo. Suponha-se que uma *empresa* seja composta apenas por *duas pessoas*, um gerente e um funcionário. A empresa fabrica e distribui um produto defeituoso. Um terceiro *morre* em decorrência da utilização do produto. O gerente apenas poderá ser responsabilizado por ter dado a ordem (ação) para que o funcionário fabricasse e distribuísse o produto defeituoso ou por não ter dado a ordem (omissão) de recolher o produto ou de suspender sua distribuição.[8] São essas duas formas de comportamento, e não a mera posição de gerente, que fornecem a base para a responsabilização penal.[9]

Discutiremos a responsabilização do gerente nessas duas hipóteses, de ação e de omissão. Suponhamos também, para fins de simplificação, que nosso gerente pratica os comportamentos mencionados ao menos em estado de dúvida a respeito da segurança do produto, isto é, que ele age com dolo (eventual).

BEULKE, *Strafrecht, Allgemeiner Teil*, 39. ed., Heidelberg, 2009, § 1, nm. 4 e ss.). No Brasil, CIRINO DOS SANTOS, *Direito penal, parte geral*, Curitiba, 2006, p. 3 e s. Outro indicativo da evidência de tal premissa é a descrição feita por Schünemann do desenvolvimento da jurisprudência alemã acerca da responsabilização do gerente da empresa por atos cometidos por seus inferiores hierárquicos. Desde o primeiro julgamento, realizado pelo então Tribunal do Império, não se cogitou responsabilizar o gerente apenas em decorrência do seu cargo. A discussão, ao contrário, sempre girou em torno da fundamentação de um dever de garantidor dos gerentes (SCHÜNEMANN, *Unternehmenskriminalität und Strafrecht*, Köln/Berlin/Bonn/München, 1979, p. 70 e ss.); relato similar sobre o desenvolvimento da jurisprudência nesse aspecto faz WALTER, *Die Pflichten des Geschäftsherrn im Strafrecht*, Frankfurt, 2000, p. 2 e ss. Na mesma obra Schünemann ainda elenca como uma das vantagens da fundamentação do dever de garantidor do gerente por ele fornecida na ocasião – hoje Schünemann fundamenta a posição de garantidor do gerente de forma diversa, como será demonstrado no decorrer do trabalho (V) –, o fato de ela não permitir a responsabilização do detentor de determinada posição de comando apenas em decorrência do cargo (SCHÜNEMANN, *Unternehmenskriminalität*, Berlin, 1979, p. 108). Sobre a impossibilidade de imputar um resultado a alguém apenas em decorrência do cargo ocupado ver também o trabalho de GRECO/LEITE neste volume, p. 37 e ss.; Leite demonstra, em trabalho neste mesmo volume, que, ao julgar a Ap 470, o STF valeu-se do termo domínio do fato para criar uma responsabilização pela posição. Leite sugeriu, assim, que o STF batizasse a sua construção de «teoria do domínio da posição», LEITE, neste volume, p. 157.

8 Para a responsabilização omissiva seria necessário, entretanto, demonstrar que o gerente tinha uma posição de garantidor em relação aos riscos ocasionados pela utilização do produto colocado no mercado pela empresa (sobre isso, ver ponto V).

9 Sobre isso ver também, LEITE, neste volume, cit.

III. RESPONSABILIZAÇÃO DOS SUPERIORES SEGUNDO A LEITURA TRADICIONAL DO ART. 29, *CAPUT*, CP

1. A visão tradicional: modelo extensivo e unitário de autor

Conforme anunciado na introdução, o primeiro passo para verificar se a teoria do domínio do fato amplia ou facilita a responsabilização dos gerentes de empresa é analisar se e como se daria a responsabilização destes sem a aplicação da ideia de domínio do fato, ou seja, a partir da concepção de concurso de pessoas decorrente da leitura tradicional do art. 29, *caput*, CP.

O art. 29, *caput*, do CP estabelece que «quem, de qualquer modo, concorre para o crime incide nas penas a este cominadas, na medida de sua culpabilidade». No entendimento da doutrina tradicional, esse dispositivo representa a adoção legislativa de um sistema unitário e um conceito extensivo de autor.[10] Sistema *unitário*, porque todos os que concorrem são autores, não se diferenciando autor e partícipe nem para fins de fixação do marco penal cabível; e conceito *extensivo*, porque todos que concorrem para o crime realizam o tipo.[11] *Concorrer*, por sua vez, é compreendido no sentido causal, de forma que concorre para o crime quem tiver praticado uma ação sem a qual o resultado não teria ocorrido ou tiver omitido uma ação que, caso praticada, teria evitado o resultado (*conditio sine qua non*), nos termos da definição legal de causa contida no art. 13, *caput*, CP.[12]

Com base nesse entendimento, que não apenas corresponde à tradição, como, reconhecemos, é o que melhor se adequa à letra e ao sistema dos arts.

---

[10] Nesse sentido, o «responsável» pela introdução de tais preceitos no Código de 1940, HUNGRIA, *Comentários ao Código Penal*, vol. I, tomo II, 5. ed., Rio de Janeiro, 1978. p. 398 e ss.; em sentido similar também o item 22 da exposição de motivos do Código Penal de 1940: «O Código de 1940 rompeu a tradição originária do Código Criminal do Império, e adotou neste particular a teoria unitária ou monística do Código italiano, como corolário da teoria da equivalência das causas» e em outro trecho «todos os que tomam parte no crime são autores». – Bruno retrata a concepção acima exposta como dominante, mas opta por uma teoria diferenciadora (BRUNO, *Direito penal, parte geral*, tomo 2, fato punível, 3. ed., Rio de Janeiro, p. 265, n. 7); avaliação similar fazem CIRINO DOS SANTOS, *Direito penal*, p. 348 e ss.; BATISTA, *Concurso de agentes*, 2. ed., Rio de Janeiro, 2004, p. 14 e ss. Nas ps. 14 e 15, Batista cita diversos autores que realizam essa leitura dos dispositivos do CP. Nucci e Bitencourt afirmam que a reforma de 1984 introduziu uma distinção entre autores e partícipes no código. Entretanto, eles parecem confundir a possibilidade de individualizar a pena com a distinção das diversas formas de responsabilização no plano do injusto (NUCCI, *Código Penal comentado*, 10. ed., São Paulo, 2010, p. 295 e ss.; BITENCOURT, *Código Penal comentado*. São Paulo, 2002, p. 114 e ss.); sobre a interpretação do código tradicionalmente feita pela doutrina, ver, em detalhe, GRECO/TEIXEIRA, GRECO/LEITE, neste volume, p. 49 e ss. e 21 e ss., respectivamente.

[11] Cf. as definições assentadas no início do presente volume.

[12] A regulação do concurso de agentes, trazida pelo art. 29, é enxergada por alguns como a consequência natural da adoção da teoria da *sine qua non* no âmbito da causalidade.

29-31 do CP, não há qualquer dificuldade em compreender os comportamentos de nosso gerente de empresa. Segundo a letra do art. 29, *caput*, CP, basta que o gerente da empresa tenha concorrido, ou seja, tenha contribuído causalmente para o crime, independentemente de ser considerado autor ou partícipe.

2. A responsabilização do gerente segundo o modelo tradicional

Em detalhes, à luz de nosso exemplo simples:

a) *Variante comissiva*. Os pressupostos da punibilidade do gerente por um delito comissivo doloso de resultado seriam: resultado, conduta, causalidade, imputação objetiva, dolo, antijuridicidade e culpabilidade.[13] Por ordenar a fabricação e comercialização do produto, o gerente pode ter cometido o delito de homicídio (art. 121, *caput*, CP). O resultado é a morte do consumidor; a conduta seria a ordem, dirigida ao único funcionário da empresa, de fabricar e distribuir o produto; a relação de causalidade – que corresponde à exigência de «concorrer» feita pelo art. 29, *caput*, e que por sua vez se identifica com a causação do art. 13, *caput* – estaria presente. Não importa que nosso gerente não tenha fabricado e distribuído a mercadoria de mão própria; ele concorre para a morte e é *condition sine qua non* dela. A imputação objetiva está igualmente presente, pois o gerente criou o risco que se realizou no resultado morte. O dolo existe, pois o gerente estava ao menos em estado de dúvida. Inexistem causas de exclusão de antijuridicidade ou de culpabilidade.

b) Na hipótese de *omissão*, os requisitos de punibilidade a serem verificados seriam, em boa parte, análogos aos mencionados acima: resultado, comportamento omissivo apesar da possibilidade física de agir, causalidade hipotética, imputação objetiva, posição de garantidor (art. 13, § 2.º, CP), dolo, antijuridicidade, culpabilidade.[14] O comportamento aqui seria não emitir a ordem; o nosso gerente tinha possibilidade física de fazê-lo. A causalidade, que muitos no plano da omissão chamam de «hipotética», está presente se a prática da ação devida (isto é, a emissão da ordem) tivesse evitado o resultado (art. 13, *caput*, CP), o que é aqui de pressupor-se. Como já era o caso na variante comissiva, de nada importa que exista, entre comportamento e resultado, a atuação de um terceiro. Nada há que exclua a imputação objetiva. À posição de garantidor do gerente retornaremos logo mais (abaixo V 2); adiante-se, apenas, que ela está presente. O mesmo se diga do dolo, da antijuridicidade e da culpabilidade.

---

13 Cfm. a lista de pressupostos em Wessels/Beulke, *Strafrecht*, § 3, nm. 80 e ss.

14 Cfm. a similar lista de requisitos em Kuhlen, em: *Handbuch Wirtschaftsstrafrecht*, 3. ed. (coord. Achenbach), Heidelberg/München, 2012, p. 90 e s.; Wessels/Beulke, *Strafrecht*, § 16, nm. 706 e ss.

3. Síntese

Em *conclusão* intermediária: a leitura tradicional do art. 29, *caput*, que entende o dispositivo à luz de um modelo extensivo e unitário de autor, não apresenta qualquer dificuldade na responsabilização do gerente de uma empresa. Se seu comportamento, isto é, ação ou omissão, for *conditio sine qua non* de resultados típicos, terá ele «concorrido para o crime», pouco importando que não tenha sido ele quem praticou a conduta humana que imediatamente precede esse resultado. Mesmo antes de iniciarmos nossa análise do problema à luz da ideia de domínio do fato, algo parece claro: dificilmente esta última ideia poderá compreender ainda mais do que já fazem esses já bastante dilatados critérios de responsabilização da leitura tradicional.

IV. RESPONSABILIZAÇÃO DOS SUPERIORES SEGUNDO UMA REINTERPRETAÇÃO DO CP NOS MOLDES DA TEORIA DO DOMÍNIO DO FATO

O dispositivo do art. 29, *caput*, CP, em conjunto com as regras que vão até o art. 31, de fato demonstra uma afinidade do Código com um conceito extensivo. No entanto, não é impossível reinterpretar esse pequeno sistema normativo à luz de um conceito restritivo, que distingue entre autores e partícipes.[15] Os detalhes dessa reinterpretação não serão expostos na presente sede. Aqui nos interessa apenas como, partindo de uma tal reinterpretação, o gerente seria responsabilizado, para que se possa comparar se esses requisitos são mais ou menos estreitos do que aqueles de que parte a concepção tradicional que acabamos de expor.

Ao contrário da concepção derivada da leitura tradicional do código, a teoria do domínio do fato diferencia autores e partícipes – *sistema diferenciador*. Mais: essa diferenciação é entendida já como um problema de tipo, e não apenas de determinação de uma moldura penal mais ou menos severa; fala-se em um *conceito restritivo de autor*. Para o conceito restritivo de autor, autoria pode ser compreendida, de maneira simplificada, como realização do tipo. Segundo a ideia de domínio do fato, os tipos dolosos compreendem formas de domínio sobre o risco de uma lesão a um bem jurídico.[16] O autor sempre terá, portanto, domínio do fato.

A teoria do domínio do fato, nos contornos dados por Roxin, conhece três tipos de domínio: o domínio da ação (autoria imediata); o domínio da vontade (autoria mediata); e o domínio funcional (coautoria). Segundo a teoria

---

[15] Ver, mais extensamente, o artigo de GRECO/TEIXEIRA, neste volume, p. 68 e ss. e ASSIS, O delito de peculato na AP 470 do STF – «caso mensalão», *RBCC* 106 (2014), São Paulo, p. 104 e ss.
[16] Cfm. o estudo de GRECO/TEIXEIRA, neste volume, p. 49 e ss.

do domínio do fato, é também possível responsabilizar alguém que não tem esse domínio, ou seja, que não realiza o tipo; todavia, não mais como autor, e sim como partícipe.[17] Assim, seriam imagináveis, em princípio, quatro formas de responsabilização dos gerentes de empresa que emitem uma ordem a um funcionário. Elas serão analisadas a seguir.

1. Autoria comissiva

a) Autoria imediata

Autor imediato é aquele que realiza o tipo com as próprias mãos.[18] Vale dizer, aquele que realiza todos os elementos do tipo. Os gerentes de empresa podem ser responsabilizados como autores imediatos, desde que realizem eles próprios o tipo. Dar uma ordem para que outro atue não se enquadra, entretanto, nessa forma de domínio. É o outro quem realizará o tipo de forma imediata.

b) Coautoria

aa) Coautoria: requisitos (plano comum, contribuição relevante) e consequência (imputação recíproca)

A segunda forma de responsabilizar os gerentes de empresa com base na teoria do domínio do fato seria considerá-los coautores. Voltando ao exemplo da empresa composta por apenas duas pessoas, o superior hierárquico, que emite o comando, e o funcionário, que o executa, seriam responsabilizados como coautores. Coautoria é a realização conjunta do tipo. Os coautores não precisam realizar, de mão própria, os elementos do tipo, pois o que confere domínio na coautoria é a execução de uma tarefa fundamental no marco da realização de um plano comum.[19] Se, por ex., A e B dividem as tarefas de um furto, de forma que a A caberá quebrar o cadeado da porta e vigiar a entrada e a B caberá entrar na casa e subtrair os objetos, ambos cometerão furto qualificado (art. 155, § 4.º, I, CP) – A não cometerá apenas o crime de dano (art. 163, CP) e/ou invasão de domicílio (art. 150, CP) e B não cometerá apenas

[17] Roxin, *Strafrecht, Allgemeiner Teil, Besonderer Erscheinungsformen der Straftat*, vol. II, München, 2003, § 26, nm. 1 e ss.; Schünemann, *Leipziger Kommentar*, vor § 26, nm. 1 e ss.

[18] Cfm. Roxin, AT II, § 25, nm. 38 e ss.; Schünemann, *Leipziger Kommentar*, § 25, nm. 53; Cirino dos Santos, *Direito penal*, p. 353 e s.

[19] Cfm. Roxin, AT II, § 25, nm. 188; Schünemann, *Leipziger Kommentar*, § 25, nm. 155 e ss.; Cirino dos Santos, *Direito penal*, p. 361; ver também os outros artigos neste mesmo volume. Como o domínio nos casos de coautoria deriva da função exercida na execução do delito, Roxin denominou-o de domínio funcional do fato. (Em trabalho neste mesmo volume, Greco e Leite esclarecem que a terminologia nada tem a ver com o sistema funcionalista defendido por Roxin. Greco/Leite, p. 43 e s.; assim também Leite, neste volume, p. 157 e ss.)

furto (art. 155, *caput*, CP); afinal, caso um dos dois não tivesse realizado a sua respectiva tarefa, o plano comum de realizar um furto com rompimento de obstáculo não teria obtido êxito. Portanto, de forma geral, são dois os requisitos da coautoria: um *plano comum* e uma *contribuição relevante* de cada coautor.[20] Desses dois requisitos deriva a consequência jurídica que é a nota característica dessa forma de domínio: ela fundamenta uma *imputação recíproca*.

bb) Casos de estrutura «horizontal»

Nesse aspecto – e isso é raramente observado – a teoria do domínio do fato realmente pode ir além daquilo que seria possível fazer com base na leitura tradicional do CP. A leitura tradicional, como vimos, entende o «concorrer para o crime» de que fala o art. 29, *caput*, CP, como sinônimo de «ser uma *conditio sine qua non* do resultado», no sentido do art. 13, *caput*, CP. Isso significa que os casos de chamada *coautoria alternativa*[21] – paradigmático, aqui, é o exemplo de um pelotão de fuzilamento composto de 20 atiradores, em que a vítima é letalmente atingida por vários disparos em um mesmo momento – em que é possível subtrair mentalmente cada uma das contribuições em separado, mas não todas elas em conjunto, a rigor a concepção tradicional teria de punir apenas pelo crime tentado.[22] Isso não é uma questão meramente acadêmica, mas de enorme relevância prática, se se pensar que também as *decisões tomadas dentro de órgãos colegiados*, como são geralmente estruturados os conselhos diretores de empresas mais complexas do que a imaginada em nosso exemplo inicial, apresentam essa estrutura.[23] Pense-se numa decisão unânime de comercializar produto defeituoso, tomada por um conselho diretor composto de cinco gerentes e que decide com base em regra de maioria simples. Cada um dos cinco pode reportar-se ao art. 13, *caput*, CP

---

[20] Cfm. Roxin, AT II, § 25, nm. 189. Para uma explicação mais detalhada em língua portuguesa sobre os fundamentos e requisitos da coautoria, conferir Figueiredo Dias, *Direito penal*, p. 791 e ss.; e de forma mais sucinta também Cirino dos Santos, *Direito penal*, p. 358 e ss.

[21] A respeito, por ex., Roxin, *Täterschaft und Tatherrschaft*, 8. ed., Berlin, 2006, p. 734 e ss.; AT, II, § 25, nm. 229; Schünemann, *Leipziger Kommentar*, § 25, nm. 194 e ss.; Joecks, em: *Münchener Kommentar, Strafgesetzbuch*, 2. ed., vol.1, München, 2011, § 25, nm. 225; Knauer, *Die Kollegialentscheidung im Strafrecht, Zugleich ein Beitrag zum Verhältnis von Kausalität und Mittäterschaft*, München, 2001, p. 159 ff.; Ransiek, *Unternehmensstrafrecht, Strafrecht, Verfassungsrecht, Regelungsalternativen*, Heidelberg, 1996, p. 61 ff.; Deutscher/Körner, *Die strafrechtliche Produktverantwortung von Mitgliedern kollegialer Geschäftsleitungsorgane* (Teil 2), wistra 1996, p. 333.

[22] Há autores, contudo, que negam nessas constelações também a possibilidade de se afirmar uma coautoria, por ex., Schild, em: *Nomos Kommentar, Strafgesetzbuch*, 2. ed., vol. 1, Baden-Baden, 2005, § 25, nm. 84.

[23] Em detalhe Greco, *Kausalitäts – und Zurechnungsfragen bei unechten Unterlassungsdelikten*, ZIS 2011, p. 674 e ss.

e alegar que seu voto não foi *conditio sine qua non* do resultado. Se se acopla o «concorrer» do art. 29, *caput*, ao conteúdo do art. 13, *caput*, CP, como faz a concepção tradicional, será impossível responsabilizar por um resultado os membros de órgãos colegiados, tão logo haja um voto além da quantidade mínima para que prevaleça a decisão da qual decorre o resultado danoso (isto é, tão logo existam 4 votos). No máximo, em caso de dolo, haverá tentativa. Se não houver dolo, ou não for possível comprová-lo, a concepção tradicional torna impossível punir qualquer dos integrantes que votaram em favor da comercialização do produto por delito culposo de resultado – uma eventual lesão corporal de um consumidor, por exemplo.[24]

A figura da coautoria, entendida segundo os moldes da teoria do domínio do fato, chega realmente a uma responsabilização mais extensa do que o faz a concepção tradicional, em razão da imputação recíproca, mas isso apenas nos casos que apresentam uma estrutura de coautoria alternativa, isto é, em casos de estrutura, por assim dizer, «horizontal». Não se trata, aqui, de distribuição de responsabilidade entre alguém que está atrás e decide e outro que está à frente e executa, como o exemplo que estamos a discutir, e sim de pessoas que atuam num mesmo plano, em princípio decidindo e executando.

cc) Casos de estrutura «vertical»

Se nos voltarmos à hipótese de nosso exemplo inicial, de *estrutura «vertical»*, veremos que a possibilidade de afirmar coautoria nessa constelação é duvidosa.

(1) Verticalidade como empecilho à coautoria?

O primeiro argumento contrário à afirmação de coautoria em casos desse gênero aparece em um contexto um tanto diverso, que é o dos chamados «aparatos organizados de poder». Aqui, a discussão gira, primariamente, em torno de organizações desvinculadas do ordenamento jurídico, como regimes totalitários ou organizações mafiosas, e não de organizações empresariais. Alguns autores que rechaçam a figura do domínio da organização, que considera o chefe da organização criminosa autor mediato por meio da utilização de um aparato organizado de poder, defendem que a situação em que um superior hierárquico emite uma ordem e um inferior hierárquico a executa seria um caso de coautoria. Roxin objeta que tal solução ignora a principal diferença estrutural entre a autoria mediata e a coautoria, qual seja, a de que a *autoria*

---

[24] Segundo vemos, isso praticamente não foi observado na doutrina nacional. Exceções são a monografia de Tavares, *Teoria do injusto penal*, Belo Horizonte, 2. ed., 2002, p. 259 e ss., e a recente dissertação de mestrado de Rocha, *A relação de causalidade no direito penal*, Belo Horizonte, 2013, p. 117 e ss.

mediata possui uma estrutura vertical – no sentido da relação de domínio entre o homem da trás e o da frente – enquanto a coautoria possui uma *estrutura horizontal* – no sentido da ação conjunta e simultânea dos coautores.[25]

A afirmação de que a relação entre o gerente, que ordena o cometimento de uma conduta, e o funcionário, que a realiza, é «vertical», está correta. Para que tal característica fosse capaz de inviabilizar uma imputação por coautoria em casos desse gênero seria necessário, contudo, que a estrutura horizontal fosse um dos requisitos da coautoria. Este não é, no entanto, o caso. Como visto, os requisitos da coautoria são apenas a existência de um plano comum e de uma contribuição relevante. A título de ilustração, serve a menção a um exemplo de coautoria recorrentemente trazido pelo próprio Roxin: O chefe de determinada quadrilha planeja e organiza todo o crime, mas não vai ao local da execução com os demais executores. Ele fica apenas na central da quadrilha, monitorando a situação e transmitindo, por via telefônica, por exemplo, informações e ordens aos demais executores.[26] Nesse caso, a relação entre o chefe da quadrilha e os demais executores também é vertical, mas essa característica não leva Roxin a descartar a existência de coautoria.[27]

É possível que, ao formular o argumento da estrutura vertical, Roxin tenha pensado nos Estados totalitários, como o nazista ou o da Alemanha Oriental, casos em que há uma *grande distância* entre aquele que domina o aparato organizado de poder e aquele que está na outra ponta e realiza o delito com as próprias mãos (autoria imediata). Conforme será demonstrado a seguir, nos casos em que há essa grande distância entre as duas pontas será efetivamente difícil afirmar a coautoria, mas pela ausência de um plano comum ou de uma contribuição relevante na execução. A verticalidade da estrutura serve, portanto, apenas como ensejo para investigar os requisitos da coautoria de forma mais detalhada.

---

[25] Roxin, *Täterschaft*, p. 710 e s.; GA, 2012, p. 404; o mesmo argumento traz Bloy, *Grenzen der Täterschaft bei fremdhändiger Tatausführung*, GA 1996, p. 440; e de forma menos enfática Schünemann, *Leipziger Kommentar*, § 25, Rn. 132; Rotsch, *Die Rechtsfigur des Täters hinter dem Täter bei der Begehung von Straftaten im Rahmen organisatorischen Machtapparate und ihre Übertragbarkeit auf wirtschaftliche Organisationsstrukturen*, NStZ 1998, p. 492; Ransiek, *Unternehmensstrafrecht*, p. 50.

[26] Roxin, *Täterschaft*, p. 731 e s.

[27] Roxin, *Täterschaft*, p. 731 e s.; AT II, § 25, nm. 200. Caso o chefe da quadrilha não estivesse em contato com os demais executores durante a execução, ele não teria tido uma função relevante durante a execução e, na concepção de Roxin, não poderia ser considerado coautor do delito, mas apenas instigador; consideração similar em relação ao argumento da verticalidade faz Lampe, *Tätersysteme*: *Spuren und Strukturen*, ZStW 119 (2007), p. 471 e s.

(2) Ausência de plano comum

O segundo argumento contrário à afirmação da coautoria nesse contexto é, assim, a *ausência de um plano comum.*[28] Os requisitos do plano comum são: que todos os coautores conheçam como o delito será executado e que eles decidam em conjunto executá-lo.[29] Não se exige, por outro lado, que o plano tenha sido formulado em conjunto[30] ou que os coautores tenham manifestado previamente sua adesão a ele.[31] Basta uma adesão tácita, ainda que já iniciada a execução (coautoria sucessiva), como no caso em que A está agredindo Z e B se junta a A.[32]

Conforme indicado, o elemento fático que dificulta a existência de um plano comum no contexto empresarial em questão é a *distância* existente entre os gerentes de empresa e os funcionários. É necessário, contudo, expor de forma mais detalhada quais os problemas gerados por essa distância. Inicialmente, ainda no plano fático, o afastamento entre as duas pontas comumente faz com que o superior hierárquico não saiba qual dos funcionários irá realizar a conduta ou quando ela será realizada.[33] Essa situação, por sua vez, traz dificuldades concretas para o preenchimento dos requisitos da coautoria acima listados.

Em relação ao primeiro requisito – *conhecimento do plano* – tais dificuldades são mais facilmente contornáveis. Afinal, não se exige que todos os coautores tenham participado da elaboração do plano, tampouco que todos manifestem expressamente a sua adesão a ele. É suficiente, portanto, que o gerente tenha elaborado todo o plano e que o funcionário apenas dele tenha se inteirado. O verdadeiro empecilho para a configuração de um plano comum nessas situações parece residir no segundo requisito: a *decisão conjunta de executar o delito*. Tal empecilho existe, pois, como o gerente não sabe qual dos funcionários irá praticar a conduta, nem quando ela será praticada, é provável que o gerente desconheça a intenção do funcionário de praticar o delito em coautoria com ele.[34] Dessa forma, o funcionário aderiria de forma

---

28 Roxin, *Täterschaft*, p. 709 e ss.; Schünemann, *Leipziger Kommentar*, § 25, nm. 129; Ransiek, *Unternehmensstrafrecht*, p. 50.; Kudlich/Oglakcioglu, *Wirtschaftsstrafrecht*, Heidelberg, 2011, p. 37 e s.; Wittig, *Wirtschaftsrecht*, § 6, nm. 115.

29 Roxin, AT II, § 25, nm. 190 e ss.; *Täterschaft*, p. 285 e s.; Schünemann, *Leipziger Kommentar*, § 25, nm. 173; Joecks, *Münchener Kommentar*, nm. 230.; Baumann/Weber/Mitsch, *Strafrecht Allgemeiner Teil*, 11., ed., Bielefeld, 2003, § 29, nm. 84.

30 Pode haver, portanto, coautoria no caso acima mencionado em que o chefe da quadrilha planeja toda a ação e apenas a comunica aos demais integrantes.

31 Roxin, AT II, § 25, nm. 190 e ss.; *Täterschaft*, p. 285 e s.

32 Roxin, AT II, § 25, nm. 192; Schünemann, *Leipziger Kommentar*, § 25, nm. 173.

33 Ransiek, *Unternehmensstrafrecht*, p. 50; Roxin, *Täterschaft*, p. 709 e ss.

34 Ransiek, *Unternehmensstrafrecht*, p. 50.

tácita ao plano elaborado pelo seu superior hierárquico,[35] o que não é, contudo, o mesmo que decidir em conjunto com o superior hierárquico pela prática do delito.[36]

Um paralelo com alguns exemplos utilizados no âmbito do «direito penal clássico» para delimitar os contornos da autoria auxilia na distinção entre a situação ora narrada e as situações em que uma adesão tácita ao plano constitui coautoria. Acima foi dito que no caso em que A está agredindo Z e B, sem qualquer acordo prévio, se une a A para agredir Z, há uma decisão conjunta pelo cometimento do delito, pois, ainda que não houvesse um acordo prévio, A identifica a intenção de B e, em conjunto com B, segue agredindo Z. A situação do contexto empresarial em questão não se assemelha, contudo, a este caso, mas ao seguinte, em que a existência de um plano comum é negada: A quer furtar o carro de Z. Sem que A perceba, B distrai Z para que ele não retorne ao seu carro. A pratica o furto da forma que havia planejado.[37] Como B aderiu unilateralmente ao plano de A, falta aqui uma decisão conjunta.

Por conta das dificuldades inerentes à afirmação da existência de uma decisão conjunta no contexto empresarial, alguns autores defendem a flexibilização desse requisito nesse contexto.[38] Tiedemann quer estender a coautoria a «casos em que não há uma decisão conjunta, mas ambos os agentes pertencem à mesma empresa».[39] Para ele, que se refere a essa variante como

---

[35] OTTO, *Grundkurs Strafrecht, Allgemeine Strafrechtslehre*, 7. ed., Berlin, 2004, § 21, nm. 92.

[36] ROXIN, *Täterschaft*, p. 709.

[37] ROXIN, AT II, § 25, nm. 191. Caso semelhante foi decidido da mesma forma pelo BGH (Tribunal alemão equivalente ao nosso STJ), BGHSt 6, 248 e s.

[38] Alguns autores já haviam, entretanto, defendido a dispensabilidade desse requisito anteriormente, em outro contexto (Assim OTTO, *Täterschaft, Mittäterschaft, mittelbare Täterschaft*, Jura 1987, p. 255; Grundkurs, § 21, nm. 92; BAUMANN/WEBER/MITSCH, *Strafrecht*, § 29, nm. 147; e até a quarta edição de seu manual também JESCHECK, *Lehrbuch des Strafrechts, Allgemeiner Teil*, Berlin, 1988, p. 607). Conforme já foi enunciado acima, e será novamente na sequência do trabalho, parte da discussão em torno da dogmática da autoria e participação em delitos cometidos no âmbito empresarial foi transportada da discussão em torno da dogmática da autoria e participação no âmbito de aparatos organizados de poder. Em regra, os autores que buscam flexibilizar os requisitos da coautoria o fazem por refutar o desdobramento da teoria do domínio do fato desenvolvido por Roxin, segundo o qual as pessoas que comandam os aparatos organizados de poder podem ser responsabilizados como autores mediatos pelos atos praticados por seus inferiores (domínio da organização), e por, ao mesmo tempo, quererem encontrar uma maneira de responsabilizá-los como autores, e não apenas como partícipes. A mesma lógica vale para os autores que buscam flexibilizar os requisitos da coautoria no âmbito empresarial, com a «agravante» de que a aceitação da teoria do domínio da organização é ainda mais controversa no âmbito empresarial, sendo negada inclusive por ROXIN, *Täterschaft*, p. 715 e ss.; Zur neuesten Diskussion über die Organisationsherrschaft, GA 2012, p. 410 e ss. e por SCHÜNEMANN, *Leipziger Kommentar*, § 25 nm. 130 e ss.), do que na sua formulação original (sobre isso ver IV., 1, c) bb).

[39] TIEDEMANN, *Wirtschaftsstrafrecht, Einführung und Allgemeiner Teil*, 4. ed., München, 2013, nm. 363.

coautoria organizativa (*Organisationsmittäterschaft*), o vínculo objetivo existente nessas situações é ainda mais relevante do que o vínculo subjetivo existente nos casos em que há efetivamente uma decisão conjunta.[40] Jakobs, por outro lado, questiona a necessidade de uma decisão conjunta já enquanto requisito da coautoria, e não apenas enquanto elemento dos delitos praticados em empresas. Para ele, a decisão unilateral de um dos agentes de aderir ao plano[41] é, ao contrário do entendimento da concepção acima exposta, suficiente para fundamentar a coautoria.[42] Dessa forma, a ausência de conhecimento do gerente de que o seu inferior hierárquico aderiu ao plano não seria um impeditivo para a afirmação da coautoria.

A principal crítica dirigida por Roxin a ambas as posições é embasada no disposto no § 25 II do StGB, que diz: se vários cometem conjuntamente o fato, cada um é punido como autor (coautor).[43] Para Roxin, a exigência de que o fato seja «cometido conjuntamente» está na lei, de forma que, ao dispensar a necessidade de uma decisão conjunta, tais concepções violariam a proibição de analogia.[44] A possibilidade de extrair a exigência de uma decisão conjunta da lei é, contudo, contestada por Tiedemann.[45]

O argumento legal formulado por Roxin é de reduzido valor em um sistema como o do nosso CP, que sequer conhece de forma expressa uma figura como a da coautoria e muito menos lhe elenca quaisquer requisitos. A despeito de não existir restrição legal para o acolhimento das duas concepções mencionadas, não nos parece, ao menos em uma primeira análise, adequado

---

40 Tiedemann, *Wirtschaftsstrafrecht*, nm. 363; também em favor de uma coautoria, mas com fundamentos distintos Schünemann, *Leipziger Kommentar*, § 25, nm. 132; Die Rechtsfigur des «Täters hinter dem Täter» und das Prinzip des Tatherrschaftsstufen, Festschrift für Friedrich-Christian Schroeder, 2006, p. 401 e ss. (411 e s.), há tradução para o português: A figura jurídica do «autor por trás do autor» e o princípio dos «níveis do domínio do fato» (trad. Adriano Teixeira), em: Schünemann, *Estudos de direito penal, direito processual penal e filosofia do direito* (org. Luís Greco), 2013, São Paulo, p. 155 e ss.; em sentido similar Bottke, *Täterschaft und Teilnahme im deutschen Wirtschaftskriminalrecht – de lege lata und de lege ferenda*, JuS 2002, p. 323; Joecks, *Münchener Kommentar*, § 25, nm. 227 e s.; Muñoz Conde, *Willensherrschaft kraft organisatorischer Machtapparate im Rahmen «nichtrechtsgelöster» Organisationen?, Festschrift für Claus Roxin*, Berlin/New York, 2001, p. 609 e ss. (623 e s.); Problemas de autoría y participación en el derecho penal económico, o ¿cómo imputar a título de autores a las personas que sin realizar acciones ejecutivas, deciden la realización de un delito en el ámbito de la delincuencia económica empresarial?, *Revista Penal*, n. 9, Salamanca, 2002, p. 59 e ss. (66 e ss.).

41 Jakobs utiliza o termo «Einpassungsentschluss», que significa, no contexto por ele empregado, decisão de adesão, de adaptação ou de conformação.

42 Jakobs, *Strafrecht, Allgemeiner Teil*. 2. ed. Berlin/New York, 1991, § 21, nm. 40 e ss. (43).

43 No original: *Begehen mehrere die Straftat gemeinschaftlich, so wird jeder als Täter bestraft (Mittäter).*

44 Roxin, *Täterschaft*, p. 709 e s. (723 e ss.).

45 Tiedemann, *Wirtschaftsstrafrecht*, nm. 286; assim também Joecks, *Münchener Kommentar*, § 25, nm. 227; *Lampe*, ZStW 119 (2007), p. 471 e s.

fazê-lo. A razão fundamental é um tanto simples: a consequência jurídica da admissão da coautoria é, como dito, a imputação recíproca. Uma imputação recíproca é algo um tanto grave; concretamente, ela significa que cada um responderá não pelos seus próprios fatos, mas também por fatos *prima facie* de terceiros.[46] Essa severa consequência jurídica tem de ser legitimada, especialmente diante daquele que se vê obrigado a responder por ato de terceiro. Não enxergamos como isso será possível sem que existam uma decisão e uma atuação conjuntas, isto é, de todos, mas também de cada um dos coautores. A posição majoritariamente aceita pelos defensores da ideia de domínio do fato parece, assim, correta.

Dessa perspectiva, vê-se que os problemas da posição de Tiedemann encontram-se não apenas no fato de que a figura da coautoria organizativa mal passa de uma sugestão feita de passagem em seu manual de direito penal econômico. A dificuldade fundamental é que pertencer a uma organização é muito pouco para fundamentar uma responsabilização pelos atos de outro membro da organização, como se próprios fossem. Análogas objeções podem formular-se em relação à construção de Jakobs.[47] Não se entende como a decisão de um terceiro de conformar-se a meu plano pode tornar-me responsável por aquilo que faz o terceiro.[48]

---

[46] Ver Greco/Leite, *Autoria e participação no PLS 236/2012*, neste volume, p. 193.

[47] Deixando, por ora, de lado a circunstância de que, em posteriores escritos, Jakobs abandonou o requisito da decisão de adaptação/conformação em favor de uma fundamentação exclusivamente objetiva da coautoria (Jakobs, *Beteiligung, Festschrift für Ernst-Joachim Lampe zum 70.* Geburstag, Berlin, 2003, p. 561 e ss.; antes dele já seus discípulos Lesch, *Die Begründung mittäterschaftlicher Haftung als Moment der objektiven Zurechnung*, *ZStW* 105, 1993, p. 271 e ss.; Derksen, *Heimliche Unterstützung fremder Tatbegehung als Mittäterschaft*, GA 1993, p. 163. e ss.). Parece-nos que os problemas de legitimidade que acima se apontam não diminuiriam, pelo contrário, se tornariam ainda mais agudos em uma concepção que pretende chegar a uma imputação recíproca dispensando qualquer dado subjetivo.

[48] Por fim, ainda nos parece que a aplicação da teoria de coautoria de Jakobs ao contexto empresarial, ou mesmo aos aparatos organizados de poder desvinculados do direito, poderia esbarrar em algumas dificuldades na esfera do segundo requisito da coautoria – a contribuição relevante. Pois, ainda que Jakobs descarte a necessidade de uma execução conjunta, ou seja, de uma participação efetiva e relevante de cada coautor no estágio de execução do delito (Jakobs, AT, § 21, nm. 47 e ss.; nm. 103), ele exige, para considerá-lo autor, que aquele que organiza todo o delito, algo como o chefe da quadrilha, ou o comandante da organização, conheça a forma concreta de execução do delito. Segundo Jakobs, pertence a essa forma concreta a identidade do executor (Jakobs, AT, § 21, nm. 49). Conforme mencionado acima, entretanto, em estruturas organizadas, aquele que emite a ordem muitas vezes não tem conhecimento de quem irá executá-la, nem de quando ela será executada. É verdade que Jakobs não exige que todo coautor tenha conhecimento de todas as circunstâncias da execução; segundo a sua teoria, basta que a contribuição do coautor tenha peso similar à de outros autores (Jakobs, AT, § 21, nm. 49). Em alguns casos, principalmente em casos em que a distância entre as duas «pontas» for muito grande, não será possível afirmar que o superior hierárquico que emitiu a ordem tenha prestado uma contribuição suficiente para torná-lo autor.

(3) Ausência de contribuição relevante

O terceiro argumento contrário à afirmação da coautoria no contexto empresarial parte do requisito objetivo da coautoria: *a contribuição relevante*.[49] Relevante, por sua vez, é uma contribuição da qual depende o êxito do plano, ao menos de uma perspectiva *ex ante*.[50] Segundo uma concepção que nos parece correta, essa contribuição deve ser prestada na fase de execução, ou seja, em um momento posterior ao início da tentativa.[51] Não é necessário que a contribuição seja prestada no local em que a execução ocorre, como demonstra o exemplo do chefe da quadrilha que coordena tudo por telefone, acima citado. Parece que, por maior que seja, não há contribuição prestada na fase preparatória que possa «compensar» a falta da contribuição relevante na fase executória. Afinal, sem tomar parte na fase executória, o agente não possuirá verdadeiro domínio do fato,[52] a não ser que se entenda por «fato» algo desvinculado da realização do tipo. Sem um controle sobre o fato, isto é, sobre a realização do tipo, isto é, sobre a execução do delito, falta um verdadeiro fundamento a legitimar a severa consequência jurídica da imputação recíproca.

A segunda dificuldade em responsabilizar o gerente e o funcionário como coautores reside, portanto, no fato de que o gerente, por apenas organizar o plano e dar a ordem, não participa da execução. A coautoria apenas seria possível em casos em que o gerente, além de dar a ordem, praticasse ele próprio um ato na fase de execução, como estar em contato com o funcionário durante a execução, fornecendo informações imprescindíveis para o êxito desta.

(4) Casos em que há plano comum e contribuição relevante. Comparação com a leitura tradicional do art. 29, *caput*, CP

---

[49] Rudolphi, *Strafrechtliche Verantwortlichkeit der Bediensteten von Betrieben für Gewässerverunreinigungen und ihre Begrenzung durch den Einleitungsbescheid, Festschrift für Karl Lackner*, Berlin/New York, 1987, p. 863 e ss. (870 f.).; Wittig, *Wirtschaftsstrafrecht*, 2011, § 6 nm. 115; Roxin, *Täterschaft*, p. 710 e s.; AT II, § 25 nm. 121 e s.; Schünemann, *Leipziger Kommentar*, § 25, nm 129; Bloy, *Grenzen der Täterschaft bei fremdhändiger Tatausführung*, GA 1996, p. 432 e ss.

[50] Roxin, AT, § 25, nm. 211.

[51] Roxin, AT, § 25, nm. 198 e ss.; Schünemann, *Leipziger Kommentar*, § 25, nm. 180 e ss.; Cirino dos Santos, *Direito penal*, p. 362. Para a posição majoritária, que entende que uma contribuição de grande relevância na fase preparatória pode suprir a ausência de contribuição na fase executória, ver por todos Rengier, *Strafrecht*, Allgemeiner Teil, 3. ed., München, 2011, § 44, nm. 40 e s., p. 400 e ss.; Joecks, *Münchener Kommentar*, § 25, nm. 53 e ss.; Herzberg, *Täterschaft, Mittäterschaft und Akzessorietät der Teilnahme*, ZStW 99 (1987), p. 55 e ss.; Baumann/Weber/Mitsch, *Strafrecht*, § 29, nm. 83.

[52] Roxin, AT, § 25, nm. 198; Schünemann, *Leipziger Kommentar*, § 25, nm. 182. Há autores, entretanto, que divergem dessa posição, ver nota 50.

Essas objeções, fundadas na falta de um plano comum ou de uma execução conjunta, não são, contudo, insuperáveis. Bem se pode imaginar uma situação em que o funcionário tome parte na decisão do gerente ou em que o gerente dirija a atividade do funcionário durante a fase de execução do fato, por comunicação telefônica. É verdade que, em situações em que a ordem passa por mais de um funcionário e em que mais de um funcionário participa da execução – na fabricação e comercialização de um produto danoso à saúde, um funcionário tiver desenvolvido as peças, outro as tiver montado e um terceiro tiver distribuído o produto – é provável que o caráter danoso do produto seja desconhecido por algum ou mesmo por todos os funcionários, que o gerente não saiba quem realizará as tarefas e que deixe aos funcionários os pormenores da concreta execução daquilo que decidiu. Quanto menor for a distância entre as duas pontas, contudo, mais natural será que existam os requisitos do plano comum e da contribuição relevante, como pode ser o caso de nosso *exemplo simples* (acima II).[53]

Nesses casos, em que se pode afirmar uma coautoria entre gerente e funcionário, cumpre perguntar se a teoria do domínio do fato *amplia* a responsabilização do superior hierárquico em relação à leitura tradicional do art. 29, *caput*, do CP. A resposta é, novamente, *negativa*, pois se o gerente puder ser responsabilizado como coautor, ele necessariamente terá contribuído de forma relevante na execução, e, assim, terá concorrido para o crime (art. 29, *caput*, CP) no sentido de ter dado causa ao resultado (art. 13, *caput*, CP).

dd) Conclusão intermediária

As considerações feitas no presente ponto permitem duas conclusões. O desdobramento da teoria do domínio do fato ora analisado será capaz de fundamentar a responsabilização dos gerentes de empresa em casos de *estrutura horizontal*, isto é, em *casos de decisões colegiadas (coautoria alternativa)*. Aqui, a «nova» teoria, de fato, pune mais do que o modelo tradicional, que exige (ao menos na teoria) que a contribuição seja, individualmente, *conditio sine qua non* do resultado.

Já nos casos de *estrutura vertical* – o gerente de empresa emite uma ordem, o funcionário a executa – o reconhecimento da coautoria esbarrará, em considerável parte dos casos, na inexistência de um plano comum, devido à ausência de uma decisão conjunta, e de uma contribuição relevante do superior hierárquico na fase de execução. Nos poucos casos em que se conseguirá afirmar a coautoria, como, por exemplo, quando ausente uma longa distância entre emissor e executor da ordem, isso não significará uma extensão da responsabilidade em comparação com a leitura tradicional, uma vez que,

---

53 TIEDEMANN, *Wirtschaftsstrafrecht*, p. 158.

nesses casos, o gerente terá causado o resultado (art. 13, *caput*, CP) e, com isso, concorrido para o crime (art. 29, *caput*, CP).

c) Autoria mediata

A terceira possibilidade de responsabilizar os superiores hierárquicos que emitem uma ordem a partir dos preceitos da teoria do domínio do fato seria considerá-los autores mediatos dos delitos praticados imediatamente pelos funcionários. Há autoria mediata quando alguém comete o delito por intermédio de outrem; a figura pressupõe, assim, que o homem de trás domine a vontade do homem da frente.[54] Podem-se distinguir três hipóteses em que existe esse domínio da vontade: as hipóteses «clássicas» e incontroversas, que são a coação e o erro, e a hipótese mais «moderna» e um tanto controvertida do domínio da organização.[55]

aa) Casos clássicos: coação, erro

O primeiro caso clássico de autoria mediata é o domínio da vontade por intermédio de *coação*.[56] Por exemplo, A aponta uma arma para B e ordena que ele atire em Z.[57] Apesar de A ter, assim como o superior hierárquico, dado uma ordem a B, tal situação não se amolda ao contexto aqui discutido. Afinal, por mais que o funcionário possa sentir-se pressionado a realizar determinadas tarefas solicitadas pelo gerente – por medo de perda do emprego, por exemplo –, o nível dessa pressão raramente atingirá o nível necessário para exculpar o funcionário.[58]

O segundo caso clássico de autoria mediata é o domínio da vontade decorrente de *erro*. Incontroversa é a possibilidade de autoria mediata se o instru-

---

[54] Roxin, AT II, § 25, nm. 45 e ss.; Schünemann, *Leipziger Kommentar*, nm. 60 e ss.; Figueiredo Dias, *Direito penal*, p. 775 e ss.; Cirino dos Santos, *Direito penal*, p. 354 e ss.

[55] Roxin, *Täterschaft*, p. 142 e ss.; AT II, § 25, 47 e ss.; Schünemann, *Leipziger Kommentar*, § 25, nm. 129; entre nós, ver Busato, *Direito penal, parte geral*. São Paulo, 2013, p. 712 e ss.

[56] Roxin, *Täterschaft*, p. 142; Wessels/Beulke, Strafrecht, p. 195; Cirino dos Santos, *Direito penal*, p. 356.

[57] Roxin, AT II, § 25, 47 e ss.

[58] Roxin propõe o nível que essa pressão deve atingir para fundamentar a autoria mediata de acordo com o princípio da autorresponsabilidade, de forma que só haverá autoria mediata caso a pressão exercida pelo homem de trás seja suficiente para exculpar o homem da frente (Roxin, AT II, nm. 48). Essa é hoje a opinião dominante (por todos, Schünemann, *Leipziger Kommentar*, § 25, nm. 70; Wessels/Beulke, *Strafrecht*, § 13, nm. 540). Na Alemanha, o estado de necessidade exculpante está regulado no § 35 StGB, que dispõe, entre outras coisas, que só um perigo para a vida, a integridade física e a liberdade do próprio agente ou de pessoa próxima pode eximir o agente de responsabilidade.

mento atua em erro de tipo ou em erro de proibição inevitável.[59] Algumas das situações acima mencionadas, em que os requisitos da coautoria não estavam presentes, por desconhecer o funcionário a natureza ou o caráter ilícito da conduta que praticou, podem ensejar uma responsabilização do gerente como autor mediato. Para isso é necessário que o gerente tenha conhecimento do erro do inferior hierárquico e que se aproveite desse erro para utilizar o funcionário como instrumento para praticar a conduta ilícita.[60] Isso ocorreria, por exemplo, no seguinte caso: O gerente de uma empresa que fabrica peças para automóveis entrega ao funcionário o projeto de uma peça que ele deve fabricar. O funcionário, sem saber que a peça não preencherá os requisitos de segurança exigidos, a produz e a distribui. Os defeitos da peça acabam por causar acidentes fatais. Como o funcionário estava em erro de tipo,[61] o gerente poderá ser responsabilizado como autor mediato de homicídio.

bb) Domínio da organização

A última via para considerar os gerentes de empresa autores mediatos dos delitos praticados pelos seus funcionários seria o domínio do fato por

---

[59] Roxin, AT II, § 25, nm. 63 e 78; Schünemann, *Leipziger Kommentar*, § 25, nm. 80 e 92; Joecks, *Münchener Kommentar*, nm. 77; Cirino dos Santos, *Direito penal*, p. 354 e s.; há, entretanto, outras constelações de erro discutidas no âmbito da coautoria, como o erro de tipo permissivo, o erro de proibição evitável e o erro sobre o real sentido da conduta praticada (um panorama geral oferecem Schünemann, *Leipziger Kommentar*, § 25, nm. 78 e ss. e Figueiredo Dias, *Direito penal*, p. 775 e ss.); acerca do erro de proibição evitável, discute-se se a presença deste erro no homem da frente deve ou não tornar o homem de trás autor mediato. A controvérsia primordial aqui gira em torno da aplicação do princípio da autorresponsabilidade nos casos de erro. Vale dizer, se é possível que haja um autor por trás de autor punível – sobre o princípio da autorresponsabilidade, ver Greco, neste volume, p. 203 e ss. A favor da possibilidade de autoria mediata em casos de erro de proibição evitável, o que corresponde à posição dominante: Schünemann, *Leipziger Kommentar*, § 25, nm. 89; Heinrich, *Rechtsgutszugriff und Entscheidungsträgerschaft*, München, 2002, p. 219 e ss.; Schumann, *Strafrechtliches Handlungsunrecht und das Prinzip der Selbstverantwortung der Anderen*, Tübingen, 1986, p. 77 e ss.; Otto, Jura 1987, p. 255; defendem a posição contrária: Bloy, *Die Beteiligungsform als Zurechnungstypus im Strafrecht*, Berlin, 1985, p. 347 e ss; (351); Jakobs, AT, § 21, nm. 96; Murmann, *Zur mittelbaren Täterschaft bei Verbotsirrtum des Vordermannes*, GA 1998, p. 78 e ss.

[60] Knauer, *Die Kollegialentscheidung*, p. 75.

[61] Nesse caso parece relativamente claro que se trata de um erro de tipo. Contudo, nos delitos econômicos e ambientais, muitas vezes não será tão simples distinguir entre erro de tipo e erro de proibição. Ver sobre isso Roxin, Über Tatbestands- und Verbotsirrtum, *Festschrift für Klaus Tiedemann*, Köln/München, 2008, p. 375 e ss.; Leite, Dolo e o crime de dispensa ou inexigência ilegal de licitação (art. 89 da Lei 8.666/1993): interpretação restritiva do tipo penal, responsabilidade penal do Gestor Público e a relevância jurídica da opinião técnica da Procuradoria do Município (STF, Inq 2.482), *RBCC* 104 (2013), p. 13 e ss. Sobre os requisitos do erro de proibição, ver Roxin, AT I, § 21, nm. 1 e ss.; Leite, *Dúvida e erro sobre a proibição no direito penal*, São Paulo, 2013; Busato, *Direito penal*, p. 569 e ss.

meio da utilização de aparatos organizados de poder, a figura conhecida por domínio da organização.[62]

(1) A concepção original: fungibilidade do executor, organização hierarquicamente estruturada e dissociada do direito

O intuito da concepção original é considerar os comandantes de um aparato organizado de poder dissociado do direito autores mediatos dos delitos realizados pelos seus inferiores hierárquicos em cumprimento das ordens emanadas pelos superiores.[63] A razão para tanto repousa na circunstância de que, assim como os autores mediatos «tradicionais», tais comandantes são capazes de assegurar o cumprimento do ordenado, sem ter, contudo, de recorrer aos instrumentos tradicionais de domínio mediato do fato: coação e erro. O domínio do fato nessa modalidade de autoria mediata decorre, assim, da *fungibilidade* dos executores, que é o primeiro requisito para a admissão dessa forma de autoria mediata. Vale dizer, caso um dos inferiores hierárquicos se recuse a executar a ordem, outro prontamente tomará o seu lugar.[64] O segundo requisito, que guarda proximidade com este primeiro, é o de que o superior tenha sob seu comando uma *organização estruturada hierarquicamente*.[65] O terceiro e mais controvertido requisito dessa modalidade de autoria mediata é a exigência de que o aparato organizado de poder seja *dissociado do direito*, noutras palavras, que se trate de uma organização ilegal, paralegal, uma máfia, um grupo terrorista ou um Estado criminoso.[66]

---

[62] Roxin, *Täterschaft*, 1. ed., p. 242 e ss.; Roxin, *Straftaten im Rahmen organisatorischer Machtapparate*, GA 1963, p. 193 e ss.; cf., atualmente, Roxin AT II, § 25, nm. 105 e ss.; *Täterschaft*, p. 704 e ss.; GA 2012, p. 395 e ss.; Schünemann, *Leipziger Kommentar*, § 25, nm. 122 e ss.; Schünemann, *Schrumpfende Basis, wuchernder Überbau? Zum Schicksal der Tatherrschaftsdoktrin nach 50 Jahren, Festschrift für Roxin zum 80.* Geburtstag, Berlin/New York, 2011, p. 799 e ss.; Joecks, Münchener Kommentar, § 25, nm. 132 e ss.; Figueiredo Dias, *Direito penal*, p. 788 e ss.; entre nós Busato, *Direito penal*, p. 714 e ss.

[63] Roxin, AT II, § 25, nm. 105.

[64] Roxin, *Täterschaft*, p. 246 e s.; AT II, § 25, nm. 106 e s.; Schünemann, Leipziger Kommentar, § 25, nm. 122

[65] Roxin, *Täterschaft*, p. 244 e ss.; Schünemann, *Leipziger Kommentar*, § 25, nm. 122; em detalhe, Ambos, *Zur «Organization» bei der Organizationsherrschaft, Festschrift für Claus Roxin zum 80.* Geburstag, Berlin/New York., 2011, p. 837 e ss.

[66] Roxin, *Täterschaft*, p. 244 e ss.; GA 1963, p. 204; Schünemann, *Leipziger Kommentar*, § 25, nm. 123; Merkel, Tödlicher Behandlungsabbruch und mutmaßliche Einwilligung bei Patienten im apallischen Syndrom, *ZStW* 107 (1995), p. 555 e s. – Um aparato será «dissociado do direito» quando, para Schünemann, se tratar de um aparato «sustentado à base de violência» (Schünemann, *Leipziger Kommentar*, § 25, nm. 122); Bottke, por sua vez, o entende como um aparato dissociado da cultura jurídica das nações civilizadas (Bottke, *Täterschaft und Gestaltungsherrschaft: zur Struktur von Täterschaft bei aktiver Begehung und Unterlassung als Baustein eines gemeineuropäischen Strafrechtssystems*, 1992, p. 60 e ss., 71 e ss.). Roxin, GA 2012, p. 409, ressalta que «direito», nesse contexto, não pode ser compreendido apenas no sentido da ordem jurídica vigente em determinado Estado em determinada época.

A fungibilidade do executor não o exime, contudo, da responsabilidade pelo fato praticado, pois o fato de que outra pessoa teria cometido delito similar não altera em nada as circunstâncias concretas do delito efetivamente realizado. Como, para além disso, o executor não estava em erro, nem sob coação, ele também é considerado autor. Trata-se, portanto, de um caso de um autor (mediato) por trás de um autor (imediato e plenamente responsável).[67]

(2) Aplicação a contextos empresariais

(a) O caminho da jurisprudência alemã

Conforme mencionado, o domínio da organização foi desenvolvido por Roxin para abarcar as constelações em que delitos são praticados no âmbito de Estados totalitários. No entanto, na primeira vez em que o Bundesgerichtshof[68] empregou a teoria, ele também, em forma de *obter dictum*, afirmou considerá-la aplicável a organizações empresariais.[69] A decisão, que apenas anunciou, mas não fundamentou a extensão da aplicabilidade da teoria às estruturas empresariais, ensejou um intenso debate na doutrina.[70] A inovação jurisprudencial foi, contudo, muito mais rejeitada[71] do que aceita.[72]

---

[67] ROXIN, *Täterschaft*, p. 245 e ss.; SCHÜNEMANN, *Leipziger Kommentar*, § 25, nm. 122; BUSATO, *Direito penal*, p. 714.

[68] A teoria já havia sido adotada anteriormente, contudo, pela Suprema Corte argentina no processo de 1986 em que a Junta Militar argentina foi julgada. Sobre isso ver AMBOS, Tatherrschaft durch Willensherrschaft kraft organisatorischer Machtapparate, GA 1998, p. 226 e ss. (238). A «demora» para empregar a teoria do domínio da organização tem a ver com o fato de que, até então, os Tribunais alemães sempre se valeram da teoria subjetiva extrema da autoria, para considerar autor quem tinha interesse no fato (ROXIN, *Täterschaft*, p. 242 e s.; AMBOS, GA 1998, p. 235, n. 67). Sobre a teoria subjetiva extrema ver os estudos de GRECO/LEITE, GRECO/TEIXEIRA, neste volume, p. 23 e s. e p. 52 e s., respectivamente. Nos últimos anos a construção dos aparatos organizados foi efetivamente empregada para afirmar a responsabilização de gerentes de empresa: BGHSt 43, p. 219 e ss.; 45, p. 270 e ss. (296 e ss.); BGH wistra 1998, p. 148 (150); mais referências a julgados em NACK, *Mittelbare Täterschaft durch Ausnutzung regelhafter Abläufe*, GA 2006, p. 342 e ss. (345); JOECKS, *Münchener Kommentar*, § 25, nm. 139 e ss.

[69] *BGHSt* 40, p. 237. Nessa decisão, de 1994, foi julgado o famoso caso dos atiradores do muro. Com o auxílio da construção dos aparatos organizados de poder, o Tribunal considerou autores não apenas os soldados que efetivamente atiraram nas pessoas que tentaram passar da Alemanha Oriental para a Alemanha Ocidental, mas também os superiores hierárquicos que deram a ordem para que os soldados atirassem nessas situações (BGHSt 40, p. 218 e ss.).

[70] Schünemann declara a aplicação do domínio da organização às estruturas empresariais como a constelação mais controversa da jurisprudência recente (SCHÜNEMANN, *Leipziger Kommentar*, § 25, nm. 130).

[71] TIEDEMANN, *Wirtschaftsstrafrecht*, p. 158 e s.; ROXIN, *Täterschaft*, p. 715 e s.; SCHÜNEMANN, *Leipziger Kommentar*, § 25, nm. 130 e ss.; *Festschrift Roxin*, 2011, p. 803 e ss.; *Unternehmenskriminalität*, em: *50 Jahre, Bundesgerichtshof, Festgabe aus der Wissenschaft*, vol. 4 (coords. Canaris, Roxin, etc.), München, 2000, p. 630 e s.; JOECKS, *Münchener Kommentar*, § 25, nm. 150; OTTO, *Grundkurs*, § 21, nm. 92; MERKEL, *ZStW* (107) 1995, p. 555 e s.; BOTTKE, JuS 2002, p. 322 e s.; BOSCH, *Organizationsverschulden in Unternehmen*, Baden-Baden,

(b) «Vantagens» da construção

Por meio do domínio da organização seria possível responsabilizar os gerentes de empresa e os funcionários como autores, sem incorrer, entretanto, nas objeções existentes para considerá-los coautores. Isto é assim, pois para a afirmação da autoria mediata não se exigem nem um plano comum, nem uma contribuição relevante (na fase de execução). Ademais, a verticalidade existente nas estruturas empresariais, que dificultava a afirmação da coautoria, torna-se, no contexto da autoria mediata, uma aliada, já que, quanto maior a distância entre as duas «pontas», mais fungível passa a ser o executor, e, assim, maior passa a ser o domínio do superior hierárquico sobre o fato.[73]

(c) A adaptação do modelo original ao contexto empresarial

Uma ordem ilícita emitida no âmbito de uma estrutura empresarial por um gerente e cumprida por um funcionário não preenche, contudo, os requisitos da teoria originalmente proposta por Roxin. Como as empresas não são organizações dissociadas do direito – pelo contrário, estão sujeitas a diversos controles realizados por diversos órgãos estatais – não se pode, segundo o modelo original, falar em um domínio da organização nos casos de crimes cometidos a partir de uma empresa.

Outro tem de ser o caminho escolhido pelos autores que defendem essa transposição. Eles *modificam a formulação original*, prescindindo de alguns de seus requisitos. A *dissociação do direito* tem necessariamente de ser descartada, uma vez que aqui, temos empresas e não mais máfias ou organizações criminosas/terroristas.[74] O requisito da *verticalidade da estrutura*, por sua vez, pode ser mantido, uma vez que ele é característico também de uma organização empresarial.[75]

2002, p. 234; Hoyer, *Die strafrechtliche Verantwortlichkeit innerhalb von Weisungsverhältnissen*, München, 1998, p. 29; Kudlich/Oglakcioglu, *Wirtschaftsstrafrecht*, p. 37; Wittig, *Wirtschaftsstrafrecht*, 2. ed., München, 2011, § 6, nm. 113.; Achenbach, em: *Handbuch Wirtschaftsstrafrecht*, 3. ed. (org. Achenbach), Heildelberg-München, 2012, p. 36. Assim também Rudolphi, *Festschrift Lackner*, p. 871.

[72] Hefendehl, *Tatherrschaft im Unternehmen aus kriminologischer Perspektive*, GA 2004, p. 575 e ss. (586); Kuhlen, BGH-Festgabe, v. IV, p. 671 e s.; Nack, GA 2006, p. 342 e ss.; Ransiek, *Unternehmensstrafrecht*, p. 46 e ss.; Schild, *Täterschaft als Tatherrschaft*, Berlin, 1994, p. 22 e ss.; Schroeder, *Der Sprung des Täters hinter dem Täter aus der Theorie in die Praxis*, JR 1995, p. 179; no Brasil, Busato, *Direito penal*, p. 717.

[73] Roxin, *Täterschaft*, p. 247 e s.; GA 2012, p. 399 e ss.

[74] Hefendehl, Tatherrschaft, GA 2004, p. 581 e s.; Ransiek, *Unternehmensstrafrecht*, p. 46 e ss; cf. ademais Ambos, que defende que a dissociação do direito não seria um dos requisitos do domínio da organização, mas critica a extensão da figura às empresas (Ambos, GA 1998, p. 241 e ss.; *Internationales Strafrecht*, 3. ed., München, 2011, § 7, nm. 28).

[75] Como concede o próprio Roxin, AT II, § 25, nm. 129 e ss.

Mais complexa parece a situação diante do requisito da *fungibilidade do executor*. Fungibilidade e dissociação do direito estão intimamente relacionadas. No modelo original de Roxin, a dissociação do direito decorre da exigência de fungibilidade; apenas em uma organização que está completamente alheia aos comandos da ordem jurídica existiria a pronta substituibilidade de cada executor.[76] Surge, assim, a pergunta quanto a se pode haver fungibilidade dos executores em uma organização não dissociada do direito. Delineiam-se, com isso, duas possibilidades. A primeira seria responder afirmativamente à pergunta; e a segunda seria demonstrar que a fungibilidade não é um dos requisitos da autoria mediata decorrente do domínio da organização.

Hefendehl segue o primeiro caminho. Ele ressalta que a fungibilidade dos agentes é uma das características das organizações empresariais da sociedade contemporânea, e que os agentes não seriam substituíveis apenas em empresas muito pequenas e/ou especializadas.[77] No sentido empregado por Hefendehl, é claro que a fungibilidade é uma característica das organizações empresariais. Afinal, como foi ressaltado no âmbito da discussão acerca da possibilidade de existência de coautoria no contexto empresarial, muitas vezes o gerente não saberá qual funcionário executará a ordem, nem exatamente quando ela será executada. Contudo, a fungibilidade do executor nesse contexto vale, a princípio, apenas para as ordens lícitas. Hefendehl tenta estender a fungibilidade para o cumprimento de ordens ilícitas com base em um argumento definido por ele como «criminológico». Ele cita pesquisas, realizadas na década de 70, que descreveram um fenômeno denominado «técnicas de neutralização», segundo o qual pessoas pertencentes a determinados contextos tendem a adotar as normas e valores vigentes neste.[78]

---

[76] ROXIN, *Täterschaft*, p. 246 e s.; GA 1963, p. 200 e s.; AT II, § 25, nm. 106 e s. Em uma manifestação de 2007 sobre o domínio da organização, Roxin levou em consideração as concepções de SCHROEDER, *Der Täter hinter dem Täter*, 1965, Berlin, p. 166 e ss.; JR 1995, p. 177 e ss., e de HEINRICH, *Rechtsguszugriff*, p. 271 e ss., para adotar um novo argumento em favor do requisito da dissociação do direito. Segundo esse argumento, tal dissociação é necessária, pois somente no âmbito de organizações que possuem as suas próprias regras, o executor poderá contar com a não punibilidade do delito por ele praticado; e é essa segurança de não ser punido que, por sua vez, garante a fungibilidade dos homens da frente (ROXIN, *Organisationsherrschaft und Tatentschlossenheit, Festschrift für Friedrich-Christian Schroeder*, Heidelberg, 2006, p. 387 e ss.; GA 2012, p. 412.). Na primeira vez em que empregou esse argumento, Roxin chegou a considerar que a certeza que o homem de trás tem de que determinado homem da frente, o incumbido de executar uma tarefa específica, cumprirá a ordem recebida seria o quarto requisito para a configuração da autoria mediata mediante o domínio da organização (ROXIN, *Festschrift Schroeder*, p. 397 e ss.). Contudo, em manifestação posterior, Roxin reconheceu a crítica de Ambos à adoção desse quarto critério (AMBOS, *Festschrift für Roxin*, p. 840), e afirmou que tal certeza apenas decorre dos três requisitos, não consistindo ela mesma em um requisito próprio (ROXIN, GA 2012, p. 395 e s. (412)).

[77] HEFENDEHL, *Tatherrschaft*, GA 2004, p. 579.

[78] HEFENDEHL, *Tatherrschaft*, GA 2004, p. 582 e ss.

Sem entrar no mérito da validade da tese criminológica citada por Hefendehl, a tentativa de fundamentar a aplicação da construção do domínio da organização no âmbito empresarial incorre no seguinte dilema: ou o contexto em que os funcionários estão inseridos é muito propenso a prática de delitos, de maneira que a organização empresarial teria que ser considerada dissociada do direito;[79] ou o contexto seria apenas levemente inclinado a prática de delitos, de modo que a maior propensão dos funcionário a cumprir ordens ilícitas não atingiria o nível necessário para que a execução do delito pudesse ser considerada automática.

Por outro lado, há autores que *questionam o elemento da fungibilidade* em si.[80] A maioria dos autores que o faz, entretanto, questiona a construção da autoria mediata por intermédio do domínio da organização como um todo, e não apenas a aplicabilidade da figura a empresas.[81] Como exceção pode-se citar Ransiek, que nega o requisito fungibilidade dos executores, mas aceita a figura do domínio da organização e quer transportá-la às organizações empresariais. Segundo ele, o decisivo é que o inferior hierárquico execute o comando por pertencer à organização e no interesse da organização.[82] As considerações de Ransiek assemelham-se à fundamentação normalmente empregada para embasar uma posição de garantidor dos gerentes de empresa (sobre isso ver V), mas ela não fornece nenhum elemento capaz de substituir a fungibilidade no sentido de demonstrar a existência de domínio do fato por parte do superior hierárquico. Sem a ideia de fungibilidade parece, portanto, impossível fundamentar a existência de um autor por trás de outro autor.

Conforme mencionado acima, o *Bundesgerichtshof*, por sua vez, não faz grande esforço no sentido de justificar a expansão da aplicação da figura do

---

79 Algo que já foi refutado acima e que o próprio Hefendehl nega (Hefendehl, *Tatherrschaft*, GA 2004, p. 579).

80 Rotsch, *Tatherrschaft kraft Organisationsherrschaft?*, *ZStW* 112 (2000), p. 518 e ss. (527 e ss.); *Neues zur Organisationsherrschaft*, NStZ 2005, p. 13 e ss. (16); *Einheitstäterschaft statt Tatherrschaft*, Tübingen, 2009, p. 324 e ss.; Herzberg, *Das Fujimori-Urteil: Zur Beteiligung des Befehlsgebers an den Verbrechen seines Machtapparates*, ZIS 2009, p. 579 e s.; *Mittelbare Täterschaft und Anstiftung in formalen Organisationen*, em: Amelung (coord.), *Individuelle Verantwortung und Beteiligungsverhältnisse bei Straftätern in bürokratischen Organisationen des Staates, der Wirtschaft und der Gesellschaft*, 2000, p. 33 e ss. (37 e s.); *Antwort auf die Anmerkung von Prof. Dr. Roxin*, no mesmo volume, p. 57 e ss. (58 e ss.).

81 Cfm. Schünemann, *Leipziger Kommentar*, § 25, nm. 30. Recusam a teoria do domínio da organização como um todo: Köhler, *Strafrecht Allgemeiner Teil*, Berlin, 1997, p. 510 e s.; Jakobs, *Anmerkung zu* BGHSt 40, 228, NStZ 1995, p. 26 e s.; Jescheck/Weigend, *Strafrecht Allgemeiner Teil*, 5. ed. Berlin, 1996, § 62 II 8 (664 e s., 670); Murmann, *Tatherrschaft durch Weisungsmacht*, GA 1996, p. 269 e ss. (273 e ss., 275); Rotsch, *Die Rechtsfigur*, NStZ 1998, p. 491 e ss.; Otto, *Täterschaft kraft organisatorischen Machtapparates*, *Jura*, 2001, p. 753 e ss. (756, 757); Renzikowski, *Restriktiver Täterbegriff und fahrlässige Beteiligung*, Tübingen, 1997, p. 89. Mais referências em Roxin, *Täterschaft*, p. 704 e ss.

82 Ransiek, *Unternehmensstrafrecht*, p. 46 e ss.

domínio da organização. Nas decisões que empregam a construção desenvolvida por Roxin, não há nenhuma referência explícita sobre a imprescindibilidade dos requisitos da dissociação do direito e da fungibilidade para a configuração do domínio da organização. O Tribunal limita-se a afirmar que, quando o homem de trás utiliza conscientemente certas condições existentes em uma estrutura organizada para *desencadear procedimentos regulares*, quase automáticos, ele pode ser considerado autor mediato por ter domínio da organização.[83] Para o BGH, quem comanda a organização tem o domínio do fato, pois possui um controle maior do que o homem de trás nas situações clássicas de autoria mediata.[84-85]

Com base nas considerações feitas, é possível concluir que há boas razões para restringir a aplicação da construção do domínio da organização a situações em que todos os requisitos inicialmente previstos por Roxin estejam presentes. Assim, não é possível responsabilizar o gerente de empresa que emite um comando a um funcionário como autor por meio de um recurso à ideia de domínio da organização.

(d) Comparação com a leitura tradicional do art. 29, *caput*, CP

Ainda assim, suponhamos que fosse possível superar as dificuldades que acabamos de apontar e aplicar a ideia de domínio da organização ao diretor

---

83 *BGHSt* 40, p. 236.

84 *BGHSt* 40, p. 236 e s.

85 Por conta do distanciamento da figura empregada pelo BGH da construção desenvolvida por Roxin e da falta de um maior desenvolvimento e de uma maior delimitação da forma de autoria proposta pelo Tribunal alemão, Rotsch (*Neues zur Organisationsherrschaft,* NStZ 2005, p. 13 e ss. (18)) afirma que a figura do domínio da organização tem sido usada pelo BGH de forma subsidiária para abarcar os casos não abarcados pela coautoria e os casos em que há dificuldade de prova. A afirmação de Rotsch ganha em plausibilidade por conta de algumas considerações feitas pelo BGH nas decisões em que fez uso do domínio da organização. Por exemplo, quando o Tribunal diz ser indiferente se o homem da frente agiu ou não com dolo (*BGHSt* 48, p. 342). Esse trecho demonstra que o recurso ao domínio da organização facilita a argumentação do BGH, afinal, caso o homem da frente tenha agido sem dolo, poderia haver apenas autoria mediata mediante erro, e não mediante domínio da organização. A afirmação de Rotsch também é corroborada por um artigo de Nack, que à época da primeira decisão que empregou a construção do domínio da organização era Juiz do BGH. Segundo ele, os Juízes do BGH tinham conhecimento de que a construção de Roxin não se amolda ao contexto empresarial. Contudo, eles acreditavam precisar de uma forma de autoria que permitisse a responsabilização dos superiores hierárquicos nos cada vez mais recorrentes casos de delitos praticados no interior de empresas (Nack, GA 2006, p. 342 e ss.); é possível dizer que a figura empregada pelo BGH amolda-se melhor à construção desenvolvida por Schroeder do que à desenvolvida por Roxin, uma vez que na concepção de Schroeder, mais importante que a fungibilidade dos executores é o grau de certeza do homem de trás de que determinado homem da frente, o incumbido de executar uma tarefa específica, cumprirá a ordem recebida (Schroeder, *Der Täter*, p. 166 e ss.; *Tatbereitschaft gegen Fungibilität*, ZIS 2009, p. 569 e ss.). Assim também enxergam os próprios autores: Roxin, *Organisationsherrschaft, Festschrift für Schroeder*, p. 387 e ss.; Schroeder, JR 1995, p. 177 e ss.

de uma empresa. Nem assim se iria além do que se pode já fazer com base na leitura tradicional do art. 29, *caput*, CP. Afinal, o superior hierárquico que emitiu um comando posteriormente executado «concorre para o crime», porque deu causa ao resultado. A figura do domínio da organização só faz sentido em um sistema que diferencie autor e partícipe, isto é, em um sistema assentado em bases diversas daquelas que são as de que parte interpretação mais natural do regime do concurso de pessoas constante no CP.

É estranho, assim, que se recorra justamente ao domínio da organização para alegar que, com essa figura, «finalmente» será possível «alcançar» o homem de trás. Esse homem de trás sempre foi «alcançado» pela interpretação tradicional do art. 29, *caput*, CP.

2. Participação comissiva

a) A participação no novo modelo: instigação e cumplicidade

Nos tópicos anteriores, foram analisadas todas as formas de responsabilizar o gerente de empresa que emite uma ordem como *autor* comissivo do delito praticado pelo seu funcionário a partir dos preceitos da teoria do domínio do fato. Cabe agora analisar a responsabilidade do superior hierárquico não mais como autor, e sim como *partícipe*.

Em um sistema diferenciador fundado em um conceito restritivo de autor, convém diferenciar *duas formas de participação*, a instigação e a cumplicidade. Ambas pressupõem, como requisitos objetivos, um fato principal antijurídico (resultado),[86] uma contribuição do partícipe para o resultado (conduta) e um nexo causal e de imputação entre os dois[87] e, como requisito subjetivo, um «duplo» dolo do partícipe, isto é, um dolo referido tanto ao fato principal antijurídico, quanto à própria contribuição para esse fato.[88] Em termos gerais, há *instigação* quando um agente provoca em outro a decisão de praticar o delito;[89] e *cumplicidade* quando um agente auxilia o outro a praticar um delito

---

[86] Schünemann, *Leipziger Kommentar*, vor § 26, nm. 18 e ss.; Busato, *Direito penal*, p. 724 e ss.; O código penal alemão exige em seus §§ 26 e 27 que o fato principal não só seja antijurídico, como também doloso. Há na doutrina, contudo, intensa discussão sobre a correção dessa exigência, uma vez que ela gera algumas importantes lacunas de punibilidade, principalmente em relação aos delitos especiais. Sobre isso ver Roxin, AT II, § 26, nm. 6 e s. (35 e ss.). Salvo melhor juízo, a discussão não parece ter tantas implicações práticas para o específico grupo de casos discutido no presente trabalho, em que um superior hierárquico emite um comando para que o inferior hierárquico aja.

[87] Roxin, AT II, § 26, nm. 6 e ss.; Wessels/Beulke, § 13, nm. 582;

[88] Roxin, AT II, § 26, nm. 57; Schünemann, *Leipziger Kommentar*, § 26, nm. 57 e ss.; Cirino dos Santos, *Direito penal*, p. 364 e ss.

[89] Roxin, AT II, § 26, nm. 57 e ss; Wessels/Beulke, § 13, nm. 567; Busato, *Direito penal*, p. 726 e s.

por cuja prática ele já havia se decidido, e com isso aumenta o risco de lesão ao bem jurídico tutelado pela norma.[90]

Nos casos em que acima se afirmou não ser possível responsabilizar o gerente de empresa que emite um comando como coautor, por faltar algum elemento da coautoria, nem como autor mediato, por não estar o funcionário nem em erro, nem sob coação, é provável que o gerente possa ser responsabilizado como partícipe. O mais natural é que o superior possa ser responsabilizado como *instigador*, por ter partido dele o plano de cometer o delito.[91] Situações em que o gerente de empresa seria apenas cúmplice também podem ser imaginadas sem tanta dificuldade.

b) Comparação com o modelo tradicional

Se compararmos o novo sistema ao tradicional, concluiremos, uma vez mais, que não há ampliação da punibilidade. Para que haja instigação e cumplicidade é necessário que a contribuição do gerente de empresa tenha sido causadora do resultado. No modelo tradicional, o gerente era automaticamente autor.

3. Conclusão intermediária

No geral, com base na ideia de domínio do fato não se responsabiliza o gerente da empresa de modo mais extenso do que já era possível fazer com base na interpretação tradicional e mais natural do art. 29, *caput*, CP. Em especial, é de frisar-se que a mera detenção de um alto posto em uma estrutura hierárquica não confere domínio do fato ou torna alguém autor daquilo que fazem os inferiores. É o comportamento do gerente, e não a sua posição, que interessa em primeiro lugar ao direito penal.

Com base no novo modelo, esse comportamento, geralmente a emissão de uma ordem, fundamentará, na maior parte dos casos, *mera participação (instigação)*, e não autoria. Afinal, o tipo não é realizado de mão própria, de modo que o empresário que emite uma ordem não pode ser autor direto. Coautoria existirá apenas em casos excepcionais, uma vez que a distância entre quem decide e quem executa tornará, no geral, impossível que se apresentem os requisitos dessa figura, que são o plano comum e a contribuição relevante (na fase de execução). Como em geral inexistirá erro ou coação do executor, tampouco se poderá falar em autoria mediata. A figura da autoria mediata

---

[90] Roxin, AT II, § 26, nm. 183 e ss.; Joecks, *Münchener Kommentar*, § 27, nm. 4 e ss.; Cirino dos Santos, Direito Penal, p. 371 e ss.

[91] Solução proposta por Roxin, *Täterschaft*, p. 716; Wittig, *Wirtschaftsstrafrecht*, § 6, nm. 116; Rudolphi, *Strafrechtliche Verantwortlichkeit, Festschrift Lackner*, p. 871; próximos Kudlich/Oglakcioglu, *Wirtschaftsstrafrecht*, p. 37 e s.; Kasiske, *Wirtschaftsstrafrecht*, p. 14 e ss.

fundada em um domínio da organização não pode ser aplicada a empresas, uma vez que elas não são organizações dissociadas do direito; essa exigência decorre do fundamento dessa nova figura de imputação, que é a existência de executores fungíveis.

Isso significa que, enquanto a concepção tradicional considera o empresário, que, com a sua ordem, causa o resultado (art. 13, *caput*, CP) e, com isso, concorre para o crime (art. 29, *caput*, CP), autor, o novo sistema faz dele um mero partícipe. *No geral, assim, o uso da teoria do domínio do fato não torna o gerente responsável por nada que a concepção tradicional não o pudesse responsabilizar*. A *tendência*, assim, do novo modelo, que é restritivo e diferenciador, não é ampliar, e sim *restringir a punibilidade*.

A principal exceção a essa regra são as hipóteses da chamada *coautoria alternativa*, que se dão em contextos de estrutura «horizontal», como os são as decisões de órgãos colegiados tomadas com mais votos do que o estritamente necessário (uma decisão tomada por 7x0, por exemplo). Aqui, é impossível fundamentar uma causação de um resultado nos termos do art. 13, *caput*, CP, porque cada um dos votantes pode dizer que seu voto não foi *conditio sine qua non* do resultado. Apenas por meio da figura da coautoria e da imputação recíproca por ela legitimada será possível castigar a conduta daquele que vota no sentido da maioria.

V. RESPONSABILIZAÇÃO DO GERENTE SEGUNDO OS PRINCÍPIOS DA OMISSÃO IMPRÓPRIA

1. Considerações iniciais

No ponto IV foram discutidas todas as formas de responsabilizar o superior hierárquico por ter dado um comando (delito comissivo). O presente ponto tratará das formas de responsabilizar o superior hierárquico por não ter dado um comando no sentido de impedir o resultado, ou não ter realizado qualquer que fosse a conduta devida (delito omissivo). Aqui não faz sentido comparar o âmbito de responsabilização a partir da teoria do domínio do fato com o âmbito de responsabilização a partir da leitura tradicional do código. Afinal, no sistema de concurso de pessoas desenvolvido por Roxin, a ideia de domínio do fato não se aplica aos delitos especiais; e os delitos omissivos impróprios, por só poderem ser cometidos por garantidores (art. 13, § 2.º, CP), são delitos especiais.[92]

---

[92] ROXIN, *Täterschaft*, p. 458 e ss.; WEIGEND, em: *Leipziger Kommentar*, 12. ed., Berlin, 2006, § 13, nm. 13 (17 e ss.); WESSELS/BEULKE, *Strafrecht*, p. 268 e ss.; FIGUEIREDO DIAS, *Direito penal*, p. 913 e ss.; CIRINO DOS SANTOS, *Direito penal*, p. 206 e ss.

A grande «vantagem» da responsabilização omissiva, do ponto de vista da ampliação do âmbito de responsabilização dos superiores hierárquicos, é que *não é preciso existir um comando*. De uma perspectiva prática, essa vantagem torna-se ainda maior, uma vez que provar a existência de um comando no interior de uma estrutura complexa pode ser uma tarefa bastante difícil. Com isso, a responsabilização omissiva aproxima-se, à primeira vista, da *responsabilização por ocupar uma posição*. Ainda assim, há entre as duas hipóteses algumas diferenças fundamentais. A primeira delas fica evidenciada pelo próprio artigo do CP que prevê a responsabilização por omissão, art. 13, § 2.º, CP: não basta que o agente ocupe uma posição e, portanto, possua o dever de evitar determinados resultados. É também necessário que ele tenha o «poder» de agir para evitar o resultado na situação concreta. Noutras palavras, o agente deve ter a *possibilidade físico-individual* de realizar a ação esperada. Tal elemento compõe o próprio conceito de omissão.[93] Além disso, é necessário que a omissão tenha sido *causa*, isto é, *conditio sine qua non*, do resultado, como explicita o próprio art. 13, *caput*, CP;[94] e que ela tenha sido *dolosa ou culposa*.

2. A posição de garantidor do gerente da empresa

A questão central, contudo, é estabelecer se da detenção de uma posição decorre ou não uma *posição de garantidor* e, assim, um dever de agir. A postura tradicional, chamada teoria formal do dever jurídico, apontava três fontes para essa posição de garantidor: lei, contrato e agir prévio;[95] é nessa teoria que se inspira nossa lei, que em seu art. 13, § 2.º enuncia «o dever de agir incumbe a quem: a) tenha por lei obrigação de cuidado, proteção ou vigilância; b) de outra forma, assumiu a responsabilidade de impedir o resultado; c) com seu comportamento anterior, criou o risco da ocorrência do resultado». Desde algumas décadas, contudo, tem difundido-se a convicção de que essa análise formal não basta. Por exemplo, até o não garantidor tem, por lei, obrigação de cuidado, proteção ou vigilância, e isso em todos os casos em que estão realizados os pressupostos da omissão de socorro (art. 135, CP). E, principalmente, seria um desconhecimento da ideia de *ultima ratio* que o descumprimento de um dever imposto por outro ramo do direito – que pode ser muito mais exigente, como o são o direito administrativo no que diz respeito ao comportamento dos funcionários públicos, ou o direito civil ou

---

93 ROXIN, AT II, § 31, nm. 8 e ss.; WEIGEND, *Leipziger Kommentar*, § 13, nm. 4; FIGUEIREDO DIAS, *Direito penal*, p. 927.

94 Sobre a causalidade na omissão ver GRECO, *Kausalitätsfragen*, ZIS 2011, p. 674 e ss.; TAVARES, *Teoria dos crimes omissivos*, São Paulo, 2012, p. 364 e ss.; p. 378 e ss.

95 Cf. as referências em SCHÜNEMANN, *Grund und Grenzen der unechten Unterlassungsdelikten*, Göttingen, 1971, p. 217 e ss.; ROXIN, AT II, § 32, nm. 714; FIGUEIREDO DIAS, p. 934 e ss.; BUSATO, *Direito penal*, p. 292 e ss.

do trabalho, por ex. no que diz respeito às normas para tutela das relações de consumo (arts. 12 e ss. da Lei 8.078/1990) ou, para mencionar exemplo mais moderno, às regras de *compliance*[96] – já automaticamente fundamente uma responsabilidade penal. E, inversamente, as regras internas de repartição de atribuições dentro de uma empresa, ainda que fossem válidas de uma perspectiva do direito societário ou trabalhista (o que tampouco é claro), não podem blindar os gerentes de qualquer responsabilização.

Ou seja: a posição de garantidor ou o dever de agir devem fundamentar-se, necessariamente, por considerações ligadas ao direito penal.[97] E seu fundamento não se esgota na enunciação formal de uma fonte, e sim numa consideração material: a saber, no controle sobre uma fonte de perigo, que fundamenta *deveres de vigilância*, ou no controle sobre a integridade de um bem, que fundamenta *deveres de proteção*.[98] Exemplo claro da primeira figura é a relação do proprietário com sua arma de fogo, da segunda é a relação da mãe com seu bebê recém-nascido.

Seguiremos, aqui, essa sistemática mais moderna. Entenderemos que ela está por trás das três posições de garantidor elencadas pelo art. 13, § 2.º, CP.[99] Como se trata da relação do gerente com sua empresa, isto é, com produtos e funcionários, o que tem de ser discutido é a existência de um *dever de vigilância* sobre a empresa como fonte de perigo.[100] Tal dever possui duas especificações: uma referida a coisas (produtos); outra a pessoas (funcionários).[101]

---

96 Sobre a relevância dessas regras para fundamentação de posições de garantidor vide, por ex., Rotsch, *Criminal Compliance*, ZIS 2010, p. 614 e ss.; Bottke, *Compliance – Oder: Normbefolgungsbereitschaft von und in Unternehmen*, *Festschrift für Heinz Stöckel*, Berlin, 2010, p. 43 e s.; Momsen, *Der «Compliance-Officer» als Unterlassungsgarant*, *Festschrift für Ingeborg Puppe*, Berlin, 2011, p. 751 e ss.

97 Grünewald, *Zivilrechtlich begründete Garantenpflichten im Strafrecht?*, Berlin, 2001; Spitz, *Strafrechtliche Produkthaftung – Übertragbarkeit zivilrechtlicher Betrachtungsweisen?*, Basel/Genf/München, 2001, p. 214 e ss. (313); Kuhlen, *Fragen einer strafrechtlichen Produkthaftung*, Heildelberg, 1989, p. 87 e ss. (148 e ss.) Kudlich/Oglakcioglu, *Wirtschaftsstrafrecht*, § 4, nm. 112.

98 Schünemann, *Grund und Grenzen*, p. 276 e ss.; Roxin, AT II, § 32, nm. 17 e ss.; Cirino dos Santos, *Direito penal*, p. 206 e ss.

99 Próximo Busato, *Direito penal*, p. 298, que propõe reinterpretar o art. 13, § 2.º, CP segundo a concepção moderna a partir da alínea *b*. Ainda assim, também a alínea a, que fala em um dever «legal», tem de ser restringida nos moldes do que acima dissemos.

100 Ver sobre o tema Roxin, *Strafrecht*, II, § 32 nm. 133; Bottke, *Haftung aus Nichtverhütung von Straftaten Untergebener in Wirtschaftsunternehmen de lege lata*, Berlin, 1993, p. 68 e s.; Karsten, *Die strafrechtliche Verantwortlichkeit des nicht-militärischen Vorgesetzten*, Berlin, 2010, p. 176 e ss. (179 e ss.); Spring, *Die strafrechtliche Geschäftsherrenhaftung*, Hamburg, 2009, p. 44 (55, 136 e ss., 238 e s.); Schall, *Grund und Grenzen der strafrechtlichen Geschäftsherrenhaftung*, *Festschrift für Hans-Joachim Rudolphi*, Neuwied, 2004, p. 267 e ss.; Demetrio Crespo, *Responsabilidad penal por omisión del empresário*, Madri, 2009, p. 50 e ss., p. 93 e ss.; Walter, *Die Pflichten*, p. 140 e ss. (144 e s., 155 e s.); Hsü, *Garantenstellung des Betriebsinhabers zur Verhinderung strafbarer Handlungen seiner Angestellten?*, Pfaffenweiler,

a) Dever de vigilância em relação a produtos

A situação pode ser facilmente descrita. O nosso empresário, que fabricou e comercializou um produto qualquer, cuja natureza nociva ele não conhecia, vem a descobri-la posteriormente, mas ainda assim não toma iniciativa no sentido de recolher o produto. Consumidores falecem. Pode nosso empresário responder não só por «deixar de comunicar à autoridade competente e aos consumidores a nocividade ou periculosidade de produtos cujo conhecimento seja posterior à sua colocação no mercado» (art. 64 da Lei 8.078/1990), mas também pelo crime de homicídio doloso (art. 121, CP)?

Aqui, só será possível falar em homicídio doloso por *omissão*. No momento em que fabricava e comercializava o produto, isto é, durante o agir positivo, o empresário ainda desconhecia quaisquer perigos, de modo que inexiste dolo. Quando esse conhecimento surge, o produto já está no mercado. A pergunta, assim, é se o não-recolhimento do produto que se sabe perigoso pode fundamentar homicídio doloso por omissão. Tal será o caso, se existir um dever de agir, no sentido do art. 13, § 2.º, CP.

Em relação aos produtos que a empresa fabrica e coloca no mercado, é de certa forma intuitivo que as pessoas que comandam a empresa devam ter um dever de vigilância. Em parte das situações, essa intuição se confirmará sem maiores dificuldades: por exemplo, quando durante a fabricação ou a distribuição do produto, a empresa violar alguma norma de cuidado, pois assim o dever de retirar o produto do mercado decorrerá da *prática do fato ilícito prévio* – posição de garantidor em decorrência de *ingerência*, prevista no art. 13, § 2, *c*, CP.[102] O fato ilícito prévio fundamenta a responsabilização do empresário a título de culpa. Se, contudo, o empresário obtém posteriormente esse conhecimento, mas permanece inativo, ter-se-á dolo.

O famoso caso do spray de couro (*Lederspray*), julgado pelo BGH, demonstra, contudo, que nem sempre será possível recorrer à ingerência.[103] Uma empresa fabricava e comercializava, respeitando as normas de segurança, um spray impermeabilizante para produtos de couro, como sapatos e casacos. Após um longo período sem qualquer problema, alguns consumidores apresentaram sintomas como tosse, febre e mesmo edemas pulmonares. Os testes

1986, p. 241 e ss. (250 e ss.); SCHILHA, *Die Aufsichtsratstätigkeit in der Aktiengesellschaft im Spiegel strafrechtlicher Verantwortung*, Berlin, 2008, p. 105 e ss. (161 e ss.); SCHUBARTH, *Zur strafrechtlichen Haftung des Geschäftsherrn*, SchwZStr 1976, p. 370 e ss.

[101] Mesma distinção em TIEDEMANN, *Wirtschaftsstrafrecht*, p. 124.; KUDLICH/OGLAKCIOGLU, *Wirtschaftsstrafrecht*, p. 38 e s.; WITTIG, *Wirtschaftsstrafrecht*, § 6, nm. 51 e ss.; OTTO, *Jura* 1998, p. 413.

[102] Dependendo das circunstâncias também seria possível responsabilizar os gerentes de empresa por terem colocado o produto no mercado (responsabilidade comissiva).

[103] *BGHSt* 37, p. 106 e ss.

posteriormente realizados pela empresa forneceram fortes indícios de que o uso do produto seria a causa dessas lesões. Os gerentes, apesar do teste, nada fizeram. Como fundamentar um dever da empresa de recolher o produto, se o ato prévio de produzi-lo e comercializá-lo foi lícito?

A despeito de a empresa não ter cometido nenhum ato ilícito prévio, o BGH afirmou uma posição de garantidor por ingerência.[104] Segundo o Tribunal alemão, para a configuração da ingerência, não seria necessário que o ato prévio tenha violado uma norma de cuidado. Bastaria que um «resultado de perigo» fosse juridicamente desaprovado.[105] A fundamentação do BGH, contudo, não convence.[106] Deveres de agir têm de ser fundamentados de uma perspectiva *ex ante*; não faz sentido esperar que um resultado ocorra para declarar o comportamento anteriormente realizado ilícito. Noutras palavras: sem desvalor do comportamento, não há desvalor de resultado.[107]

Na literatura, diversas fundamentações para a posição de garantidor dos gerentes foram propostas. A de Kuhlen encontrou bastante ressonância. Ele defendeu que tal posição decorre especialmente do dever de vigilância sobre o produto como um dever de segurança perante os consumidores (*Verkehrssicherungspflicht*). Em razão da existência desse dever, seria uma questão de *fairness* retirar os produtos do mercado.[108] Roxin e Schünemann, por outro lado,

---

[104] *BGHSt* 37, 115.

[105] *BGHSt*, 110 (118 e s.).

[106] Há autores que admitem a figura da ingerência em algumas situações sem que tenha havido um fato ilícito prévio. De forma simplificada, tais autores defendem que nos âmbitos em que há um risco superior/qualificado (*Sonderrisiko*), como o trânsito e a comercialização de produtos, a conduta anterior não precisa ser ilícita a fim de ensejar uma posição de garantidor. O fundamento para tanto repousa na ideia de que quem quer usufruir dos benefícios de praticar uma conduta especialmente perigosa, deve também arcar com os ônus daí decorrentes. Defendem essa posição: Jakobs, AT, §29, nm. 42; Kuhlen, *Strafhaftung bei unterlassenem Rückruf gesundheitsgefährdender Produkte*, NStZ 1990, p. 566 e ss. (568); Otto, *Strafrecht*, § 9, nm. 77 e ss.; Rengier, *Kündigungs-Betrug des Vermieters durch Tun und Unterlassen bei vor getäutschtem Eigenbedarf*, JuS 1989, p. 807. Uma crítica a essa posição traz Roxin, AT II, § 32, nm. 202 e ss.

[107] Roxin, AT II, § 11, nm. 1 e ss. (§ 32, nm. 199). A decisão foi rechaçada pela imensa maioria da doutrina, por todos, Tiedemann, *Wirtschatsstrafrecht*, p. 124; Kuhlen, *BGH-Festgabe*, vol. IV, p. 656; NStZ 1990, p. 568; Brammsen, *Strafrechtliche Rückrufpflichten bei fehlerhaften Produkten*?, GA 1993, p. 97 e ss. (102). Sobre as relações em desvalor da ação e do resultado cf. Greco, *Um panorama da teoria da imputação objetiva*, 3. ed., São Paulo, 2012, p. 91 e ss.

[108] Kuhlen, *Handbuch Wirtschaftsstrafrecht*, p. 98 e ss.; BGH-Festgabe, vol. IV, p. 647 ff.; NStZ 1990, p. 568; posição similar defendem Brammsen, GA 1993, p. 113; Otto, *Jura*, 1998, p. 409 e ss. (411). Crítico em relação ao recurso à ideia de *fairness* para fundamentar uma posição de garantidor Schünemann, *Zur Garantenstellung beim unechten Unterlassungsdelikt, Festschrift für Knut Amelung*, p. 305 e ss. (318 e ss.); há tradução de Alaor Leite para o português, Sobre a posição de garantidor nos delitos de omissão imprópria, em: Schünemann, *Estudos de direito penal, direito processual penal e filosofia do direito*, São Paulo, 2013, p. 161 e ss. (175 e ss.).

fundamentam a posição de garantidor dos gerentes de empresa na *assunção de um dever de proteção* em relação aos consumidores do produto.[109] Na sistemática de nosso CP, tratar-se-ia, assim, do art. 13, § 2.º, *b*. Segundo Roxin, o consumidor não tem condições de avaliar os riscos ligados ao consumo do produto, não lhe restando outra alternativa além de confiar que será informado de riscos tardiamente descobertos. Importante para Roxin é também a circunstância de que o fabricante está em posição privilegiada para identificar possíveis falhas no produto, mesmo em relação a órgãos estatais.[110] Já Schünemann restringe a existência do dever a casos em que o produto comercializado for «de marca». A ideia por trás dessa restrição é, contudo, duvidosa: somente os produtos conhecidos no mercado despertariam no consumidor uma sensação de segurança.[111]

Enfim: há acordo no que diz respeito à existência de um dever do empresário que comercializa e fabrica um produto de agir para impedir danos àqueles que consomem esse produto, ainda que ainda haja controvérsia no que diz respeito ao fundamento e ao alcance desse dever. O seu descumprimento – em especial, a omissão do recolhimento do produto em caso de descoberta posterior de seu caráter perigoso – gera responsabilização do gerente a título de omissão imprópria, isto é, por exemplo, de homicídio ou lesões corporais dolosos.

b) Dever de vigilância em relação a subordinados

Imaginemos, agora, que nosso empresário descobre que seu funcionário tem, por via fraudulenta, cobrado dos clientes valores maiores do que os devidos, cometendo, assim, estelionatos (arts. 171, CP). Além disso, ele sabe que o funcionário, nas horas de pouco movimento, diverte-se baixando vídeos de pornografia infantil em seu *laptop* (art. 241-B, Lei 8.069/1990). Tem o empresário o dever de agir para impedir esses fatos, que são cometidos, de certa forma, dentro de sua empresa?

No que concerne à existência de um dever de vigilância dos gerentes de empresa em relação a delitos cometidos por seus subordinados, há uma complicação adicional, inexistente na situação que se acaba de examinar. Aqui, há um comportamento livre e plenamente responsável de um terceiro.

---

109 Anteriormente, Schünemann negava a existência da posição de garantidor em casos em que a conduta de distribuir o produto havia sido lícita, SCHÜNEMANN, *Unternehmenskriminalität und Strafrecht*, Köln/Berlin/Bonn/München, 1979, p. 99.

110 ROXIN, AT II, § 32, nm. 210 e ss.

111 SCHÜNEMANN, BGH-Festgabe, vol. IV, 2000, p. 640 e s.; Festschrift Amelung, p. 318 e ss.; críticos em relação à restrição proposta por Schünemann, ROXIN, AT II, § 32, nm. 213; KUHLEN, *Die Pflicht zum Rückwurf in der strafrechtlichen Produkthaftung, Festschrift für Albin Eser*, München, 2005, p. 359 e ss.; *Handbuch Wirtschaftsstrafrecht*, p. 99.

Alguns autores postulam, nesse contexto, um chamado *princípio da autorresponsabilidade*, segundo o qual ninguém poderia ser responsabilizado pelas condutas de um agente responsável,[112] e dele derivam a inexistência de um dever de vigilância do gerente.[113]

Tal objeção esbarra, contudo, em diversas considerações relativas a força e alcance do princípio da autorresponsabilidade no direito penal, expostas pelo primeiro autor em outro estudo.[114] Mencionaremos aqui apenas o fato de que tal princípio não impede a responsabilização de um agente pela conduta de outro agente plenamente responsável – nomeadamente na figura da coautoria, que viabiliza a imputação recíproca entre os coautores (cf. exposto acima).[115] Não seria correto, portanto, negar o dever de vigilância dos gerentes de empresa em relação às condutas praticadas pelos funcionários por conta deste princípio.[116]

Parece-nos, assim, que as mesmas razões que valem para o dever de vigiar os produtos valem em relação a pessoas que atuam dentro da empresa. O arrimo legal desse dever está no art. 13, § 2.º, *b*, CP.

Controversa é também a *extensão* a ser atribuída a tal dever de vigilância. A doutrina dominante entende que ele deve apenas compreender a prática de *delitos referidos à empresa* (*betriebsbezogene Straftaten*).[117] Isso significa que o delito cometido deve ter íntima relação com a função exercida pelo funcionário, autor do delito comissivo, ou íntima relação com a atividade exercida pela empresa.[118] As exigências do critério parecem atendidas em nosso primeiro exemplo, em que se trata de estelionatos praticados pelo funcionário no exercício de sua função, isto é, ao realizar cobranças em nome da empresa. No segundo exemplo, em que o funcionário baixa vídeos de pornografia infantil, tal parece não ser mais o caso. Aqui, a circunstância de que o funcionário praticou a conduta criminosa no local de trabalho parece mera casualidade, o que já não mais pode ser dito no exemplo das cobranças.

---

112 Tiedemann, *Wirtschaftsstrafrecht*, p. 125; Wittig, *Wirtschaftsstrafrecht*, § 6, nm. 58; Achenbach, *Handbuch Wirtschaftsstrafrecht*, p. 11.

113 Por exemplo, Weigend, *Leipziger Kommentar*, § 13, nm. 56; Spring, *Haftung*, p. 166 e s.; Hsü, *Garantenstellung*, p. 241 e ss. Otto, *Jura* 1998, p. 413.

114 Greco, *Domínio da organização*, neste volume, p. 203 e ss.

115 Greco, *Domínio da organização*, neste volume, p. 207 e ss.

116 Em conclusão, também, Tiedemann, *Wirtschaftsstrafrecht*, nm. 185; Kudlich/Oglakcioglu, *Wirtschaftsstrafrecht*, nm. 246 (que parecem, contudo, ter dúvidas); Wittig, *Wirtschaftsstrafrecht*, § 6, nm. 58; Achenbach, *Handbuch Wirtschaftsstrafrecht*, p. 36; Berndt, *Anmerkung zu BGH*, Urt. v. 17.07.2009, Strafverteidiger 2009, p. 689; na jurisprudência alemã BGHSt 55, p. 45.

117 Cf. nota anterior.

118 *BGHSt* 57, 42 e ss.; Tiedemann, *Wirtschaftsstrafrecht*, p. 126; Kasiske, *Wirtschaftsstrafrecht*, p. 16.

O problema do critério reside, entretanto, em sua imprecisão. Uma decisão recente do BGH, que teve por objeto aquilo que se chama de *mobbing*, ilustra esse problema.[119] O supervisor de uma obra observou durante anos dois trabalhadores pertencentes ao grupo de trabalho que estava sob sua supervisão desferirem chutes e socos em um trabalhador pertencente a outro grupo de trabalho. O trabalhador agredido havia se inscrito em um curso de especialização, o que fez os agressores o considerarem um carreirista. Os agressores também zombavam da condição de deficiente físico do agredido. O supervisor poderia ter utilizado a sua autoridade para evitar as agressões, mas não o fez. Contudo, o BGH o absolveu por entender que os delitos cometidos pelos funcionários não eram «referidos à empresa», alegando que a prática de delitos como esses, a exemplo da prática de furtos e delitos sexuais, pode ocorrer em qualquer empresa, e que o caso apenas teria de ser decidido de forma diversa se a empresa incentivasse de alguma forma a prática de *mobbing*.[120]

Schramm considera que o BGH interpretou o mencionado critério de forma muito restritiva. Para ele, como as agressões foram motivadas por problemas no ambiente de trabalho, o delito deveria ter sido considerado «referido» à função exercida pelo funcionário na empresa.[121] Roxin também concorda que os delitos praticados sejam referidos à empresa, afinal, a prática de *mobbing* apenas é possível quando existe um contato regular entre os agentes envolvidos, e quem proporcionou tal contato no caso em questão foi justamente a empresa. Contudo, no entendimento de Roxin, essa conexão do delito praticado com a empresa não deveria ter levado o BGH a decidir de forma diversa, pois o convívio diário também facilita a prática de grande parte dos delitos, como o furto ou os delitos sexuais.[122] Roxin afirma, portanto, que a «referência à empresa» seja definida de forma mais precisa, e propõe que um dever dos superiores hierárquicos apenas existirá quando o delito tiver conexão com a atividade concreta, a política ou as normas de conduta da empresa.[123]

---

[119] *BGHSt* 57, 42 e ss.

[120] *BGHSt* 57, 42 e ss.

[121] Schramm, *Anmerkung zu BGH*, Urt. v. 20.10.2011, JZ 2012, p. 971 e s.; no mesmo sentido Kühl, *Die Garantenstellung des Vorgesetzen*, wistra 2012, p. 298 e ss.; Kasiske, Wirtschaftsstrafrecht, p. 16 e s.; ver ainda sobre a decisão do BGH Bülte, *Die Beschränkung der strafrechtlichen Geschäftsherrenhaftung auf die Verhinderung betriebsbezogener Straftaten,* NZWiSt 2012, p. 176 e ss.; Mansdörfer/Trüg, *Umfang und Grenzen der strafrechtlichen Geschäftsherrenhaftung*, StV 2012, p. 432 e ss.; Roxin, *Anmerkung zu BGH*, Urt. v. 20.10.2011, JR 2012, p. 303 e ss. (305 e ss.); Jäger, *Von mobbenden Kollegen und betriebsblinden Vorgesetzen*, JA 2012, p. 392 e ss.; Kudlich, *Mobbing als Betriebsaufgabe? – Zur Geschäftsherrenhaftung eines «Vorarbeiters» bei innerbetrieblichen Körperverletzung*, HRRS 2012, p. 177 e ss. Há também manifestações sobre o tema anteriores à decisão, por ex., Mühe, *Mobbing am Arbeitsplatz – Strafbarkeitsrisiko oder Strafbarkeitslücken*?, Berlin, 2006, p. 244.

[122] Em sentido similar à decisão Bülte, NZWiSt 2012, p. 176 e ss.; Jäger, JA 2012, p. 394.

[123] Roxin, JR 2012, p. 307.

c) Autoria e participação no delito omissivo impróprio

Até o presente momento, não discutimos a questão do concurso de pessoas propriamente dita. Segundo o modelo anterior, isso tampouco seria necessário: em todos os casos que acabamos de tratar, o garantidor se omite e, com isso, causa o resultado (art. 13, *caput*, CP), com o que ele também concorre para o crime (art. 29, *caput*, CP). Se se seguir um modelo restritivo e diferenciador, depois de afirmada a posição de garantidor do diretor da empresa, ter-se-á ainda de esclarecer se ele responde como autor ou como partícipe. Nos casos de responsabilidade pelo produto, em geral haverá autoria mediata, uma vez que os executores, que comercializam um produto cuja natureza perigosa ignoram, são instrumentos que atuam sem dolo. Nos casos de delitos cometidos no interior da empresa, e também nas demais hipóteses em que o instrumento age de modo responsável, a diferenciação é controvertida. Há, aqui, três posições: uma clássica, segundo a qual o omitente é sempre partícipe em delito comissivo cometido por outrem;[124] a opinião defendida pelos propositores da figura dos delitos de dever, segundo a qual o detentor do dever é sempre autor;[125] e, por fim, uma postura que diferencia entre os deveres de proteção e os de vigilância, considerando haver autoria nos casos de violação dos primeiros e participação na violação dos segundos (que é o que aqui ocorre).[126]

Não tomaremos posição na controvérsia. Fica, contudo, mais uma vez claro que a mudança para um modelo restritivo e diferenciador de autor, que se vale nos delitos comissivos do critério do domínio do fato, tem, também na omissão, uma tendência de restringir a punibilidade, podendo até mesmo transformar em partícipes quem, no modelo tradicional, seria facilmente considerado autor.

d) Conclusão intermediária: a posição de garantidor do gerente da empresa como o ponto de apoio para a responsabilização a título de omissão imprópria

Como vimos, há uma posição de garantidor do gerente tanto no que se refere à vigilância dos produtos que a empresa põe no mercado, quanto às pessoas que atuam no seio da empresa (ainda que restringida a delitos «referidos à empresa»). Isso significa que o que se está tentando obter por meio da teoria do domínio do fato – a responsabilização do superior hierárquico – na verdade, já é possível e deve ser feito principalmente com base no art. 13,

---

[124] Principalmente GALLAS, *Anmerkung zu BGH*, 1 StR 59/50, de 12.02.1952, JZ 1952, p. 371 e ss. (p. 372).

[125] ROXIN, AT II, § 31, nm. 140 e ss. com mais referências.

[126] SCHÜNEMANN, *Leipziger Kommentar* § 25 nm. 211 e s., também com referências.

§ 2.º, CP, isto é, no delito de omissão imprópria. O emprego deste recurso independe da adoção da leitura clássica do art. 29, *caput*, CP ou da adoção dos preceitos do modelo restritivo e diferenciador de autor.

VI. DELITOS ESPECIAIS

1. Considerações introdutórias: Necessidade da qualidade especial de autor

Conforme mencionado no início do ponto anterior, os delitos omissivos constituem uma das modalidades dos delitos especiais. Neste tópico iremos nos referir, entretanto, a delitos cuja versão mesmo comissiva já exige uma qualidade especial de autor. Como exemplo, pense-se no delito de corrupção passiva, art. 317 do CP, que exige a qualidade especial de funcionário público,[127] ou no delito de fraude a credores, art. 168, *caput*, Lei 11.101/2005 (Lei de falências), que exige a qualidade especial de devedor. Isso significa, em princípio, que as considerações até agora desenvolvidas são válidas, com um adendo: para que o empresário possa ser autor do tipo, ele terá, em princípio, de *apresentar a qualidade especial exigida.*

A *teoria dos delitos de dever* vai além. Ela deriva a autoria exclusivamente na violação do dever:[128] se o empresário apresentar a qualidade especial, pouco importa se violou o seu dever por ação ou omissão, e se ao lado, à frente ou atrás de tantos mais ele atuou. O domínio do fato de nada importa.

2. Empresário em que falta a qualidade especial

Pode ocorrer, contudo, que o empresário não apresente, na própria pessoa, a qualidade especial. Há duas hipóteses a diferenciar. Na primeira delas, outra pessoa física apresenta a qualidade. Na segunda, a qualidade é unicamente da pessoa jurídica.

a) Outra pessoa física apresenta a qualidade especial

A primeira hipótese, em que o nosso empresário concorre para o fato praticado por alguém que apresenta a qualidade especial, é regulada pelo art. 30, CP. Trata-se, segundo a leitura tradicional, de uma norma de extensão, que, ao prever a *comunicabilidade das circunstâncias de caráter pessoal* quando

---

[127] Sobre alguns problemas desse delito e do conceito jurídico-penal de funcionário público ver Quandt, Algumas considerações sobre os crimes de corrupção ativa e passiva. A propósito do julgamento do «Mensalão» (Apn 470 /MG do STF), *RBCC* 106 (2014), p. 181 e ss. (184 e ss.).

[128] Roxin, *Täterschaft*, p. 352 e ss.; AT II, § 25, nm. 271 e ss.; Joecks, *Münchener Kommentar*, § 25, nm. 48; Batista, *Concurso*, p. 94 e ss.

elementares do crime, possibilita que um agente que não detém a qualidade especial exigida pelo tipo seja punido como autor.[129]

Já o modelo restritivo e diferenciador não hesita: aqui, haverá no máximo participação, nunca autoria. Não está claro, assim, se a tal restrição da autoria apenas àqueles que apresentam a qualidade especial, que é premissa do moderno modelo restritivo e diferenciador, é compatível com o direito positivo brasileiro e o disposto no art. 30.[130]

Vemos, mais uma vez, e agora no contexto dos delitos especiais, que a leitura tradicional do código vai muito além daquilo que propõe o modelo restritivo e diferenciador moderno; este, em princípio, não conseguiria chamar de autor de um delito alguém a quem falta a qualidade especial exigida pelo tipo.

b) Apenas a empresa apresenta a qualidade especial

Mais comum, no presente contexto, é o caso em que unicamente a empresa apresenta a qualidade pessoal. Tomem-se, além da já mencionada fraude a credores (art. 168, *caput*, Lei 11.101/2005), os delitos de apropriação indébita previdenciária (art. 168-A, CP), e de sonegação fiscal (art. 1.º, Lei 4.729/1965; art. 1.º, e, com maior clareza, art. 2.º, II, Lei 8.137/1990). Comecemos com o segundo desses dispositivos.

O art. 168-A CP incrimina a conduta de «deixar de repassar à previdência social as contribuições recolhidas dos contribuintes». O dispositivo não estabelece, entretanto, a quem incumbe tal repasse. Camargo afirma com acerto que a solução comumente dada pela doutrina, a de que é o responsável pelo recolhimento o detentor da qualidade especial, resolve apenas parcialmente a questão. Afinal, a pessoa jurídica não pode ser responsabilizada pelo cometimento do delito em questão.[131] Camargo defende, portanto, que o dever de repasse mencionado recai sobre a pessoa que «se encontra na posição fático-institucional de cumprir essa obrigação», ou seja, a(s) pessoa(s) a quem incumbia tal tarefa dentro da empresa.[132]

O raciocínio de Camargo é, em si, correto. É na aplicação desse raciocínio ao direito positivo brasileiro que reside, contudo, o problema a que a nossa

---

129 Assim Nucci e Bitencourt, que entendem que o agente que não detém a qualidade de funcionário público pode ser coautor do delito de peculato (Nucci, *Código Penal*, p. 1.078; Bitencourt, *Código Penal*, p. 1.075).

130 Sobre isso ver Ortiz, *Concurso de agentes nos delitos especiais*, São Paulo, 2011, p. 202 e ss.; Assis, *RBCC* 106 (2014), p. 104 e ss.; e Greco/Teixeira, neste volume, p. 73 e ss.

131 Camargo, *RBCC* 102 (2012), p. 385 e s. Entretanto, ela, de maneira equivocada, não considera o delito de apropriação indébita previdenciária um delito especial.

132 Camargo, *RBCC* 102 (2012), p. 385 e ss.

doutrina pouco atentou. Se o tipo aqui pressupõe um dever (de repasse de contribuição previdenciária) que é, contudo, da pessoa jurídica, e não da pessoa física, como aplicar o tipo a essa pessoa física, que não é titular do dever? Para tanto, seria necessário um dispositivo legal, uma *norma de extensão*. Com base em qual dispositivo legal é possível transferir a qualidade de responsável previdenciário, que pertence à pessoa jurídica, ao gerente, administrador, etc. responsável na organização existente no interior da empresa elaborar a declaração para o fisco ou por repassar a contribuição à Previdência Social?

Voltemos os olhos agora à situação do art. 1.º da Lei 4.729/1965, em que consta «omitir... com a intenção de eximir-se, total ou parcialmente, do pagamento de tributos, taxas e quaisquer adicionais devidos por lei». Em um primeiro momento, parece existir na aplicação desse dispositivo a mesma dificuldade acima exposta. Entretanto, aqui o legislador notou a existência do problema, pois acrescentou no art. 6.º da mesma lei o seguinte dispositivo de extensão: «Quando se trata de pessoa jurídica, a responsabilidade penal pelas infrações previstas nesta Lei será de todos os que, direta ou indiretamente ligados à mesma, de modo permanente ou eventual, tenham praticado ou concorrido para a prática da sonegação fiscal.»[133] Por conta da presença de tal norma de extensão, a qualidade de responsável tributário detida pela pessoa jurídica pode ser transmitida à pessoa física, a quem incumbia no plano fático o dever de recolher o tributo, possibilitando a aplicação os tipos contidos nessa lei. O mesmo fez o legislador em relação à fraude a credores e aos demais delitos falimentares, para os quais ele previu uma norma extensão na lei específica (art. 179, Lei 11.101/2005: «Na falência, na recuperação judicial e na recuperação extrajudicial de sociedades, os seus sócios, diretores, gerentes, administradores e conselheiros, de fato ou de direito, bem como o administrador judicial, equiparam-se ao devedor ou falido para todos os efeitos penais decorrentes desta Lei, na medida de sua culpabilidade.»).

No direito positivo alemão, também há uma norma de extensão que possibilita a transmissão da qualidade especial possuída pela empresa aos gerentes da empresa. O § 14 do StGB estipula, entre outras coisas, que, quando o representante legal de uma pessoa jurídica pratica uma conduta nessa qualidade, as qualidades especiais da pessoa jurídica comunicam-se ao representante legal (§ 14 I Nr. 1, II StGB).[134]

---

[133] Curiosamente, na Lei 8.137/1990, que muitos consideram ter revogado a Lei 4.729, inexiste dispositivo equivalente.

[134] O art. 12 do CP português e o art. 31 do CP espanhol trazem um dispositivo similar ao § 14 do CP alemão. Sobre o § 14 StGB ver Schünemann, *Leipziger Kommentar*, § 14, nm. 1 e ss.; Roxin, § 27, nm. 84 e ss.; Tiedemann, *Wirtschaftsstrafrecht*, p. 159 e ss. A respeito da discussão na literatura espanhola, ver Gracia Martin, *El actuar en lugar de otro en derecho penal*, vols. 1 e 2, Zaragoza, 1985, 1986; fundamental no Brasil Laufer, *Artigo 25 da Lei 7.492/1986. Problemas de autoria no âmbito jurídico-penal*, Rio de Janeiro/São Paulo/Recife, 2008.

O problema, assim, é que não dispomos de uma análoga norma de natureza geral, mas apenas de regras específicas, na legislação esparsa. *Quatro soluções* parecem, assim, imagináveis. A primeira seria considerar os tipos em que tal problema se manifesta inaplicáveis. Quem detém a qualidade especial, a pessoa jurídica que deve prestar declaração ao fisco ou recolher a contribuição, não pode cometer o delito; a transmissão da qualidade especial a quem não a detém pressuporia uma norma de extensão, doutro modo estar-se-ia violando o princípio da legalidade (em sua dimensão da proibição de analogia). A segunda solução seria seguir ignorando o problema e aplicando a solução proposta por Camargo, acima exposta. A terceira seria buscar uma solução *de lege lata* no art. 30 do CP. É preciso reconhecer, contudo, que talvez tal solução excedesse os limites da interpretação legal.[135] Afinal, o art. 30, cuja aplicação já é problemática nos casos para os quais foi originalmente pensado,[136] regula a comunicabilidade das circunstâncias entre as «pessoas» que concorrem para o delito. A própria localização sistemática do art. 30 corrobora tal interpretação: o Título VI do CP chama-se «Concurso de pessoas», o art. 29, *caput*, fala em «quem concorre», e esses termos, no CP, sempre foram entendidos como referidos à pessoa natural ou física. Por fim, *de lege ferenda* é possível propor a inclusão de uma norma geral de imputação que possibilite a transmissão da qualidade da pessoa jurídica para a pessoa física que atua em seu favor na parte geral do código.

A verdade é que tecnicamente correta *de lege lata* seria, apenas, a primeira solução. Sem norma de extensão, não é possível aplicar um tipo que pressupõe a violação de um dever a alguém a que não incumbe esse dever. Seria indicado, entretanto, que a nossa doutrina passasse a estudar com profundidade o mencionado problema. Pense-se apenas em casos mais difíceis, como o do gerente fático e do testa-de-ferro, nas hipóteses de delegação expressa ou tácita, juridicamente válida ou inválida, dentro da empresa.[137]

VII. CONCURSO ENTRE RESPONSABILIDADE OMISSIVA E COMISSIVA

Ao longo do presente estudo, foram analisadas as formas comissivas e omissivas de responsabilizar os gerentes de empresa por delitos cometidos imediatamente por subordinados. Dissemos que, em geral, o gerente será punido, a título de comissão, não por autoria, e sim por participação (insti-

---

135 Sobre esses limites, Schünemann, *Leipziger Kommentar*, § 28, nm. 3; Roxin, AT I, § 5, Nm. 28; Puppe, *Kleine Schule des juristischen Denkens*, 2. ed., Göttingen, 2008, p. 64 e ss.

136 Sobre esses problemas ver o estudo de Greco/Teixeira neste mesmo volume, p. 73 e ss., e estudo do segundo autor, *RBCC* 106 (2014), p. 104 e ss.

137 Sobre essas situações, panoramicamente, Schünemann, *Leipziger Kommentar*, § 14, nm. 79 e ss.; Roxin, AT II, § 14, nm. 139.

gação); e a título de omissão, como garantidor, o que dele fará, provavelmente, um autor.

É possível, contudo, que os requisitos necessários para a responsabilização comissiva e omissiva estejam simultaneamente presentes. Essa situação pode ocorrer quando o superior hierárquico der um comando para que o inferior hierárquico cometa um delito, tornando-se passível de responsabilização comissiva como instigador; e, simultaneamente, tiver a obrigação e puder evitar o cometimento do delito, tornando-se passível de responsabilização como autor de um delito omissivo.

Em casos como esse, haverá um concurso aparente de normas.[138] O que deve reger a resolução desse conflito é a *aplicação da norma mais grave*.[139]

No direito alemão, o instigador é castigado com a mesma pena do autor (§ 26 StGB). Por outro lado, o dispositivo que regula a responsabilização omissiva prevê a possibilidade de redução de pena para os delitos cometidos por omissão (§ 13 II StGB). Sendo assim, a pena por instigação seria mais alta, e o agente deveria ser condenado pela participação no delito comissivo, ainda que fosse considerado autor de delito omissivo.

No direito brasileiro, não há distinção de pena para as diversas formas de participação, que nem sequer são diferenciadas de forma clara. Há apenas a previsão de redução de pena para participações de menor importância (art. 29, § 1.º, CP). A participação do gerente que emite uma ordem para que um inferior hierárquico cometa um delito não parece, contudo, poder ser subsumida sob esse conceito. O dispositivo que regula a omissão tampouco prevê a diminuição de pena para essa forma de realizar o delito (art. 13, § 2.º, CP). Em razão disso, o mais correto é condenar sempre pelo *delito comissivo*, ainda que se trate de mera participação.

VIII. CONCLUSÃO

Em síntese apertada: A repetida afirmação de que a teoria do domínio do fato finalmente permite punir os homens de trás é um engano. A única hipótese em que o novo modelo de autoria e participação vai além do modelo unitário e extensivo fundado na leitura tradicional do art. 29, *caput*, CP é uma em que o problema é punir os que estão não atrás, e sim ao lado, ou melhor, lado a lado, isto é: a hipótese de causalidade alternativa, que se manifesta nos casos de decisões colegiadas tomadas com excesso de votos. De resto, o novo

---

[138] Sobre isso, ROXIN, AT II, § 33, nm. 170 e ss.; WESSELS/BEULKE, *Strafrecht*, § 17, nm. 787 e ss. Entre nós, ver a monografia de HORTA, *Do concurso aparente de normais penais*, Rio de Janeiro, 2007; e CIRINO DOS SANTOS, *Direito penal*, p. 417 e ss.

[139] Cfm. § 52 II StGB; WESSELS/BEULKE, *Strafrecht*, § 17, nm. 788; CIRINO DOS SANTOS, *Direito penal*, p. 417.

modelo tende à restrição da punibilidade: ele diferencia entre autor e partícipe e abandona a ideia de que basta uma contribuição causal para realizar o tipo, ainda que entre ação e resultado intervenha um terceiro responsável.

DOMÍNIO DO FATO, DOMÍNIO DA ORGANIZAÇÃO E RESPONSABILIDADE PENAL POR FATOS DE TERCEIROS. OS CONCEITOS DE AUTOR E PARTÍCIPE NA AP 470 DO SUPREMO TRIBUNAL FEDERAL[1]

Alaor Leite

---

[1] Publicado, com leves alterações em: *RBCC* 106 (2014), p. 47 e ss.

I. INTRODUÇÃO

No presente estudo, quero me debruçar sobre os conceitos de autor e partícipe no direito penal desde uma perspectiva, por assim dizer, indutiva.[2] Partirei do que foi decido pelo Supremo Tribunal Federal na AP 470 e, num segundo momento, avaliarei a correção das afirmações feitas no acórdão em busca de considerações generalizáveis, isto é, aplicáveis a outros casos. Não enunciarei, assim, os conceitos de autor e de partícipe que considero corretos, nem tampouco avaliarei a correção das condenações,[3] mas me limitarei a exercer o papel de crítica às decisões judiciais que cabe à ciência jurídica.[4] Esse papel reveste-se de maior importância quando a decisão emana da mais alta Corte do país, em sessão plenária, e o que se quer é fazer uma espécie de análise do discurso contido na decisão, ou seja, avaliar se das premissas teóricas lançadas pelo STF poderiam decorrer as conclusões retiradas. Nada mais, mas também nada menos do que isso.

Estruturarei meus comentários à decisão em *cinco grandes grupos de considerações*. Em primeiro lugar, realizarei algumas considerações sobre os possíveis efeitos fáticos e jurídicos dessa decisão para a jurisprudência futura (II). Após, indicarei os contextos em que os aspectos da autoria e participação surgiram na decisão, com especial foco na suposta adoção da chamada *teoria do domínio do fato*, em busca da verdadeira razão para que o julgamento invocasse a teoria (III). Respondida essa indagação, é preciso observar outros

---

2 Em outro estudo, Luís Greco e eu cuidamos dos aspectos gerais ligados ao surgimento e desenvolvimento da teoria do domínio do fato, indicando as suas verdadeiras bases e resguardando o leitor de alguns dos equívocos mais comumente cometidos. Remeto o leitor a esse estudo mais geral: GRECO/LEITE, *O que é e o que não é a teoria do domínio do fato*, neste volume, p. 19 e ss. Manifestamo-nos de forma concisa também em GRECO/LEITE, Fatos e mitos sobre a teoria do domínio do fato, em: Tendências/Debates, jornal *Folha de S.Paulo*, 13.10.2013, acessível em: http://www1.folha.uol.com.br/opiniao/2013/10/1358310-luis-greco-e-alaor-leite-fatos-e-mitos-sobre-a-teoria-do-dominio-do-fato.shtml. Sobre o desenvolvimento específico da concepção de Roxin ver GRECO/LEITE, CLAUS ROXIN, 80 anos, revista *Liberdades* 7 (2011), p. 97 e ss., p. 101 e ss. Todo o desenvolvimento da teoria do domínio do fato, bem como as discussões com as concepções divergentes encontram-se na fonte clássica da teoria: ROXIN, *Täterschaft und Tatherrschaft*, 1. ed., Hamburg, 1963; 8. ed. Berlin, 2006; trad. espanhola da 7. ed., *Autoría y dominio del hecho en Derecho Penal*, por Cuello Contreras/Serrano González de Murillo, Madri-Barcelona, 2000.

3 O que exigiria um amplo domínio de todo o material processual, algo que apenas os próprios Ministros, advogados dos acusados, os próprios acusados e os membros da acusação possuem. Qualquer *extraneus* que emita a sua opinião sobre a correção material da decisão, ou seja, sobre a inocência ou culpa dos réus, é, no mínimo, leviano. A minha base indutiva é a decisão publicada e acessível a todos que possuam forças para ler 8.000 páginas.

4 KRIELE, *Theorie der Rechtsgewinnung*, 2. ed., Berlin, 1976, p. 39: função de vigilância das decisões judiciais; SCHÜNEMANN, *Aufgabe und Grenzen der Strafrechtswissenschaft im 21. Jahrhundert, Festschrift für Rolf Dietrich Herzberg*, Tübingen, 2008, p. 39 e ss.: ciência jurídica como o «quarto poder». Ver também *V.* AFONSO DA SILVA/WANG, Quem sou eu para discordar de um ministro do STF?, revista *Direito GV* 11, 2010, p. 95 e ss.

aspectos ligados à autoria e à participação presentes no acórdão, além de estudar uma eventual utilização processual da teoria do domínio do fato (IV, V). Enunciadas as conclusões a respeito da decisão na AP 470, deve-se buscar um olhar prospectivo, com vistas às lições que devemos retirar e ao futuro das discussões em torno da autoria e da participação no Brasil (VI, VII).

II. EFEITOS JURÍDICOS E FÁTICOS DA DECISÃO E ALGUMAS DIFICULDADES LIGADAS AO MODO DE DECIDIR DO SUPREMO TRIBUNAL FEDERAL: VINCULAÇÃO AO «PRECEDENTE»?

> «O que me preocupa, Senhor Presidente, eminente Decano, é exatamente a banalização dessa teoria. Como é que os quatorze mil juízes brasileiros vão aplicar essa teoria, se esta Suprema Corte não fixar parâmetros bem precisos? É um pouco como disse o Pedro Aleixo naquele episódio famoso, quando Costa e Silva baixou o Ato Institucional 5. Ele disse: eu não estou preocupado com o uso que Vossa Excelência fará dele com suas honradas mãos, mas estou preocupado com o guarda da esquina. É isto que nós precisamos assentar com muita clareza: quando é que essa teoria pode e deve ser utilizada?» (Min. Ricardo Lewandowski, f. 56816 e ss.)

A AP 470, vulgarizada sob a rubrica de «Mensalão», trouxe para si uma atenção provavelmente sem par em nossa história recente. O Supremo Tribunal Federal brasileiro, diversamente de o que ocorre com outras Cortes Constitucionais,[5] é competente para julgar, em razão do foro por prerrogativa de função, em única e última instância, ações penais (art. 102, I, *c*, CR).[6] À famosa frase de Nelson Hungria, segundo a qual ao STF cabe o privilégio de «errar por último»,[7] deve-se acrescentar que, em ação penal originária, o STF, caso erre, não errará apenas derradeira, mas também originária e definitivamente. Em geral, toda decisão do STF, por si só, deve ser objeto de máxima atenção da ciência. Afinal, diz-se a última palavra a respeito da interpretação das mais relevantes questões jurídico-constitucionais em nosso país. Um jurista estrangeiro talvez imaginasse tratar-se, no caso da AP 470, de uma relevante questão constitucional, e estou certo de que não

---

[5] Como é o caso da Corte Suprema alemã (o *Bundesverfassungsgericht*, abreviação BVerfG), que não julga ações penais originárias e que costuma repetir que não pode ser transformado em uma «super instância de revisão» (minha tradução aproximada do termo *Superrevisionsinstanz*). Ver a respeito das competências do BVerfG Degenhart, *Staatsrecht* I, 25. ed., Heidelberg, 2009, p. 299 e ss.

[6] Pacelli, *Curso de processo penal*, 15. ed., Rio de Janeiro, 2011, p. 207 e ss., p. 211 e ss.

[7] Assim a multicitada frase de Hungria. A ela faz referência, por exemplo, Heleno Fragoso, citado em texto de Nilo Batista, disponível em: [www.fragoso.com.br/ptbr/arq_pdf/artigoshomenagem/arquivo4.pdf]. Não quero, na presente sede, entrar na complicada pergunta sobre a «última palavra», especialmente porque não estamos diante de uma questão constitucional. Sobre essa discussão é fundamental ler a tese doutoral de Hübner Mendes, *Direito fundamentais, separação de poderes e deliberação,* Tese de Doutorado USP, São Paulo, 2008.

esconderia a surpresa ao descobrir que o objeto de discussão era a prática de fatos criminosos, tais como os crimes violentos que ocorrem diariamente, mas que não encontram indignada acolhida nos meios de comunicação. Dessa vez, no entanto, os autores eram da classe dominante, no sentido econômico e político da expressão. Justamente em razão do alto grau do tribunal do qual emana a decisão é que se pode pensar que a decisão da AP 470 pode se tornar um *precedente*[8] em matéria de autoria e participação no direito penal. Essa impressão é, no entanto, equívoca.

O mais alto grau da Corte não afasta a consideração de que, nesse caso, o STF atuou tal como atua o juiz da primeira instância: deve receber a denúncia (nos termos dos arts. 41, 395 e 396, CPP; art. 6.º da Lei 8.038/1990; art. 234 e art. 235 do RISTF), presidir a produção probatória (art. 155, CPP) e decidir pela absolvição ou pela condenação dos acusados (arts. 381, 386 e 387, CPP).[9] Em outras palavras, não se tratou de decidir apenas uma «questão de direito» – muito menos uma de teor constitucional –, mas também de uma «questão de fato».[10] As «questões de direito» – como o recurso à teoria do domínio do fato – que surgiram ao longo do desenrolar processual e que foram objeto da decisão, são oriundas da necessidade de decidir os fatos objetos do processo, e não da necessidade de decidir de forma geral a respeito da interpretação do direito em nosso país, muito menos de uma decisão a respeito de uma questão constitucional.

O que torna pensável qualquer referência à vinculação a precedentes é a *função* atribuída à decisão judicial, e não apenas a graduação do tribunal:

---

8 Precedente em sentido mais estrito, como uma decisão judicial qualificada, capaz de vincular jurídica ou faticamente os tribunais e juízes.

9 Os problemas estruturais ligados às ações penais originárias não podem ser tratados nessa sede. No entanto, ao observar a forma como se deu a determinação judicial da pena na AP 470, percebe-se a relativa inaptidão do STF nessa matéria. Sobre esse aspecto ver os estudos de Teixeira, Culpabilidade e proibição de dupla valoração na determinação judicial da pena na Apn 470/MG, do STF (Caso Mensalão), *RBCC* 106 (2014), p. 13 e ss.; e de T. Stoco, Análise da dosimetria das penas aplicadas aos membros do «núcleo político» no julgamento da APn 470, do STF, *RBCC* 106 (2014), p. 269 e ss.

10 Ver a seguinte passagem do voto do Min. Celso de Mello, f. 56811: «Ressalto, Senhor Presidente, por isso mesmo, a importância deste julgamento, eis que, nele, estamos a proceder a ampla reflexão e análise em torno de indagação relevante imposta pelo exame da compatibilidade, ou não, da teoria do domínio do fato – que não constitui uma teoria de exceção (como erroneamente sustentado por alguns) – com o modelo e a disciplina que o Código Penal brasileiro estabeleceu em tema de concurso de pessoas e respectivo tratamento jurídico». Nesse trecho do voto há uma digressão histórica relativamente longa a respeito da teoria do domínio do fato. Sobre a distinção entre «questões de fato» e «questões de direito» ver o estudo detalhado de Schünemann, *Zum Verhältnis von Norm und Sachverhalt bei der Rechtsanwendung, von Ober- und Untersatz im Justizsyllogismus und von Rechts- und Tatfrage im Prozeßrecht, Festschrift für Arthur Kaufmann*, Heidelberg, 1993, p. 299 e ss.

faz todo o sentido cogitar uma vinculação a precedentes[11] quando o precedente decorre, no âmbito do STF, de declaração de inconstitucionalidade de lei ou de dispositivo de lei em controle concentrado (art. 102, § 2.º, CR), ou ainda quando há, a respeito da matéria, súmula vinculante (art. 103-A, CR; art. 354-A e ss. do RISTF). Do ponto de vista fático, as decisões do Superior Tribunal de Justiça, que resolvem divergências entre tribunais na interpretação do direito federal, podem adquirir *status* de precedentes, na medida em que a decisão serve, justamente, à uniformização da interpretação do direito (art. 105, III, *c*, CR).[12] Falar de vinculação a precedente diante de uma decisão em ação penal originária é, ao contrário, fora de lugar, na medida em que, como visto, não é apenas a graduação da instância decisória que decide a respeito de uma possível vinculação jurídica das instâncias inferiores.

De outro lado, não há como negar uma *força normativa do fático*[13] que emergirá dessa decisão. Ainda que ausente uma força jurídica vinculante em decisões de ação penal originária, é inegável que a decisão do STF na AP 470 servirá e já serve de modelo a todos os órgãos do sistema de justiça criminal. Delegados de polícia, membros do Ministério Público, juízes, tribunais, advogados, já guiam suas atuações com base no que foi decidido pelo STF, embora nem sempre com referência expressa à AP 470. Se não há no sistema jurídico brasileiro vinculação jurídica ao precedente, há, sem dúvida, vinculação fática.[14] Algo deve, desde logo, ficar claro. A mera referência a precedentes não pode ser, em regra, fundamentação suficiente da decisão. No entanto, como denunciava Sauer já na década de 40 do século passado na Alemanha, «contra essa regra elementar tem-se agido recorrentemente».[15] Esse diagnóstico retém vigência na atualidade, provavelmente com maior força, entre nós, já que a

---

[11] Não estou propondo tal vinculação, apenas cogitando a sua possibilidade.

[12] Sobre os procedimentos de resolução de divergência no direito alemão e os seus efeitos nas instâncias inferiores, ver os relevantes estudos de Schröder, *Der tragende Rechtsgrund einer Entscheidung*, MDR 1960, p. 809 e ss.; Kuhlen, *Die Abweichung einer Entscheidung von einer anderen und die Betrachtung des Einzelfalles*, JA, 1986, p. 589 e ss.; Schroth, *Der Ausgleich divergierender obergerichtlicher Entscheidungen*, JR, 1990, p. 93 e ss.

[13] Expressão consagrada por Jellineck, *Allgemeine Staatslehre*, 3. ed. (sétima reimpressão), Darmstadt, 1960, p. 337 e ss., utilizada, evidentemente, em outro contexto.

[14] Ver a manifestação do Min. Ricardo Lewandowski, na f. 56817 e ss.: «Então é isso, eminente Decano, sem querer divergir de Vossa Excelência, quero apenas expressar essa minha preocupação, que foi a preocupação do próprio Claus Roxin, porque, se essa teoria for aplicada sem nenhum temperamento, amanhã, por exemplo, o presidente da Petrobras poderá ser responsabilizado por um vazamento numa plataforma de petróleo, porque teoricamente ele tinha o Domínio do Fato; ou um chefe de redação ser responsabilizado por um artigo, que algum jornalista publique, ofensivo a algum cidadão; e assim por diante, os exemplos seriam múltiplos. Então é muito importante, eminente Decano, eu quero expressar, mais uma vez, a minha preocupação com relação à possível banalização dessa teoria e a aplicação que será feita não apenas pelos juízes brasileiros, mas também, por membros do Ministério Público».

[15] Sauer, *Juristische Methodik*, Stuttgart. 1940, p. 405.

referência a uma decisão anterior tomada por um tribunal, seja pelo mesmo tribunal, seja por tribunal de instância superior, possui o *status* de desincumbência argumentativa.[16] Não há outra explicação, a não ser a existência de uma vinculação fática, para o termo domínio do fato, um vigoroso quinquagenário,[17] ter ingressado com ares de novidade no vocabulário jurídico nacional. Embora também inexista vinculação em relação aos próprios precedentes,[18] o próprio STF, na AP 481 de relatoria do Min. Luiz Fux, utilizou a expressão «teoria do domínio do fato», muito embora não tenha, efetivamente, aplicado a teoria tal como ela foi concebida na ciência jurídica. Neste último caso, estava em questão o crime de corrupção eleitoral (art. 299 do Código Eleitoral), e a discussão era se a determinado acusado poderia ser imputado o crime ainda que ele não tivesse feito «abordagens pessoais» solicitando votos em troca de «cirurgias de esterilização». A teoria do domínio do fato estaria em condições de explicar a razão pela qual, apesar de não ter praticado o delito com as próprias mãos, o acusado seria autor do delito (Min. Luiz Fux, f. 144 e ss. da AP 481). Em razão disso é que surge o interesse científico na decisão. Bem vistas as coisas, não se deve nem sobrevalorizar a importância histórica desse julgamento atípico para uma Corte Constitucional,[19] nem subvalorizar o fato de que as categorias jurídicas mencionadas no julgamento balizarão a atuação de todos os órgãos do sistema de justiça criminal.

Essa análise científica encontra, no entanto, dificuldades ao lidar com um aspecto ligado ao *modo de decidir de nosso STF*: cada Ministro lavra e publica o seu próprio voto. Essa peculiaridade do modo de decidir dificulta enormemente a busca e a exposição da posição unitária de nossa Corte.[20] Afinal, os votos individuais não são generalizáveis e atribuíveis ao STF. Não ocorre aqui, em analogia oportuna, uma espécie de imputação recíproca tal como

---

[16] Kriele, *Theorie der Rechtsgewinnung*, p. 243 e ss., p. 258 e ss.

[17] Greco/Leite, neste volume, p. 19 e ss.

[18] Sobre o casos de *overruling* ver Kriele, *Theorie der Rechtsgewinnung*, p. 286 e ss.; Duxbury, *The nature and authority of precedent*, Cambridge, 2008, p. 116 e ss., p. 129 e ss.; Cross/Harris, *Precedent in English Law*, 4. ed., Oxford, 1991, p. 97 e ss., p. 125 e ss.

[19] A razão de tanto interesse é mais política, e menos jurídica. O jurista que considerar a decisão da AP 470, desde um ponto de vista jurídico, como «a maior decisão da história republicana» do Brasil, estará incorrendo em erro de avaliação a respeito do papel das Cortes Constitucionais. Ver a interessante entrevista de Virgílio Afonso da Silva para o jornal *Folha de S. Paulo*, publicada no dia 22.09.2013, acessível em: http://www1.folha.uol.com.br/poder/2013/09/1345666-nao-faz-sentido-em-falar-em-pizza-do-mensalao-diz-constitucionalista-da-usp.shtml (acessada em 19.12.2013).

[20] Sobre essa dificuldade em relação ao problema da perda de mandato de deputados federais por decisão transitada em julgado ver Neisser, A Constituição que se tem e a Constituição que se quer: a perda de mandato de deputados federais por decisão transitada em julgado, *RT* 933 (2013), p. 167 e ss. Também Badaró indica que não será fácil, «futuramente, invocar esse julgado como precedente para outras decisões»: Badaró, O álibi do acusado e o in dubio pro reo no acórdão da APn 470/MG, *RT* 933 (2013), p. 251 e ss., p. 252.

ocorre na coautoria no direito penal,[21] em que os comportamentos de uns são atribuídos aos outros, nascendo uma espécie de comportamento conjunto. É exatamente essa dificuldade que me obrigará, a todo momento, a referir o Ministro a quem deve ser atribuída a ideia criticada, de forma que este estudo tentará, entre outras coisas, facilitar a vida de um segundo pesquisador que queira debruçar-se sobre essa decisão.[22] Não é preciso ir muito longe para perceber que esse processo de fragmentação das *rationes decidendi* dificulta sobremaneira não apenas a análise científica da decisão, mas também a adoção do posicionamento do STF por parte dos tribunais e juízes do país. É preciso vasculhar, em garimpo pelo emaranhado sem fim das 8.000 páginas da decisão, as verdadeiras razões de decidir, em contraposição aos sem número de *obiter dicta*, entre votos, manifestações orais e intervenções no voto alheio. Um empreendimento hercúleo, mas indispensável, pois mesmo onde há vinculação a precedentes, sabe-se bem que apenas a *ratio decidendi* possui efeitos vinculantes.[23] É difícil, quando não impossível, enunciar *a posição do STF*, por exemplo, sobre a teoria do domínio do fato, o que traz como consequência a impossibilidade de tribunais e juízes recorrerem à posição do STF como espécie de desincumbência argumentativa na fundamentação de suas decisões.[24] *Simplesmente, não há uma posição unitária do STF a respeito da teoria do domínio do fato.*[25] Há manifestações esparsas de alguns Ministros, nas quais tentarei buscar considerações generalizáveis. Falar em vinculação ao precedente nesse contexto é, assim, completamente descabido.

---

21 Sobre essa figura ver Greco/Leite, neste volume, p. 30 e ss., e a sequência do texto (abaixo, IV. 2).

22 A isso se devem as citações *ipsis literis* de trechos da decisão, com a referência das folhas da passagem.

23 Sobre a força vinculante das *rationes decidendi* ver Kriele, *Theorie der Rechtsgewinnung*, p. 282 e ss.; Cross/Harris, *Precedent in English Law*, p. 39 e ss.; Duxbury, *The nature and authority of precedent*, p. 58 e ss., p. 67 e ss.; Schlüchter, *Mittlerfunktion der Präjudizien*, Berlin/New York, 1986, p. 104 e ss., p. 116 e ss.; Schlüter, *Das Obiter Dictum*, München, 1973, p. 77 e ss.; Lilie, *Obiter dictum und Divergenzausgleich in Strafsachen*, Köln, 1993, p. 7 e ss., p. 65 e ss., p. 225 e ss.

24 Sobre o «precedente como argumento» ver Hassemer em: Kaufmann/Hassemer/Neumann (Orgs.), *Einführung in die Rechtsphilosophie und Rechtstheorie der Gegenwart*, 8. ed., Heidelberg-München, 2011, p. 263 e ss.; Puppe, *Kleine Schule des juristischen Denkens*, Göttingen, 2. ed., 2011, p. 17.

25 Mesmo no interior do mesmo voto há imprecisões. No voto da Min. Rosa Weber surge, de repente, a afirmação de que o art. 29 do CP adota a teoria «monista», ou seja, não distingue entre autor e partícipe (f. 52.775). Logo depois, a mesma Min. Rosa Weber inicia a exposição da teoria do domínio do fato, que é uma teoria destinada exatamente a distinguir autor de partícipe (f. 52.776).

III. AUTORIA E PARTICIPAÇÃO NA DECISÃO DA AP 470: A VERDADEIRA RAZÃO PARA O RECURSO À TEORIA DO DOMÍNIO DO FATO

Muito já se disse a respeito dos supostos equívocos em relação à aplicação da teoria do domínio do fato na AP 470.[26] A oportunidade, agora, é de provar que essa preocupante afirmação possui a sua razão de ser. Tentarei, assim, identificar os *contextos de utilização da teoria do domínio do fato*, a fim de identificar e avaliar os aspectos ligados à autoria e à participação na decisão da AP 470, apontando concretamente os trechos da decisão que guardam relevância desde o ponto de vista da dogmática da autoria e da participação. Será preciso, embora nem sempre possível, identificar o delito em questão e a ação ou omissão que se quer imputar ao acusado, para que se esteja em condições de avançar critérios mais gerais sobre como os Ministros do STF compreendem nosso art. 29, *caput,* CP, e os conceitos de autor e de partícipe no direito penal. A partir dessa análise será possível determinar as razões que conduziram alguns dos Ministros a invocar a teoria do domínio do fato, e o sentido de sua utilização precisamente na AP 470. Desde logo é preciso dizer: não há um posicionamento uniforme, mas sim uma amálgama de considerações gerais, por vezes mesmo desgarradas do caso concreto, sobre autoria e participação e, em especial, sobre a teoria do domínio do fato. Apenas ao final da análise do discurso do STF é que estarei em condições, assim, de identificar o que considero ser o real conteúdo da teoria nas manifestações de alguns Ministros. A vereda é longa e tortuosa. Posso adiantar que esse conteúdo não guarda correspondência com a forma como a ciência jurídica compreende a teoria do domínio do fato.[27]

1. Breve cronologia da utilização do termo domínio do fato na AP 470

A primeira utilização do termo «domínio do fato» parece ter ocorrido no capítulo VI (trecho relativo ao delito de corrupção ativa – art. 333, CP) da decisão que recebeu a denúncia, conforme consta da ementa da decisão, transcrita na decisão da AP 470 (f. 55.097[28]). Nessa oportunidade, além da

---

[26] Ver nota de rodapé n. 1. Ver também BOTTINI, Aplicação da teoria do domínio dos fatos na AP 470, *Conjur*, 13.07.2013, acessível em: http://www.conjur.com.br/2013-ago-13/direito-defesa-aplicacao-teoria-dominio-fatos-ap-470 (acessado em 19.12.2013).

[27] Para uma exposição vide DÍAZ Y GARCÍA CONLLEDO, *La autoría en derecho penal*, Barcelona, 1991, p. 545 e ss.; em língua portuguesa, FIGUEIREDO DIAS, *Direito penal*, tomo I, 2. ed., Coimbra, 2007, p. 765 e ss.

[28] «Capítulo VI da denúncia. Corrupção ativa. Ato de ofício. Voto dos parlamentares. Tipicidade, em tese, das condutas. Complexidade dos fatos. Individualização suficiente ao exercício do direito de defesa. Concurso de vários agentes. Teoria do domínio do fato. Divisão de tarefas. Obediência ao art. 41 do CPP. Existência de justa causa. Denúncia recebida.»

citação da teoria do domínio do fato, foi dito que o «núcleo político partidário» teria «interesse na compra de apoio político» (f. 55.097), indicando uma linguagem compatível com a chamada *teoria subjetiva* da distinção entre autor e partícipe, segundo a qual autor é aquele quer o fato como seu, possui interesse próprio (*animus auctori*) no fato etc.[29] Em verdade, a teoria do domínio do fato surgiu exatamente para superar os déficits da teoria subjetiva da autoria e da participação, reinante àquele tempo na jurisprudência alemã.[30] A conjugação dessas duas teorias indica uma falta de clareza em relação aos critérios que servem para diferenciar autor de partícipe.[31] O requisito, todavia, do «interesse próprio no fato» não surge com tanto peso nos posteriores votos dos Ministros, e possui, no máximo, *status* de argumento adicional.

O termo «domínio do fato» surge novamente na manifestação oral da Procuradoria Geral da República na fase de alegações finais.[32] Como se sabe, vários dos Ministros recorreram a esse termo no momento de fundamentar as suas decisões em relação a vários crimes (gestão fraudulenta de instituição financeira,[33] lavagem de dinheiro,[34] quadrilha,[35] mas especialmente corrupção ativa[36]), conforme indicarei a seguir. Como não há uma posição unívoca (acima II), indicarei os contextos de utilização da chamada teoria do domínio do fato.

2. Compatibilidade da teoria do domínio do fato com o art. 29, *caput*, CP

Os votos que fazem referência à teoria do domínio do fato cuidaram, corretamente, de problematizar a compatibilidade entre nosso art. 29, *caput*, CP, e a referida teoria. Afinal, uma leitura inicial de nossos dispositivos legais indica que nosso Código, diferentemente de outros,[37] não obriga a distinguir

---

29 Sobre essa teoria ver Greco/Leite, neste volume, p. 21 e ss.

30 Roxin, *Strafrecht, Allgemeiner Teil II*, München, 2003, § 25, nm. 22 e ss.; Greco/Leite, neste volume, cit.

31 Também a ciência alemã reprova a adoção pela jurisprudência de uma «teoria normativa da combinação», que mistura uma série de critérios (Greco/Leite, neste volume, p. 21 e ss., 24).

32 A manifestação do Procurador Geral encontra-se disponível no canal do STF no *youtube*: http://www.youtube.com/watch?v=h1tukT271Ko (acessado em 19.12.2013).

33 Ver o voto da Min. Rosa Weber, fl. 52775 e ss.

34 Sobre a interpretação do tipo penal de lavagem de dinheiro na AP 470/STF ver Bottini, «Lavagem de dinheiro na APn 470/MG», *RT* 933 (2013) p. 383 e ss.

35 O Min. Luiz Fux, por exemplo, absolve o acusado Antônio Lamas do crime de quadrilha, já que não estaria provado que ele «detinha o domínio final da ação delituosa» (f. 55.698).

36 Como no voto do Min. Ricardo Lewandowski, fl. 56.488 e ss. Sobre a interpretação do delito de corrupção na AP 470/STF ver os estudos de Salvador Netto, Reflexões pontuais sobre a interpretação do crime de corrupção no Brasil à luz da APn 470/MG, *RT* 933 (2013) p. 47 e ss.; Quandt, Algumas considerações sobre os crimes de corrupção ativa e passiva. A propósito do julgamento do «Mensalão» (Apn 470/MG do STF), *RBCC* 106 (2014), São Paulo, p. 181 e ss.

37 Como o alemão; informações e transcrições dos dispositivos em Greco/Leite, neste volume, p. 22 e ss.

entre autor e partícipe, e a pergunta fundamental é exatamente pelas razões, então, da utilização da teoria. Essa problematização por parte do STF é bastante razoável. A problematização real, contudo, deveria ser no sentido de que o recurso a uma teoria, cuja função dogmática é a de distinguir entre autor e partícipe e não a de fundamentar a punição de algum acusado, parece ser *prima facie* desnecessário diante de uma redação que, como a do art. 29, *caput,* CP, entende que «aquele que de todo modo concorre para o crime incorrerá nas penas a ele cominadas». Mais relevante do que discutir a compatibilidade da teoria do domínio do fato com a redação de nosso art. 29, algo que me parece claramente possível,[38] seria, então, expor de maneira clara as razões pelas quais se lançou mão de tal teoria nesse caso.

Afinal, não parece haver redação mais ampla do que a do nosso art. 29, *caput,* CP. Diante de um Código que à primeira vista sequer distingue autor de partícipe, uma teoria que se proponha a esse fim pode apenas operar como *limitadora*, e não como *fundamentadora* de punibilidade. Caso o recurso à teoria tenha servido para fundamentar a punibilidade de algum acusado, terá ocorrido uma malversação do propósito a que se presta a teoria do domínio do fato. Outro aspecto digno de nota é a consideração, presente em alguns votos, de que a diferença fundamental entre autoria e participação só se revelaria na dosimetria da pena, em outras palavras, que a distinção entre autor e partícipe é uma questão de *merecimento de pena.*[39] Essa consideração é equivocada caso se parta efetivamente da teoria do domínio do fato, e parece ter sido induzida pela redação do art. 29, *caput,* CP, em cuja redação ingressou, na reforma da parte geral em 1984, a derradeira expressão «na medida de sua culpabilidade». A teoria do domínio do fato é, antes de tudo, uma teoria que determina a extensão dos tipos penais.[40] Apenas como finalidade secundária é que pode se estabelecer a necessidade de diferentes penas para as diferentes formas de contribuir no delito.[41]

Os dois problemas apontados – a saber: o da compatibilidade da teoria com o nosso Código e o da questão do merecimento de pena –, revelam-se na seguinte passagem do voto do Min. Celso de Mello, que, a despeito desses pontos problemáticos, realizou uma digressão bastante detalhada a respeito dos primórdios da teoria do domínio do fato:

---

[38] Ver, neste volume, Greco/Leite, p. 19 e ss.; Greco/Teixeira, p. 47 e ss. e 68 e ss.

[39] Roxin afirma com todas as letras que o conceito de autor é «indiferente em relação à culpabilidade» e também não é mera questão de merecimento de pena ou determinação judicial da pena, sendo antes uma categoria relacionada ao tipo, Roxin, *Täterschaft*, p. 330 e s. Ver o estudo de Teixeira, *RBCC* 106 (2014), p. 13 e ss.

[40] Greco/Teixeira, neste volume, p. 47 e ss.

[41] Greco/Teixeira, *passim.*

> «Há que se destacar, ainda, por necessário, que a adoção, pela legislação brasileira, da teoria unitária em matéria de concurso de pessoas não afasta a possibilidade de reconhecimento, em nosso sistema jurídico-penal, da teoria do domínio do fato. Na realidade, uma teoria não exclui a outra, pois o reconhecimento de uma ou de outra apenas poderá influenciar no *quantum* a ser definido na operação de dosimetria penal, nos termos do art. 29 do CP.»[42] (f. 56.811)

Também na manifestação da Min. Rosa Weber é possível identificar os mesmos problemas (f. 56.841):

> «Refleti muito sobre a teoria do domínio do fato e me sinto muito confortável, porque, com todo respeito às compreensões contrárias, acredito que, ontem, o Ministro Gilmar Mendes – se bem me recordo – ainda tenha lembrado a própria dicção do art. 29 do Código Penal, em sua literalidade, que nos leva – e, pelo menos, como digo, na minha visão e respeitando as compreensões contrárias – a um entendimento de que é plenamente consentânea com o nosso direito posto, a teoria do domínio do fato, quando diz na literalidade, se me permite: "Art. 29. Quem, de qualquer modo concorre para o crime incide nas penas a este cominadas" – claro –, "na medida de sua culpabilidade". O que, depois, vai se refletir na dosimetria da pena.»

A passagem do voto do Min. Gilmar Mendes à qual se refere a Min. Rosa Weber denota exatamente o que foi dito acima, ou seja, que a adoção da teoria do domínio do fato como tese para fundamentação da responsabilidade, e não para a distinção entre autor e partícipe, além de errada, é desnecessária diante de nosso art. 29 *caput*, CP: «Portanto, Sr. Presidente, a solução do caso não reclama grandes construções teóricas, na verdade, à luz do princípio da legalidade, a resposta está no artigo 29 do Código Penal "quem, de qualquer modo, concorre para o crime incide nas penas a este cominadas, na medida de sua culpabilidade"» (Min. Gilmar Mendes, f. 56.772). Nesse sentido parece ser também a manifestação do Min. Ricardo Lewandowski, em debate oral com a Min. Rosa Weber: «Eu concordo plenamente, quer dizer, eu também adoto, no meu quotidiano de magistrado, o artigo 29, que diz respeito ao conluio de pessoas que cometem determinados crimes. Mas é que, se bastasse o art. 29, não haveria a necessidade de invocação dessa Teoria do Domínio do Fato ou Domínio Funcional do Fato» (f. 56.841 e ss.). Apesar de todas as manifestações a respeito da compatibilidade da teoria do domínio do fato com o art. 29, *caput,* CP, a pergunta fundamental a respeito das *razões* de sua utilização persiste, como parece ter percebido, corretamente, o Min. Gilmar Mendes.

---

[42] E continua: «Nessa perspectiva, a teoria do domínio do fato – plenamente compatível com situações de normalidade institucional (não constitui teoria *ad hoc* nem de exceção) – não ofende o ordenamento brasileiro, eis que, além de se revelar compatível com a disciplina que o nosso Código Penal estabeleceu em tema e no tratamento jurídico do concurso de pessoas, a sua aplicação não enseja a consagração de uma inadmissível hipótese de responsabilidade penal objetiva» (f. 58.611 e ss.).

Afinal, a utilização da teoria do domínio do fato, tal como construída pela ciência, seria em princípio desnecessária. As razões de tal afirmação saltam aos olhos:

a) Teoria do domínio do fato, sistema diferenciador e conceito restritivo de autor

A teoria do domínio do fato parte de um *sistema diferenciador* e de um conceito *restritivo* de autor. Ela parte de um sistema *diferenciador,* pois crê ser necessária a distinção, já no plano do tipo, de níveis de intervenção no delito, ou seja, entre autor (imediato e mediato, além da coautoria) e partícipe (instigador e cúmplice). Ela parte de um conceito *restritivo*, pois entende que apenas o autor do delito é que viola a norma de conduta inscrita na parte especial do Código, e a punição da participação seria produto de uma norma extensiva da punibilidade. O conceito restritivo de autor é contraposto ao conceito *extensivo*, que entende que autores e partícipes violam a norma de conduta contida na parte especial, e que a menor punição da participação é uma decisão do legislador por restringir a punição do partícipe.[43] O sistema diferenciador é contraposto ao sistema *unitário*, que sequer distingue entre autor e partícipe, ou distingue conceitualmente mas prevê os mesmos marcos penais para todas as contribuições. A busca por critérios distintivos entre autor e participe é louvável e representa um esforço dogmático permitido pela redação de nosso art. 29, *caput,* CP, mas não se pode utilizar a teoria do domínio do fato, de nenhuma forma e em linguagem bastante clara, para transformar o que seria absolvição em condenação. Caso tenha sido essa a intenção do STF, ocorreu, como já foi dito, uma malversação da teoria.

Que uma teoria diferenciadora, que parte de um conceito restritivo de autor, como a teoria do domínio do fato, é compatível com o art. 29, *caput,* CP, parece induvidoso, como já demonstrado.[44] Uma distinção entre autor e partícipe não é nem proscrita e nem obrigatoriamente comandada por nosso Código – tal seria o caso, se nossos dispositivos contivessem definições de autor e partícipe, como ocorre no CP alemão.[45] Há, é verdade, uma longa discussão sobre a vigência do princípio da legalidade em relação à parte geral do direito penal. Alguns autores defendem que o princípio da legalidade ou simplesmente não vale ou vale de modo menos intenso na parte geral,[46] de

[43] É possível, pois, defender um conceito diferenciador e extensivo de autor. Corretamente, Ortiz, *Concurso de agentes nos delitos especiais*, São Paulo, 2011, p. 47 e ss.

[44] Greco/Leite, p. 19 e ss.; Greco/Teixeira, neste volume, cit.; anteriormente em Greco, *Cumplicidade através de ações neutras,* Rio de Janeiro, 2004, p. 11 e s.

[45] Ver nota de rodapé n. 35.

[46] Sobre essa discussão ver Welzel, *Fahrlässigkeit und Verkehrsdelikte*, Karlsruhe, 1960, p. 14 e ss.; Eb. Schmidt, *Die Sache der Justiz,* Göttingen, 1961, p. 32 e s.; Hirsch, Richterrecht und Gesetzesrecht, JR 1966, p. 334 e ss., 336; Roxin, *Kriminalpolitik und Strafrechtssystem,* 2. ed.,

modo que haveria grande espaço para a criação jurisprudencial das categorias da parte geral, até o ponto em que essas categorias atingissem o *status* de direito costumeiro.[47] Não é preciso seguir nessa interessante discussão. O fato é que o art. 29, *caput,* CP, não inviabiliza a adoção da teoria do domínio do fato, desde que corretamente compreendida.[48] O esforço deve ser no sentido de determinar exatamente os casos de autoria e de participação, e de compreender que a participação revela um conteúdo de injusto acessório em relação à autoria, e que, em razão disso – e não por ser mera questão de merecimento de pena, como foi indicado nos votos acima mencionados –, é que, em regra, deve haver uma diferença de pena entre o autor e partícipe.

Os Ministros do STF poderiam ter recorrido à literatura nacional, caso o anseio fosse distinguir entre autor e partícipe. Há autores entre nós que defendem *de lege lata* que nosso Código teria adotado uma «mescla entre a teoria unitária e a dualista (quer dizer: diferenciadora entre autor e partícipe)»,[49] e que a teoria do domínio do fato seria plenamente compatível com o art. 29, *caput,* CP.[50] Em 1984, com a inclusão da expressão «na medida da sua culpabilidade» teria ocorrido uma espécie de libertação da «camisa de força do simplismo causal»,[51] já que o art. 29, *caput*, CP seria uma decorrência direta da defesa da teoria da equivalência das condições em matéria de causalidade, expressa em nosso art. 13, *caput,* CP.[52] Nesse particular, recebemos direta influência italiana, desembaraçada em nossa alfândega pelas penas de Nelson Hungria.[53] Também na Itália, todavia, tenta-se buscar por via interpre-

---

Berlin/New York, 1973, p. 24 ff., p. 31 ff. (há tradução brasileira de Luís Greco: Roxin, *Política criminal e sistema jurídico-penal,* Rio de Janeiro-São Paulo, 2000); por último Dannecker, *Nullum crimen, nulla poena sine lege und seine Geltung im Allgemeinen Teil des Strafrechts,* Festschrift für Harro Otto, Köln/München, 2007, p. 25 e ss., 30 e ss. Há artigo a esse respeito em vias de publicação que me foi gentilmente cedido pelo autor: Moura, *As restrições ético-sociais à legítima defesa e o princípio da legalidade criminal.*

47 Ver Stratenwerth/Kuhlen, *Strafrecht, Allgemeiner Teil,* 6. ed., München, 2011, § 3, p. 37 e ss., p. 42 e ss.

48 Sobre o princípio da legalidade e o art. 29 ver a consideração de Ortiz, *Concurso,* p. 187.

49 Busato, *Direito penal,* São Paulo, 2013, p. 703 e s.

50 N. Batista, *Concurso de agentes,* 2. ed., Rio de Janeiro, 2004, p. 69 e ss.; Reale Jr., *Instituições de direito penal,* vol. I, 1. ed., Rio de Janeiro, 2002, p. 316 e ss.; Cirino dos Santos, *Direito penal,* Rio de Janeiro-Curitiba, 2006, p. 351 e ss.; mais recentemente ver Busato, *Direito penal,* p. 708 e ss., p. 711 e s.

51 N. Batista, *Concurso,* p. 25 e s. Assim também Reale Jr., *Instituições,* p. 319. Sobre a regra da comunicabilidade Ortiz, *Concurso,* p. 202 e ss.

52 Sobre a relação entre causalidade e a teoria da autoria e da participação ver as observações clássicas de Soler, *Derecho penal argentino II,* 5. ed., 1987, Buenos Aires, p. 275 e ss., p. 282 e ss.

53 Ver a exposição de Fragoso em Hungria/Fragoso, *Comentários ao Código Penal,* vol. 1, tomo II, Arts. 11 a 27, Rio de Janeiro, 1978, p. 624 e ss. Fragoso designa a teoria de Hungria, que se recusava a admitir distintas categorias de concurso na ação comum e que rejeitava, também, a teoria da acessoriedade da participação em sentido estrito, de «doutrina ortodoxa»

tativa, uma saída às injustiças decorrentes da bruta equiparação entre autor e partícipe sob o rótulo geral de «concorrentes». Bettiol, por exemplo, refere há tempos a teoria do domínio do fato e reforça a importância do conceito de autor em contraposição ao de partícipe,[54] buscando compatibilizar a lei italiana com um conceito restritivo de autor.[55]

De minha parte, sou menos otimista do que parte de nossa doutrina em relação aos arts. 29, 30 e 31 do CP. Não consigo enxergar aqui um sistema de autoria e participação, muito menos extrair conclusões da utilização dos termos escolhidos pelo legislador. O termo «concorrente» (art. 29, CP), em primeiro lugar, não parece significar autor em sentido técnico, mas sim participação em sentido amplo. Da mesma forma, o termo «participação de menor importância» (art. 29, § 1.º, CP) não parece conter sentido técnico, e «participação», aqui, não é cumplicidade ou instigação, mas, de novo, participação em sentido amplo.[56] Tampouco enxergo no art. 62, I, CP, que dispõe sobre as agravantes na determinação judicial da pena, uma previsão da autoria mediata,[57] especialmente porque esse dispositivo diz com a determinação judicial da pena e a distinção entre autor e partícipe é um problema de conteúdo do injusto, e não de merecimento de pena. É tarefa da doutrina e da jurisprudência desenvolver critérios para a fundamentação da distinção entre autor e partícipe, uma distinção que, se nosso legislador não realizou, também não proibiu. Apenas não me parece correto afirmar que o legislador *adotou* uma «teoria diferenciadora mitigada», ou que fez «concessões», na medida em que o legislador não fez simplesmente nada em termos sistemáticos. Apenas elencou diretrizes bem gerais e buscou se resguardar de determinados

---

(p. 624). Note-se que Fragoso já enunciava o critério do «domínio final do fato» como distintivo entre autoria e participação (p. 627).

54 Bettiol, *Diritto penale*, 7. ed., Padova, 1969, p. 509 e ss.

55 Bettiol, *Diritto penale*, p. 512; também Pagliaro, *Principi di diritto penale*, 7. ed., Milão, 2000, p. 535; Nappi, *Guida ao Codice Penale*, 2. ed., Milão, 2008, p. 585; Mantovani, *Diritto penale*, 6. ed., Milão, 2009, p. 503.

56 A teoria do domínio do fato foi mencionada em recente agravo regimental em recurso especial julgado pelo STJ, que parece ter entendido a «participação de menor importância» em sentido técnico, isto é, como cumplicidade ou instigação: «Não incide a minorante do art. 29, § 1.º, do Código Penal quando haja nítida divisão de tarefas entre os agentes envolvidos na prática delitiva, pois, cada qual possui o domínio do fato a ele atribuído, mostrando-se cada conduta necessária para a consumação do crime, situação caracterizadora de coautoria e não de participação de somenos importância» (AgRg no AREsp 163794-MS, rel. Min. Marco Aurélio Belizze, publicado em 02.10.2013). A discussão é antiga, mas aparece agora no contexto da teoria do domínio do fato.

57 Busato realiza interessante esforço no sentido de enxergar nas agravantes no concurso de pessoas uma «matização» da teoria unitária adotada no art. 29 do CP: Busato, *Direito penal*, p. 900. Ver também o esforço igualmente interessante de Gueiros Souza e Japiassú, que buscam ver no art. 62, I, CP, uma espécie de reconhecimento da teoria do domínio do fato, Gueiros Souza/Japiassú, *Curso de direito penal*, Rio de Janeiro, 2012, p. 292 e ss.

problemas – como, especialmente, a necessidade de redução de pena para contribuições «menos importantes» (art. 29, § 1.º), a proibição da comunicação de circunstâncias pessoais no art. 30, CP (abaixo III. 6) e o art. 31, que exige o início da execução do crime para que se puna o auxílio, o ajuste, a determinação ou instigação. Nada mais do que isso.

Também o tom de novidade em torno da teoria do domínio do fato é, em princípio, injustificado – já indicamos tratar-se de uma quinquagenária em sua formulação atual. Logo após a reforma de 1984, já se falava no Brasil em «domínio do fato», em «diferentes graus de participação», em razão da expressão «na medida de sua culpabilidade» inserida no art. 29, *caput*, CP. Ocorre que a expressão «domínio do fato» não era utilizada em sua acepção mais técnica.[58] A teoria do domínio do fato distingue autor de partícipe no plano do tipo, e não no grau de reprovação ou no merecimento de pena dos intervenientes. Chegou-se mesmo a afirmar: «O critério que, agora mais nitidamente, preside à configuração das circunstâncias do concurso de pessoas, que agravam a pena, é o *domínio do fato*»[59] e também que: «Maior, todavia, a culpabilidade, quanto maior for o domínio do fato (...)».[60] Por essa razão, a título de exemplo, o «induzimento» não poderia estar ao lado do «comando».[61] Essa interpretação inicial, precursora em nosso direito, embora correta se bem compreendida, talvez induza ao equívoco de que a distinção entre autor e partícipe só seja relevante para a medição de pena. A distinção *pode ser* relevante para a medição de pena, mas como consequência de considerações anteriores ligadas ao injusto do autor e ao injusto do partícipe. Quem empresta a arma pratica injusto menor do que aquele que dispara mortalmente com as próprias mãos e, por isso, o segundo merece maior pena. É preciso separar o «grau de culpabilidade», «o merecimento de pena», da teoria do domínio do fato: aquelas duas considerações são apenas influenciadas por esta.

As pistas até aqui colhidas nos dão conta, no entanto, que a razão para a utilização da teoria do domínio do fato não foi a necessidade de se distinguir entre autores e partícipes. A busca por critérios distintivos entre autor e partícipe é louvável e representa um esforço dogmático permitido pela redação de nosso art. 29, *caput*, CP, mas não se pode utilizar a teoria do domínio do fato, de nenhuma forma e em linguagem bastante clara, para transformar o que seria absolvição em condenação. Caso tenha sido essa a intenção do STF, ocorreu, como já foi dito, uma malversação da teoria. Mais do que isso, haverá uma violação do princípio da legalidade, na medida em que a redação

---

58 Reale Jr./Dotti/Andreucci/Moraes Pitombo, *Penas e medidas de segurança no novo Código*, 2. ed., Rio de Janeiro, 1987, p. 181 e ss.

59 Reale Jr./Dotti/Andreucci/Moraes Pitombo, p. 182.

60 *Idem, ibidem.*

61 *Idem, ibidem.*

amplíssima do art. 29, *caput*, CP determina o *limite mínimo da imputação* de fatos a sujeitos, a saber: a existência comprovada de uma contribuição (ação ou omissão) causal.

É possível enunciar uma primeira conclusão a respeito do problema da compatibilidade da teoria do domínio do fato com o nosso art. 29, *caput*, CP, problematizada na AP 470. É correto afirmar que a teoria do domínio do fato, como teoria que visa única e exclusivamente a distinguir autor de partícipe, é compatível com o art. 29, *caput,* CP. Mas essa não é a pergunta fundamental que deve ser feita diante da decisão da AP 470. A pergunta correta é pelas *razões* da utilização da teoria do domínio do fato. É equivocado considerar a teoria do domínio do fato como uma tese que fundamenta a punição de um sujeito que, sem ela, seria absolvido, ou que a teoria diz apenas com a dosimetria ou com o merecimento de pena dos acusados. Diante de nossa regulação legislativa da autoria e da participação, a teoria do domínio do fato pode cumprir apenas uma *função limitadora da responsabilidade*, no sentido de determinar que aquele que seria, nos termos da lei, um «concorrente», possa ser um «partícipe em sentido estrito (cúmplice ou instigador)». Essa distinção encontraria, todavia, uma barreira noutro equívoco grave de nosso Código: não há redução de pena obrigatória para a participação em sentido estrito, de forma que essa distinção perderia em muito o seu sentido, sobrando apenas a possibilidade de postular uma redução (facultativa) de pena por via do art. 29, § 1.º (participação de menor importância) ou do art. 66 (atenuante genérica) do CP.[62] De toda a forma, se o recurso à teoria do domínio do fato pareceu a alguns Ministros do STF como instrumento necessário, tal se deveu a outras razões, que não à distinção entre autor e partícipe.

3. Confusão entre domínio do fato e domínio da organização

De novo, é preciso procurar as *razões* do recurso à teoria do domínio do fato. A maior confusão observável na decisão da AP 470 parece, realmente, ter sido entre gênero e espécie, ou seja, entre teoria do domínio do fato e teoria do *domínio da organização*. Como já afirmei, em conjunto com Greco, em outra sede e em maiores detalhes,[63] a ideia de domínio da organização é uma decorrência da ideia mais geral da teoria do domínio do fato, segundo a qual

62 Sobre a participação de menor importância me manifestarei abaixo (IV, 1). Ver Greco/Teixeira, neste volume, p. 24 e ss.

63 Greco/Leite, neste volume, p. 24 e ss.; ver também no Brasil Busato, *Direito penal*, p. 714 e ss.; B. Camargo, Sobre o domínio do fato no contexto da criminalidade empresarial, *RBCC* 102 (2013), p. 365 e ss., p. 382 e ss., p. 389.

o autor é a «figura central do acontecer típico».[64] Há, segundo Roxin,[65] três formas de «dominar o fato», a saber: o domínio da ação, o domínio funcional do fato e o domínio da vontade. A vontade do executor imediato pode ser «dominada» nos casos em que ele é induzido a erro ou coagido, mas também nos casos do chamado «domínio da organização». Nestes casos, o «homem de trás», (a) por dominar um aparato organizado de poder desvinculado da ordem jurídica[66] e (b) possuir poder de mando, (c) pode emitir ordens que serão cumpridas por executores fungíveis,[67] e é exatamente o domínio dessa

---

64 GRECO/LEITE, neste volume, cit. Há várias informações no estudo de FIGUEIREDO DIAS, Autoria e participação no domínio da criminalidade organizada: alguns problemas, em: FIGUEIREDO DIAS, *Questões fundamentais do direito penal revisitadas,* São Paulo, p. 355 e ss.

65 A *teoria do domínio da organização* é criação original de Roxin, publicada pela primeira vez em 1963. Em razão disso é que enuncio os critérios por ele estipulados. Naturalmente, há discussão posterior à publicação do artigo de Roxin a respeito dessa figura – mas anterior, não há: ROXIN, *Straftaten im Rahmen organisatorischer Machtapparate*, GA 1963, p. 193 e ss.; *Täterschaft*, p. 242 e ss.; *Probleme von Täterschaft und Teilnahme bei der organisierten Kriminalität, Festschrift für Grünwald,* Baden Baden, 1999, p. 549 e ss.; *Anmerkungen zum Vortrag von Prof. Herzberg,* em: AMELUNG (coord.), *Individuelle Verantwortung und Beteiligungsverhältnisse bei Straftaten in bürokratischen Organisationen des Staates, der Wirtschaft und der Gesellschaft,* Sinzheim, 2000, p. 55 e ss.; *Mittelbare Täterschaft kraft Organisationsherrschaft,* NStZ Sonderheft für Schäfer, München, 2002, p. 52 e ss. (há trad. brasileira, *Autoria mediata por meio do domínio da organização*, trad. Tavares Lobato, em: L. GRECO/TAVARES LOBATO (coords.), *Temas de direito penal.* Parte General, Rio de Janeiro/São Paulo/Recife, 2008, p. 323 e ss.); *Organisationsherrschaft als eigenständige Form mittelbarer Täterschaft, SchwZStr* 125 (2007), p. 1 e ss. (há trad. brasileira, O domínio por organização como forma independente de autoria mediata, trad. Aflen da Silva, *Revista Panóptica*, ano 3 vol. 17 (2009), p. 69 e ss.); *Organisationsherrschaft und Tatentschlossenheit, Festschrift für Schroeder*, Heidelberg, 2006, p. 387 e ss.; AT II, § 25 nm. 105 e ss.; *Bemerkungen zum Fujimori-Urteil des Obersten Gerichtshofs in Peru*, ZIS 2009, p. 565 e ss. (há tradução brasileira: Observações sobre a decisão da Corte Suprema peruana no caso Fujimori, trad. A. Leite, in *RBCC* 91, 2011, p. 11 e ss.); *Organisationssteuerung als Erscheinungsform mittelbarer Täterschaft* em: AMELUNG *et alii* (coords.), *Festschrift für Krey,* Stuttgart, 2010, p. 449 e ss.; *Zur neuesten Diskussion über die Organisationsherrschaft*, GA 2012, p. 395 e ss. Ver sobre o desenvolvimento da discussão em detalhes SCHÜNEMANN, *Schrumpfende Basis, wuchernder Überbau? Zum Schicksal der Tatherrschaftsdoktrin nach 50 Jahren*, em: HEINRICH *et alii* (coords.), *Festschrift für Roxin zum 80.* Geburtstag, Berlin/New York, 2011, p. 799 e ss., p. 799.

66 Roxin nega com veemência a aplicação dessa teoria a empresas e outras organizações estruturadas conforme o direito. O BGH e alguns autores, no entanto, aceitam essa extensão: A favor BGHSt 40, 218, 237; no mesmo sentido HEFENDEHL, *Tatherrschaft im Unternehmen aus kriminologischer Perspektive*, GA 2004, p. 575 e ss. (586); NACK, *Mittelbare Täterschaft durch Ausnutzung regelhafter Abläufe*, GA 2006, p. 342 e ss. Contrário, igualmente, SCHÜNEMANN, *Festschrift Roxin*, p. 799 e ss., p. 803. Em língua espanhola ver CABANA, *Responsabilidad penal del dirigente en estructuras jerárquicas*, Valencia, 2004, p. 305 e ss.

67 Sobre esse requisito há também larga discussão: ROTSCH, Tatherrschaft kraft Organisationsherrschaft?, *ZStW* 112 (2000), p. 518 e ss. (p. 527 e ss.); *Neues zur Organisationsherrschaft,* NStZ 2005, p. 13 e ss. (p. 16); «Einheitstäterschaft» statt Tatherrschaft, Tübingen, 2009, p. 324 e ss.; HERZBERG, *Mittelbare Täterschaft und Anstiftung in formalen Organisationen*, em: AMELUNG (coord.), *Individuelle Verantwortung und Beteiligungsverhältnisse bei Straftätern in bürokratischen Organisationen des Staates, der Wirtschaft und der Gesellschaft*, 2000, p. 33 e

estrutura organizacional com funcionamento automático que o transformaria, segundo Roxin, em autor mediato dos delitos perpetrados pelos executores imediatos. Haveria, assim, a figura do «autor por trás do autor», ocorrendo uma espécie de mitigação do chamado «princípio da autorresponsabilidade».[68] Essa tese não é incontroversa,[69] e foi construída para casos em que a organização atua completamente apartada do direito, como estados totalitários, organizações criminosas, máfias, etc. No interior dessas estruturas, diferentemente de o que ocorre em uma empresa, o superior tem a certeza de que ordens ilegais e criminosas serão cumpridas: sempre haverá um inferior servil e fungível. A ideia de domínio da organização percorreu trajetória internacional de enorme sucesso.[70] A teoria foi utilizada no julgamento do ex-presidente peruano Alberto Fujimori, em decisão dogmaticamente exemplar, que aplicou corretamente a teoria do domínio da organização.[71] A maior discussão atual é sobre se esse desdobramento da teoria do domínio do fato – que não se

---

ss. (p. 37 e s.); *Antwort auf die Anmerkung von Prof. Dr. Roxin*, no mesmo volume, p. 57 e ss. (p. 58 e ss.).

[68] Ver Greco, *Domínio da organização...*, neste volume, p. 203.

[69] Vários autores recusam essa teoria: Köhler, *Strafrecht Allgemeiner Teil,* Berlin, 1997, p. 510 e s.; Jakobs, *Anmerkung zu BGHSt* 40, 228, NStZ 1995, p. 26 e s.; Jescheck/Weigend, *Strafrecht Allgemeiner Teil,* 5. ed. Berlin, 1996, § 62 II 8 (p. 664 e s., 670); Murmann, *Tatherrschaft durch Weisungsmacht*, GA 1996, p. 269 e ss. (p. 273 e ss., 275); Rotsch, *Die Rechtsfigur des Täters hinter dem Täter bei der Begehung von Straftaten im Rahmen organisatorischer Machtapparate und ihre Übertragbarkeit auf wirtschaftliche Organisationsstrukturen*, NStZ 1998, p. 491 e ss.; Otto, *Täterschaft kraft organisatorischen Machtapparates*, Jura 2001, p. 753 e ss. (p. 756, 757); Renzikowski, *Restriktiver Täterbegriff und fahrlässige Beteiligung*, Tübingen, 1997, p. 89. Ver as respostas de Roxin, *Täterschaft*, p. 704 e ss.

[70] Sobre a situação argentina, com ulteriores informações, ver Ambos, *Tatherrschaft durch Willensherrschaft kraft organisatorischer Machtapparate*, GA 1998, p. 226 e ss. (p. 238). Sobre o caso Fujimori no Peru, ver os estudos publicados na ZIS 2009: Rotsch, *Von Eichmann bis Fujimori – Zur Rezeption der Organisationsherrschaft nach dem Urteil des Obersten Strafgerichtshofs Perus*, p. 549 e ss.; Ambos, *Politische und rechtliche Hintergründe des Urteils gegen den ehem. Peruanischen Präsidenten Alberto Fujimori* p. 552 e ss.; Roxin, *Bemerkungen zum Fujimori-Urteil des Obersten Gerichtshofs in Peru*, p. 565 e ss.; Schroeder, *Tatbereitschaft gegen Fungibilität*, p. 569 e ss.; Jakobs, *Zur Täterschaft des Angeklagten Alberto Fujimori,* p. 572 e ss.; Herzberg, *Das Fujimori-Urteil: Zur Beteiligung des Befehlsgebers an den Verbrechen seines Machtapparates,* p. 576 e ss; Caro Coria, *Sobre la punición del ex presidente Alberto Fujimori. Fujimori como autor mediato de una organización criminal estatal,* p. 581 e ss.; García Cavero, *La autoría mediata por dominio de la voluntad en aparatos de poder organizados: El caso de Alberto Fujimori,* p. 596 e ss.; Meini, *La autoría mediata por dominio de la organización en el caso Fujimori. Comentario a la sentencia de fecha 7.4.2009* (Exp. a.v. 19 – 2001) emitida por la Sala Penal especial de la Corte Suprema p. 603 e ss.; Pariona, *La autoría mediata por organización en la Sentencia contra Fujimori*, p. 609 e ss.; van der Wilt, *On Functional Perpetration in Dutch Criminal Law. Some reflections sparked off by the Case against the former Peruvian president Alberto Fujimori,* p. 615 e ss. Sobre sua adoção no Direito Penal Internacional ver Ambos, *Der Allgemeine Teil des Völkerstrafrechts,* Berlin, 2002, p. 365 e ss, p. 590 e ss., p. 613.

[71] Referências na nota de rodapé acima.

confunde, assim, com ela – pode ser aplicada também a sociedades ou pessoas jurídicas constituídas conforme o direito, como empresas e partidos políticos.[72]

Um detalhe pode ser esclarecedor. Ministros do STF citaram indistintamente o termo «domínio final do fato», atribuído corretamente a Welzel. Pois precisamente Welzel, a quem se atribui um dos grandes passos no desenvolvimento da teoria do domínio do fato, defendeu a ideia de domínio do fato sem defender a ideia de domínio da organização.[73] As ideias, embora ligadas pela relação gênero espécie, são independentes, e reduzir uma a outra significa desconhecer completamente o que se está a afirmar.

Aqui reside, provavelmente, a primeira pista da *verdadeira razão* do recurso dos Ministros do STF à teoria do domínio do fato – em verdade, teoria do domínio da organização. Em vários momentos, nossos Ministros fizeram referência à teoria do domínio do fato quando estavam, na verdade, querendo referir-se à teoria do domínio da organização, e assim acreditavam poder *fundamentar a punição de determinados acusados que gozavam de posições hierárquicas de destaque*. Afinal, a teoria do domínio da organização, de fato, propõe-se a tratar do problema da responsabilização penal de sujeitos que gozam de poder de mando, dentro, evidentemente, dos limites para os quais foi concebida. Sobre a confusão entre domínio do fato e domínio da organização na AP 470, é relevante ler a intervenção do Min. Ricardo Lewandowski, f. 56.816 e ss.: «(...) eu não disse que a Teoria do Domínio do Fato se aplicaria apenas em momentos de anormalidade institucional. O que eu disse é que ela se aplica a situações excepcionais». A sequência da manifestação do Ministro confirma a confusão, na medida em que enuncia como requisito para aplicação da teoria do domínio do fato a «fungibilidade do agente imediato que perpetra o crime» (f. 56.816 e ss.):

> «O que é esse requisito da fungibilidade? Segundo este requisito, o agente final, o agente imediato que perpetra o crime deve ser fungível, como acontece nas grandes organizações criminosas. Ou seja, eu disse, na minha fala, que esta é uma teoria que se aplica, por exemplo, aos crimes da máfia, a exemplo daquele que está na ponta final de todo o sistema. Digamos assim, aquele que trafica drogas, é um caso típico, o chamado "aviãozinho" ou "mula", ele pode ser fácil e simplesmente substituído por outro agente.» (f. 56.816 e ss.)

Corretamente, no entanto, o Min. Celso de Mello, f. 56.822 e ss.:

> «Essa orientação é consagrada pela doutrina e vem evoluindo no sentido de reconhecer, na discussão do tema pertinente ao concurso de pessoas, a noção de domínio da organização, que representa umas das vertentes em que se pluraliza a teoria do domínio do fato, notadamente como critério teórico, fundado no

---

[72] Sobre essa discussão GRECO/LEITE, neste volume, p. 27 e ss.

[73] So z. B. WELZEL, *Das deutsche Strafrecht*, 11. ed., Berlin, 1969, p. 98 e ss. (100); assim também JESCHECK/WEIGEND *Strafrecht*, § 62 II 8 (p. 670).

domínio da vontade, que permite formular o conceito de autor mediato, o qual, atuando na cúpula da organização criminosa, comanda a vontade do agente incumbido do cometimento direto da prática delituosa.»

Novamente em debate oral com o Min. Celso de Mello (f. 56.838 e ss.), especialmente sobre o requisito da fungibilidade, afirmou o Min. Ricardo Lewandowski:

> «Mas, naquele momento em que me pronunciei, eminente Decano, eu disse que não via, no caso presente, o requisito da fungibilidade; muito pelo contrário, eu entendia que os réus tinham nome, sobrenome, RG e endereço, e a suposta propina foi sempre endereçada a presidentes e líderes de partidos. Portanto, não há falar aqui, pelo menos na minha visão, eminente Ministro Celso de Mello, na presença do requisito da fungibilidade; e, por via de consequência, para mim, falta um dos requisitos essenciais, segundo a doutrina de Roxin, para aplicar a Teoria do Domínio do Fato.» (f. 56.839)

O Min. Ricardo Lewandowski absolveu o acusado José Dirceu pelo delito de corrupção ativa (f. 56.565 e ss.), afirmando que «a teoria do domínio do fato não se aplica ao caso sob exame» (f. 56.568 e s.).

Nesse ponto, a confusão transita em julgado. «Teoria do domínio do fato», nos trechos acima, é sinônimo de «teoria do domínio da organização». É possível compreender o recurso à teoria do domínio da organização, assim, como uma tentativa de transformar em autores (mediatos) de delitos praticados no interior de estruturas organizacionais, aqueles que não cometem os fatos *com as próprias mãos*, mas por meio de outrem, ou, como veremos adiante (abaixo III. 4), aqueles que tinham conhecimento dos fatos e deveriam, em razão disso, evitá-los.

Ocorre que essa tentativa, além de demandar um esforço argumentativo ausente na decisão, só é compreensível a partir de um sistema diferenciador de autoria e participação. Afinal, se é correto dizer que a teoria do domínio da organização agrava a responsabilidade penal, é incorreto – o velho equívoco – afirmar que, com ela, se transforma, em bom português, absolvição em condenação. Sem a teoria do domínio da organização, e em um sistema que diferencia autor e partícipe, os «homens de trás» seriam instigadores dos delitos, ou seja, também seriam puníveis. O efeito jurídico da adoção da teoria do domínio da organização é transformar esses instigadores em autores mediatos. Intuitivamente, e é esse raciocínio que está por trás da teoria, seria incorreto afirmar que as ordens de extermínio de Hitler eram apenas atos de um instigador das execuções que se consumavam pelas mãos de soldados obedientes já fora do *bunker*.[74] Em breve resumo, a adoção da teoria do domínio da organização apenas transforma cúmplices e instigadores em autores mediatos,

[74] Mais referências sobre a figura do domínio da organização em GRECO/LEITE, neste volume, p. 27 e ss.

e, além disso, não significa uma transferência de responsabilidade de baixo para cima, na medida e que os autores imediatos permanecem sendo autores (imediatos), e como tal devem ser apenados. Num sistema que contém um art. 29, *caput*, CP, bastaria provar uma ação ou omissão causal no sentido amplo da *conditio sine qua non* (art. 13, *caput*, CP).

A confusão terminológica e material persiste em outros votos. O Min. Ayres Britto, ao se referir ao acusado José Dirceu (f. 56.180 e ss.), enunciou o conceito de autoria mediata: «Isto, em larga medida, pelo fundamento de que autor de um delito não é apenas o agente que realiza a figura típica, mas também aquele que detém o domínio da vontade e das ações daqueles que executam o núcleo objetivo do tipo penal». E prossegue:

> «Ainda na fase pré-processual, consignei que a teoria do domínio do fato, na linha de votos que antecederam a minha manifestação, permitiria a compreensão da setorização das ações dos agentes listados na denúncia e a localização do divisor de águas entre aquelas condutas próprias do cargo e aquelas ilícitas, cometidas em razão do cargo (ou com o abuso dele). E o fato é que, a meu aviso, a relevância do papel desempenhado por José Dirceu no Governo Federal (ele era o 2.º homem mais poderoso do Governo) garantiria às instituições financeiras, e às agências de publicidade e propaganda participantes do esquema, que elas nunca seriam fiscalizadas (como de fato não o foram, até que o esquema fosse desvendado) e que também seriam beneficiadas (como foi o caso do BMG).» (f. 56.181 e s.)
>
> «(...) Acresce que não há dúvidas razoáveis de que José Dirceu concorreu (e tinha pleno conhecimento) para os delitos impulsionados pelos agentes do núcleo político. Na verdade, a meu aviso, este primeiro denunciado detinha o controle finalístico sobre a ação dos denunciados integrantes dos núcleos financeiro e publicitário. Com efeito, o que se tem dos autos é que o denunciado José Dirceu tinha mesmo o domínio intelectual das ações dos demais acusados, naquilo em que dirigidas para o levantamento de numerário para o pagamento de dívidas e de "mesadas" a parlamentares da base aliada.» (f. 56.183)

O Min. Ayres Britto, nas f. 56.585 e ss., refere-se novamente à teoria do domínio do fato e menciona, agora, a ideia de *fungibilidade*:

> «Agora, essa Teoria do Domínio do Fato pode ser compreendida no plano da fungibilidade, que é da substituição do agente, como também da infungibilidade: o agente não pode ser substituído. Então, quem não podia ser substituído nesse esquema, sob pena de fazer o esquema ruir? Quem era o regente da orquestra? O mais insubstituível ou infungível de todos. A Teoria do Domínio do Fato conduz, também, a esse raciocínio.»

Vez mais, não é a teoria do domínio do fato que conduz a esse raciocínio – que, de resto, é equivocado em termos de conteúdo[75] –, mas a teoria do domínio da organização.

Também o Min. Joaquim Barbosa fez referência à teoria do domínio do fato ao condenar José Dirceu pelo delito de corrupção ativa (destaquei, f. 56.226 e ss.): «A meu sentir, está comprovado que o acusado José Dirceu controlava os destinos da empreitada criminosa, especialmente mediante seus braços executores mais diretos, senhores Marcos Valério e Delúbio Soares, com a colaboração do denominado «núcleo financeiro». José Dirceu detinha o domínio final dos fatos. *Em razão do cargo elevadíssimo* que exercia à época dos fatos, o acusado José Dirceu atuava em reuniões fechadas, jantares, encontros secretos, executando os atos de comando, direção, controle e garantia do sucesso do esquema criminoso, executado mediante divisão de tarefas em que as funções de cada corréu encontrava nítida definição» (a referência em caixa alta consta da decisão do Ministro). Em um segundo momento, em manifestação oral, o Min. Joaquim Barbosa realizou outra afirmação relevante do ponto de vista da distinção entre autor e partícipe no direito penal (f. 56.842): «Senhor Presidente, já faz algum tempo que eu proferi o meu voto, precisamente uma semana, mas eu creio ter deixado bastante claro, bastante explícito que o autor intelectual, o mandante, o controlador, o organizador é autor, e não partícipe.» Uma consulta das fontes revelaria o contrário do que afirmou o Ministro: para a teoria do domínio do fato, o «autor intelectual», o «mandante», são em regra partícipes (instigadores), e não autores.[76]

Bastam as citações. A repetida confusão conceitual ocorrida na AP 470 não significa mera disputa por palavras ou preciosismo conceitual de uma dogmática hiper-refinada. Ainda que assim o fosse, precisão conceitual é o que se espera de uma Corte Suprema. Nesse caso, no entanto, a utilização da categoria do domínio da organização exigiria do STF um esforço argumentativo duplo, inexistente na decisão da AP 470. O primeiro seria (a) o de explicar a pergunta relacionada à *legitimidade* da categoria do domínio da organização em organizações conforme ao direito, como é o caso da Casa Civil, órgão da Presidência da República, e o caso do Partido dos Trabalhadores, um partido político ainda existente e que assume, como todos, a forma de pessoa jurídica de direito privado (art. 1.º da Lei 9.096/1995). O segundo esforço (b) seria, por assim dizer, um *esforço de subsunção*. O STF teria de verificar se, superada a

---

[75] Afinal, a fungibilidade do homem da frente, que ainda assim atua de forma autorresponsável, justifica a qualidade de autor mediato do homem de trás pelo domínio que a execução automática dos fatos proporciona, não sendo de nenhum de modo possível inverter o argumento e determinar a autoria pela suposta «infungibilidade» do homem de trás.

[76] Em favor do Min. Joaquim Barbosa, é possível dizer que esse pecado original se deve a D. de Jesus (cf. GRECO/LEITE, neste volume, p. 37 e ss.). A ciência brasileira, como afirmarei adiante, deve aproveitar essa oportunidade para reavaliar o seu papel.

pergunta sobre a legitimidade da categoria, os seus requisitos acima mencionados estariam presentes no caso concreto, a saber: se o sujeito da cúpula emitiu ordens e se essas ordens obteriam cumprimento automático diante da existência de executores imediatos fungíveis. Nenhum dos dois esforços está presente na decisão da AP 470. A mera referência ao domínio da organização, que aparece sob o falseado manto de «teoria do domínio do fato», é vazia de conteúdo e equivale à absoluta ausência de fundamentação. Ao menos temos um primeiro indicativo da verdadeira razão pela qual alguns Ministros lançaram mão da teoria do domínio do fato: a busca era por argumentos em favor da responsabilidade penal de sujeitos em posição de destaque.

4. Domínio do fato, posição de comando e responsabilidade do superior por fato de terceiros

Uma das maiores preocupações presentes na AP 470, como se viu, era a fundamentação da responsabilidade de acusados que detinham posição de destaque em estruturas organizacionais (no governo, em partidos políticos, em bancos). A teoria do domínio do fato, tal como equivocadamente aplicaram alguns Ministros do STF, parece ser aplicável apenas a esses casos, como se o autor imediato, aquele que aperta o gatilho, não possuísse, por sua vez, também o «domínio do fato».[77] O termo *domínio do fato* surge na decisão em contextos que tornam válida a seguinte inferência: domínio do fato foi utilizado como um substituto para a afirmação de uma responsabilidade penal decorrente da posição hierárquica de determinado sujeito. O sujeito teria o domínio do fato porque estaria em posição de destaque em determinada estrutura hierárquica, e seria responsável por tudo o que ocorre no interior dessa estrutura, ainda que ano tenha praticado o fato «com as próprias mãos». Esse modo de pensar, exposto de forma solta, é equivocado e nada tem a ver com a teoria do domínio do fato. Foi nesse sentido, todavia, que alguns Ministros do STF parecem ter compreendido a teoria. Há uma série de concepções que buscam fundamentar a responsabilidade do superior, nenhuma delas, porém, possui o nome de «teoria do domínio do fato».

Os Ministros do STF parecem ter amalgamado uma série de figuras, como, além do «domínio da organização» (acima III, 3), a *command responsability*[78] do direito penal internacional ou a responsabilidade do superior por

---

[77] Sobre o domínio da própria ação como exemplo clássico de domínio do fato Greco/Leite, neste volume, p. 25 e ss.

[78] Weigend, *Zur Frage eines «internationalen» Allgemeinen Teils*, em: Schünemann *et alii.* (coords.), *Festschrift für Roxin*, Berlin/New York, 2001, p. 1375 e ss. (p. 1397); Ambos, *A parte geral do direito penal internacional*, trad. Japiassu/Raisman, São Paulo, 2008, p. 347; Ambos, *Internationales Strafrecht*, 3. ed., München, 2011, § 7, nm. 59.

fatos de seus subordinados,[79] bastante discutida atualmente, e que não passa de uma imputação por omissão imprópria (art. 13, § 2.º, CP), o que exige a fundamentação de uma *posição de garantidor do superior hierárquico.*

A figura, por exemplo, da *command responsibility* ou responsabilidade do superior foi desenvolvida no contexto dos e para os crimes do direito penal internacional. Até nesse contexto ela é duvidosa e a sua extensão a outros delitos seria de todo impossível.[80] Nesse contexto, aos acusados que gozavam de posição de comando e de coordenação foram adscritos deveres de controle e de observação. Essa categoria foi desenvolvida especialmente na decisão conhecida como Yamashita e foi igualmente utilizada no julgamento de Nurembergue.[81] Em termos dogmáticos, o que ocorre é uma espécie de «ampliação do âmbito de responsabilidade»[82] a partir do reconhecimento de uma punição por omissão do superior.[83] Segundo K. Ambos, por exemplo, trata-se de uma punição por omissão própria, decorrente da violação de um dever funcional.[84] São vários os problemas dessa categoria, como, por exemplo, se basta a exigência subjetiva de conhecimento potencial dos fatos cometidos pelos subordinados,[85] a exigência de um efetivo controle sobre o curso causal[86] etc. Há também a previsão no art. 28 do Estatuto de Roma, admitindo que superiores civis sejam responsabilizados,[87] mas exigindo

---

79 Roxin, AT II, § 32, nm. 133; Bottke, *Haftung aus Nichtverhütung von Straftaten Untergebener in Wirtschaftsunternehmen de lege lata*, Berlin, 1993, p. 68 e s.; Karsten, *Die strafrechtliche Verantwortlichkeit des nicht-militärischen Vorgesetzten*, p. 176 e ss., p. 179 e ss.; Spring, *Die strafrechtliche Geschäftsherrenhaftung*, Hamburg, 2009, p. 44, p. 55, p. 136 e ss., p. 238 e s.; Schall, *Grund und Grenzen der strafrechtlichen Geschäftsherrenhaftung, Festschrift für Hans-Joachim Rudolphi*, Neuwied, 2004, p. 267 e ss; Demetrio Crespo, *Responsabilidad penal por omisión del empresário*, Madri, 2009, p. 50 e ss., p. 93 e ss.; Walter, *Die Pflichten des Geschäftsherrn im Strafrecht*, Frankfurt am Main, 2000, p. 140 e ss., p. 144 e s., p. 155 f.; Hsü, *Garantenstellung des Betriebsinhabers zur Verhinderung strafbarer Handlungen seiner Angestellten?*, Pfaffenweiler, 1986, p. 241 e ss., p. 250 e ss.; Schilha, *Die Aufsichtsratstätigkeit in der Aktiengesellschaft im Spiegel strafrechtlicher Verantwortung*, Berlin, 2008, p. 105 e ss., p. 161 e ss.; Schubarth, *Zur strafrechtlichen Haftung des Geschäftsherrn*, SchwZS 1976, p. 370 e ss.

80 Ambos, *Der Allgemeine Teil des Völkerstrafrechts*, Berlin, 2002, p. 666 e ss.

81 Ambos, *Der Allgemeine Teil des Völkerstrafrechts,* p. 97 e ss. Em detalhes, Karsten, *Die strafrechtliche Verantwortlichkeit*, p. 29 e ss.

82 Ambos, *Der Allgemeine Teil des Völkerstrafrechts,* p. 101, p. 366 e s.

83 Ambos, *Der Allgemeine Teil des Völkerstrafrechts,* p. 106, p. 365, p. 667 e ss. Ver também Berster, *Die völkerstrafrechtliche Unterlassungsverantwortlichkeit,* München, 2008, p. 91 e ss.; Grimminger, *Die allgemeine Unterlassungshaftung im Völkersrafrecht*, Frankfurt am Main, 2009, p. 101 e ss.

84 Ambos, *Der Allgemeine Teil des Völkerstrafrechts*, p. 669 e s.

85 Ambos, *Der Allgemeine Teil des Völkerstrafrechts*, p. 147, p. 692 e ss.; Karsten, *Die strafrechtliche Verantwortlichkeit*, p. 43 e ss.

86 Karsten, *Die strafrechtliche Verantwortlichkeit*, p. 29 e ss. (59 e s.): a prova de um efetivo poder de comando é, em âmbitos não militares, como empresas, «difícil de se produzir».

87 Karsten, *Die strafrechtliche Verantwortlichkeit*, p. 29 e ss. (59 e ss.).

maior cuidado na afirmação do elemento subjetivo (efetivo conhecimento dos fatos).[88] Sua pura e simples transposição seria problemática, e, aparentemente, sequer foi buscada pelo STF, que se contentou em se referir, sem mais, à teoria do domínio do fato.

Já o problema da posição de garantidor do empresário pelos crimes cometidos por subordinados, uma estrutura de imputação a que o STF poderia ter recorrido para responsabilizar os sujeitos em posições de comando, foi recentemente decidido pelo tribunal alemão, que problematizou se o superior teria o dever de evitar fatos puníveis cometidos pelos inferiores (BGHSt 57, p. 42 e ss.).[89] A distinção entre a forma comissiva e omissiva não é capricho dogmático. Além da necessidade da posição de garantidor (art. 13, § 2.º, CP), que é de difícil fundamentação jurídica,[90] a causalidade e a imputação nos delitos omissivos diferem em parte daquelas presentes nos delitos comissivos.[91] A autoria e a participação, diz-se em geral, devem ser construídas de forma diversa nos delitos omissivos.[92] É preciso sempre, assim, identificar qual é a conduta, se comissiva, se omissiva, imputada ao sujeito. Dessa identificação pode depender a diferença entre uma condenação e uma absolvição.

Sobre esse aspecto da utilização da «teoria do domínio do fato» para fundamentar, em verdade, uma imputação omissiva em relação aos sujeitos da cúpula (ou seja, uma responsabilidade penal por fato de terceiro), é interessante ver as considerações da Min. Rosa Weber sobre o núcleo financeiro e a responsabilidade dos dirigentes do Banco Rural pelo delito de gestão fraudulenta de instituição financeira (art. 4.º da Lei 7.492/1986):

> «Entretanto, diversa a situação quando se apontam comportamentos típicos praticados por uma pessoa jurídica. Aí, necessário apenas verificar pelo contrato social ou, na falta deste, pela realidade factual, quem detinha o poder de mando no sentido de direcionar as atividades da empresa.» (f. 52.775)
>
> «Importante salientar que, nesse estreito âmbito da autoria nos crimes empresariais, é possível afirmar que se opera uma presunção relativa de autoria dos dirigentes. Disso resultam duas consequências: a) é viável ao acusado comprovar que inexistia o poder de decisão; b) os subordinados ou auxi-

---

88 Ambos, *Der Allgemeine Teil des Völkerstrafrechts*, p. 506.

89 A esse respeito os comentários de Bülte, *Die Beschränkung der strafrechtlichen Geschäftsherrenhaftung auf die Verhinderung betriebsbezogener Straftaten*, NZWiSt 2012, p. 176 e ss.; Mansdörfer/Trüg, Umfang und Grenzen der strafrechtlichen Geschäftsherrenhaftung, StV 2012, p. 432 e ss.; Roxin, JR 2012, p. 303 e ss., p. 305 e ss.

90 Ver, além da nota anterior, os comentários gerais de Kasiske, *Wirtschaftsstrafrecht*, Stuttgart, 2013, p. 4 e ss. E Wittig, *Wirtschaftsstrafrecht*, München, 2010, p. 47 e ss., p. 52 e ss.

91 Em detalhes, Tavares, *Teoria dos crimes omissivos*, São Paulo, 2012, p. 364 e ss. (p. 378 e ss.); Greco, ZIS 2011, p. 674 e ss.

92 Assim o estudo clássico Androulakis, *Studien zur Problematik der unechten Unterlassungsdelikte,* München, 1963, p. 162 e ss. (164 e s.). No Brasil ver a monografia de Tavares, *Teoria dos crimes omissivos,* p. 404 e ss.

liares que aderiram à cadeia causal não sofrem esse juízo que pressupõe uma *presunção juris tantum de autoria*. Tais considerações são feitas em função da suscitada – e rechaçada – nulidade da denúncia por não individualizar as condutas dos delitos imputados aos dirigentes à testa da empresa, especialmente do Banco Rural. Ora, se a vontade do homem de trás, sobre quem recai a presunção de autoria do crime, constitui a própria ação final da ação delituosa da empresa, o que se há de descrever na denúncia é como referida empresa desenvolveu suas ações. Basta isso. A autoria presumida do ato é de seus dirigentes. Isso, como se viu, não se aplica aos auxiliares cujo comportamento em nível de colaboração tem de ser esclarecido na peça inicial do acusador.» (destaquei, f. 52.776 e s.)

Nas páginas seguintes, a Ministra busca, de maneira correta e em contradição com o que dissera, apontar as fraudes concretas nos empréstimos realizados, de certa forma, desdizendo o que acabara de afirmar. Para corroborar as suas ilações, a Min. Rosa Weber crê poder lançar mão de trechos da obra de Claus Roxin (f. 52.777). Ela entendeu ser «menos relevante a participação» (art. 29, 1.º, CP) de Vinícius Samarane, que foi responsável pelo setor de *compliance* do Banco Rural, o que deveria se refletir na dosimetria da pena (fl. 52.815). Em relação ao delito de lavagem de dinheiro, a Ministra afirmou: «Como visto, o fato de se tratar de empregada e, como tal, de trabalhadora subordinada, e de não dispor de poderes sobre o patrimônio da sociedade empresária não afasta, isoladamente, o *domínio do fato delitivo, elemento da culpabilidade* [!],[93] cuja presença deve ser aferida tendo em vista a prova produzida em relação à real natureza de sua participação no ilícito, levando-se em conta o seu conhecimento dos fatos e a unidade de desígnios e vontades com os demais agentes» (destaquei, f. 52.870). Houve, como se vê, uma mistura de uma série de considerações em si incompatíveis, e que demandam a análise de pressupostos diversos. O que ocorreu, em verdade, foi uma inaptidão em organizar dogmaticamente algumas intuições no sentido de que os superiores hierárquicos possuem, em regra, maior responsabilidade pelos fatos. Infelizmente, a decisão da APn 470 não oferece parâmetros claros a esse respeito.

O tema é muito controvertido. As dificuldades em torno da divisão de responsabilidade penal em estruturas complexas são conhecidas de todos.[94] Os mais intrincados dilemas começam após esse diagnóstico, isto é, na tentativa de fundamentação da autoria e da participação nos delitos cometidos a partir de uma estrutura organizacional, a chamada criminalidade de empresa. A simplificação dos problemas da imputação por crime omissivo impróprio

---

[93] Não discorrerei sobre esse equívoco, qual seja considerar o domínio do fato um elemento da culpabilidade, pois ele, felizmente, permaneceu isolado e solitário.

[94] Ver Kasiske, *Wirtschaftsstrafrecht*, p. 4 e ss. e Tiedemann, *Wirtschaftstrafrecht*, 2. ed., Köln/München, 2007, p. 129 e ss.

(art. 13, § 2.º, CP) nesses casos aparece na AP 470, novamente, de forma clara no caso da imputação de gestão fraudulenta de instituição financeira (art. 4.º da Lei 7.492/1986) em face do *compliance-officer* do Banco Rural, Vinicius Samarane, presente no voto do Min. Luiz Fux: «Sem embargo da ausência de provas de que o réu tenha aprovado ou renovado os mútuos contratados pelo Banco Rural aceitando frágeis garantias dos devedores, bem como de que o 13.º réu tenha efetuado ratings (classificações) dos riscos de crédito dos mutuários ligados a Marcos Valério, a sua atuação no Banco Rural impõe a condenação pela prática do tipo veiculado pelo art. 4.º da Lei 7.492/1986. *A condescendência do 13.º* réu (Vinícius Samarane) com a prática rotineira de lavagem de dinheiro conduz inexoravelmente à gestão fraudulenta. Nesse contexto, é de extremo relevo o fato de o réu Vinícius Samarane exercer, atualmente, o cargo de vice-presidente do Banco Rural, porquanto revela o profundo conhecimento das práticas de sua instituição, bem como a sua relação intestina com os administradores do referido banco. A atuação do réu no sentido de *permanecer inerte* diante dos saques ilícitos ocorridos em agências do Banco Rural caracteriza a conduta criminal de gestão fraudulenta. Por essas razões, o pedido de condenação do réu Vinícius Samarane em relação ao crime de gestão fraudulenta capitulado no art. 4.º da Lei 7.492/1986 deve ser julgado procedente» (destaquei, fl. 54.348). É fundamental perceber que o Ministro decide, nesse ponto, com a linguagem típica dos crimes omissivos («condescendência», «permanecer inerte»).

O Min. Luiz Fux, sem maiores referências, tocou em um dos pontos mais discutidos do direito penal econômico contemporâneo, a saber, a posição de garantidor da figura do *compliance officer*,[95] discussão que tem aparecido sob a rubrica mais geral de *criminal compliance*.[96] A figura do *compliance officer* em regra, mas não sempre, instalada em um escalão abaixo da cúpula de uma organização,[97] é responsável pela avaliação dos riscos jurídicos ligados a determinadas atividades, e deve estabelecer mecanismos de controles internos para evitar que daquela estrutura (ou no interior dela) ocorram fatos puníveis. A pergunta é se, caso surjam fatos puníveis, seria possível punir o *compliance*

---

[95] Ver o estudo fundamental de Rotsch, *Criminal Compliance*, ZIS 2010, p. 614 e ss.

[96] A esse respeito: Bottke, *Compliance – Oder: Normbefolgungsbereitschaft von und in Unternehmen, Festschrift für Heinz Stöckel*, Berlin, 2010, p. 43 e s.; Momsen, Der, *Compliance-Officer als Unterlassungsgarant, Festschrift für Ingeborg Puppe*, Berlin, 2011, p. 751 e ss.; Bock, Strafrechtlich gebotene Unternehmensaufsicht (Criminal Compliance) als Problem der Rechtsicherheit, *Wistra* 6/2011, p. 201; Hefendehl, *Corporate Governance und Business Ethics: Scheinberuhigung oder Alternativen bei der Bekämpfung der Wirtschaftskriminalität?*, JZ 2006, p. 121 e ss.; crítico a respeito da efetividade da Compliance para evitar delitos econômicos, Schünemann, *Brennpunkte des Strafrechts in der entwickelten Industriegesellschaft*, em: Hefendehl (Org.), *Empirische und dogmatische Fundamente. Kriminalpolitischer Impetus*, Köln/München, 2005, p. 361 e ss.

[97] Ver Kasiske, *Wirtschaftsstrafrecht*, p. 18 e ss.

officer em forma omissiva pelos delitos praticados: caso funcionários corrompam ativamente funcionários públicos, a pergunta é se o *compliance officer* pode ser, em razão de uma suposta posição de garantidor, responsabilizado pelo delito de corrupção ativa (art. 331, CP) na forma omissiva (art. 13, § 2.º, CP). A maior dificuldade na fundamentação dessa posição de garantidor parece residir no fato de que, diferentemente dos sujeitos da cúpula, o *compliance officer* não possui poder de mando em relação aos subordinados – ao contrário, ele está, em regra, submetido ao poder de mando da cúpula –, possuindo apenas um dever de informação. A posição de garantidor dos superiores hierárquicos encontraria sua fundamentação precisamente nesse poder de mando, de modo que uma transferência da posição de garantidor para o *compliance officer*, sem a correspondente transferência do poder de mando, careceria de fundamento jurídico.[98] Nada disso, no entanto, encontra-se no voto do Min. Luiz Fux, que, apesar de utilizar a linguagem dos delitos de omissão, sequer fundamentou uma possível posição de garantidor do *compliance officer* do Banco Rural – de minha parte, sequer vi nesse trecho referência ao art. 13, § 2.º, CP, o que é, no mínimo, assustador. O mais impactante é perceber que nenhuma dessas considerações possui conexão com a chamada teoria do domínio do fato. Afinal, como já se viu na presente coletânea, aos delitos omissivos aplicam-se as regras dos delitos de dever, para os quais a teoria do domínio do fato é, na formulação de Roxin, inaplicável. Na AP 470, no entanto, sempre que faltou alguma consideração mais detalhada e de caráter técnico, surge o *topos* do domínio do fato como «argumento» em favor da responsabilização de sujeitos pela posição hierárquica que ocupam.

A vagueza com que se lança mão da teoria do domínio do fato escancara-se uma vez mais no seguinte trecho do Min. Ayres Britto (em suas considerações iniciais, f. 56.829): «O núcleo político tachado pelo Ministério Público como intelectual ou mentor da empreitada criminosa, claro que, dentro dele, com gradações de protagonizações, a legitimar a aplicação da teoria do domínio do fato para responsabilizar, de modo pessoal, porém graduado, os respectivos agentes.»

A ideia de que a responsabilidade aumenta de acordo com a graduação da posição do sujeito e, com isso, à medida que o sujeito se distancia do fato concretamente praticado não pode ser deduzida da «teoria do domínio do fato», como procedeu o Min. Ayres Britto. Para retirar tal conclusão, o Min. teria de ou (a) fundamentar a aplicação da teoria do domínio da organização a organismos privados estruturados conforme o direito; ou (b) fundamentar uma posição de garantidor, nos termos do art. 13, § 2.º, CP, do superior em relação aos subordinados e condenar os superiores por delito omissivo; ou ainda (c)

[98] Assim Kasiske, *Wirtschaftsstrafrecht*, p. 18 e ss., p. 21.

fundamentar uma forma clássica de autoria mediata, em razão de erro ou coação dos subordinados, e condenar os superiores por delito comissivo. Cada uma dessas vias exigiria a análise de requisitos diversos, e pode mesmo ser que os superiores, de fato, tivessem de ser punidos, mas as razões deveriam constar da decisão. O recurso ao *topos* do domínio do fato não exime o tribunal de uma análise mais detalhada dos fundamentos da responsabilização penal de sujeitos que gozem de alta posição hierárquica no interior de estruturas organizacionais.

5. Conclusão provisória: a verdadeira razão para o recurso à teoria do domínio do fato

É possível, com base em todas as referências acima mencionadas, enunciar, enfim, a *verdadeira razão* para os Ministros do STF terem, na AP 470, recorrido à teoria do domínio do fato: *o termo do domínio do fato serviu como fundamento da punição dos sujeitos que gozavam de determinadas posições de comando*. Essa é a razão pela qual os Ministros consideraram a teoria do domínio do fato supérflua em relação aos acusados que «sacavam quantias em dinheiro na boca do caixa», quando na verdade não há provavelmente forma mais intensa de «dominar o fato» do que dominar a ação, do que praticá-la com as próprias as mãos.[99] Nem sequer a redação amplíssima do art. 29, *caput*, CP, que é o marco mínimo de imputação no direito positivo brasileiro, permitiria uma responsabilidade penal pela mera posição que se ocupa em determinada estrutura, na medida em que «ocupar uma posição qualquer» não significa *eo ispo* «concorrer» – no sentido de «contribuir causalmente», nos termos do art. 13, CP – para um delito, sem que haja qualquer conexão entre a posição que se ocupa e os fatos praticados.[100] É preciso sempre identificar concretamente uma ação ou omissão. Aparentemente, foi para preencher exatamente essa lacuna que alguns Ministros parecem ter recorrido, erroneamente, à teoria do domínio do fato. Foi para esse fim que a teoria foi utilizada, em clara malversação teórica. Essa a confusão suprema de nosso Supremo Tribunal, o pecado original que emerge da AP 470, nesse espinhoso assunto.

IV. OUTROS PROBLEMAS DE AUTORIA E PARTICIPAÇÃO: DELITOS DE DEVER («DELITOS ESPECIAIS») E DOMÍNIO FUNCIONAL DO FATO (COAUTORIA)

Até aqui, pode-se extrair um diagnóstico inicial, a saber: alguns Ministros estavam em busca de argumentos em favor de uma responsabilidade pela

---

[99] Greco/Leite, neste volume, p. 25 e ss.
[100] Greco/Leite, neste volume, p. 19 e ss.

posição, e encontraram-no, equivocadamente, na chamada teoria do domínio do fato. Esse diagnóstico precisa, ainda, ser esmiuçado. É preciso seguir em busca dos contextos de utilização da chamada teoria do domínio do fato, vale dizer, em busca das pistas que nos conduzirão a uma conclusão mais geral. Houve na decisão outras considerações a respeito da autoria e da participação que merecem, igualmente, atenção, apesar de nem sempre surgir o *topos* «teoria do domínio do fato».

1. Domínio do fato, delitos de dever e peculato (art. 312, CP)

Como se sabe, a teoria do domínio do fato não foi desenvolvida, por Roxin,[101] com pretensões de universalidade.[102] Ela não seria aplicável, especialmente, ao chamado grupo de *delitos de dever* (ou de infração de um dever).[103] Na nossa doutrina, conhecemos esses delitos como «delitos próprios» ou «delitos especiais», ou seja, delitos que possuem uma restrição típica ao círculo de autores.[104] Nesses delitos, o fundamento da autoria não estaria no domínio do fato que exerce um autor qualquer, mas na violação de um dever que incumbe especialmente um sujeito em especial (a qualidade de funcionário público, o especial acesso ao bem jurídico ocasionado pela posição que ocupa etc.), e em razão disso é que apenas aquele que detém a qualidade exigida pelo tipo é que pode praticar o delito na condição de autor.[105] N. Batista já esclareceu esse ponto entre nós desde a 1.ª edição de sua conhe-

---

101 Deve-se distinguir entre as ideias centrais da teoria do domínio do fato e a conformação específica dada a essa ideia por Roxin. Evidentemente, Roxin não deu a primeira, nem a última palavra a respeito da teoria do domínio do fato. De todo modo, foi ele o maior artífice da teoria e, por exemplo, o verdadeiro criador da figura do domínio da organização. Os ministros do STF, ao fundamentarem as suas posições, recorreram sempre às citações de Roxin, de forma que, como disse logo ao começo (I.), a minha tentativa é avaliar se das premissas teóricas oferecidas na decisão da AP 470 podem-se extrair as consequências jurídicas efetivamente retiradas.

102 Greco/Leite, neste volume, p. 31 e ss.

103 Ortiz, *Concurso*, p. 124 e ss.

104 Busato, *Direito penal*, p. 694 e s.; Ortiz, *Concurso*, p. 109; ótima exposição em Soler, *Derecho penal*, p. 295 e ss.

105 Por isso é que é equivocada a posição externada pelo Min. Napoleão Nunes Maia do Superior Tribunal de Justiça, ao julgar determinado crime tributário imputado a servidor público fazendário estadual: «Quanto ao primeiro ponto, conheço e reverencio o entendimento doutrinário e jurisprudencial quanto à admissibilidade da coautoria e da participação nos chamados *crimes próprios* e, a princípio, também não via razão para tal orientação não ser igualmente aplicada ao crime contra ordem tributária» (voto-vista do Min. Napoleão Nunes Maia, no HC 121.408 – SC, STJ, p. 8 do inteiro teor do acórdão). A coautoria em delitos especiais, entendida de forma técnica, só é, em regra, possível caso ambos os coautores ostentem a qualidade exigida pelo tipo. O que pode ter ocorrido é que o Ministro tenha utilizado a expressão «coautoria» como sinônima de concurso de pessoas, tal como fazia de forma pouco técnica a redação original da parte geral do nosso CP de 1940 (ver os esclarecimentos terminológicos que inauguram a presente coletânea). Corretamente contra a possibilidade coautoria sem que ambos os sujeitos sejam os «obrigados», N. Batista, *Concurso*, p. 125.

cida monografia em 1979: «o que importa é que a autoria, nesses casos, se subordina a esse elemento objetivo-pessoal»,[106] e «nos crimes especiais, autor idôneo é apenas aquele vinculado ao dever».[107] Também os delitos omissivos são delitos de dever, de modo que falar, por exemplo, em «domínio do fato» diante de um delito de apropriação indébita previdenciária (art. 168-A, CP) é, em primeira vista, equivocado.[108] Do peculato (art. 312, CP) funcionários públicos podem ser autores, o que, caso se diferencie autor de partícipe, não exclui a punição do *extraneus* por participação (instigação ou cumplicidade). O que o *extraneus* não pode ser, adotada a ideia de delitos de dever, é autor (imediato ou mediato).

O art. 29, *caput,* CP, enuncia, como já foi visto (acima III, 2), que todos que «concorrem» para o delito incorrem nas penas a ele cominadas. Assim, por óbvio, um *extraneus* não pode ser autor, sozinho, de um peculato, e cometeria, por exemplo, «apenas» uma apropriação indébita (art. 168, CP). Caso, no entanto, um funcionário público esteja entre os «concorrentes», o injusto do peculato está realizado, e todos os outros concorrentes praticam, assim, o delito.[109] Haveria uma unidade no injusto (o injusto de peculato) e uma pluralidade de concorrentes, bastando que um deles possuísse a qualidade de funcionário público; seria essa «unidade no injusto» que permitiria que o *extraneus* «concorra» em delito próprio,[110] desde que, é claro, conhecesse a qualidade especial do concorrente qualificado.[111]

Nesse particular, nossa regulação legislativa teve, como é sabido, clara inspiração italiana. Todavia, também entre autores italianos, e não apenas nos termos da chamada teoria dos delitos de dever, há uma impossibilidade de um *extraneus* ser autor de um delito especial, como esclareceu Grispigni já em 1950: «*... nei reati propri, nei quali l'extraneus può bensì essere istigatore o complice, ma mai coautore. Cosi nella corruzione passiva non è possibile raffigurare un coautore nell'extraneus perché l'accettazione deve essere posta in essere dal pubblico ufficiale corrotto*»,[112] e mais recentemente Marinucci/Dolcini: «*A nostro avviso, invece, autore di un reato proprio può essere*

---

[106] N. Batista, *Concurso*, p. 94 e ss.

[107] N. Batista, *Concurso*, p. 170: assim também Ortiz, *Concurso*, p. 207; Soler, *Derecho penal*, p. 295 e ss.

[108] Ver Greco/Leite, neste volume, p. 31 e ss.

[109] Ver Soler, *Derecho penal*, p. 311.

[110] Ranieri, *Manuale di diritto penale*, vol. I. 3. ed., Padova, 1956, S. 392 f., S. 406; Battaglini, *Diritto penale*, 3. ed., Padova, 1949, S. 459.; Nappi, *Guida ao Códice Penale*, 2. ed., Milão, 2008, S. 588 ff.; Mantovani, *Diritto penale*, 6. ed., Milão, 2009, S. 535 ff. Diaz y García Conlledo, *La autoría en derecho penal*, Barcelona, 1991, S.159 ff.

[111] Sobre essa exigência subjetiva ver Reale Jr., *Instituições*, p. 326.

[112] Grispigni, *Diritto penale italiano*, vol. II, Milão, 1950, S. 248.

soltanto l'intraneo: lo impone il principio di legalità».[113] Parece ter sido a pena implacável de Manzini que prevaleceu entre nós e os reformadores de 1940 – afinal, a reforma de 1984 apenas acrescentou a expressão «na medida de sua culpabilidade» ao art. 29, *caput,* CP. Manzini não destacava esse ponto, firme em sua afirmação de que vigia no Código Rocco o conceito unitário de autor: «*...il codice vigente non distingue tra le diverse forme di compartecipazione al reato*».[114]

O termo «concorrentes» presente no nosso art. 29, *caput,* CP[115] não deve ser interpretado aqui como «autores em sentido técnico», mas como um supraconceito, característico de um sistema unitário. Desse modo, desde que haja entre todos os «concorrentes» um sujeito que detenha a qualidade exigida pelo tipo, todos incorrerão nas penas, por exemplo, do delito de peculato. O mais problemático nesse contexto é o art. 30, CP, que trata da «comunicabilidade das circunstâncias».[116] O art. 30, CP cumpriria aqui, a meu ver, um papel equivocado. Equivocado, pois a expressão «comunicar a circunstância» significa adscrever a um sujeito a qualificação faltante (no caso, de funcionário público), ou seja, transformá-lo em *autor* idôneo do delito «especial» (ou de dever). Por essa via, o art. 30, CP realiza justamente aquilo que deveria ser evitado: que um sujeito sem a qualificação exigida pelo tipo – exigência decorrente de uma decisão político-criminal do legislador – seja autor *em sentido técnico* do delito. Porque a punição como mero partícipe em sentido amplo (ou como «concorrente», se assim se quiser) já era possível a teor da redação amplíssima do art. 29, *caput*, CP. Nossa doutrina ainda se ressente de uma exegese mais precisa de nosso art. 30.[117]

Seria relevante perguntar se não seria mais justo prever uma redução de pena para o partícipe *extraneus*, de modo que a distinção entre autor e partícipe ganharia um sentido prático evidente. O particular que participa do injusto praticado pelo funcionário público realiza um injusto de menor gravidade do que este, já que parte do conteúdo de injusto da conduta está precisamente na violação de um dever funcional e, em razão disso, merece uma pena menor. Uma saída seria propor, como fez Ortiz, a aplicação do art.

---

113 Marinucci/Dolcini, *Manuale di diritto penale*, 3. ed., Milão, 2009, p. 405.; ver também Fiandaca/Musco, *Diritto penale*, 6. ed., Bologna, 2009, S. 525 ff.

114 Manzini, *Trattato di diritto penale italiano*, vol. II, 4. ed., Torino, 1961, S. 506 ff. Assim também Antolisei, *Manuale di diritto penale*, 10. ed., Milão, 1987, S. 470 ff. Contra essa posição, Cirino dos Santos, *Direito penal*, p. 349.

115 Ver as magistrais considerações de Bruno, *Direito penal*, tomo 2, 3. ed., Rio de Janeiro, 1967, p. 262 e ss.

116 Ver Reale Jr., *Instituições*, p. 325 Cirino dos Santos, *Direito penal*, p. 375 e s. Sobre os problemas da comunicabilidade das circunstâncias as ainda hoje atuais reflexões de Soler, *Derecho penal*, p. 307 e ss.

117 Confrontar Greco/Teixeira, neste volume, p. 47.

29, § 1.º, do CP, que prevê a figura da «participação de menor importância».[118] Essa saída é, *de lege lata*, bastante inteligente, mas creio que não resolve o problema. Afinal, a peculiaridade dos delitos especiais ou delitos de dever[119] é precisamente a de que, nesses casos, o grau de atuação ou o «domínio do fato» não são determinantes, e perdem importância se comparados à relação do autor com o dever que lhe incumbe. É exatamente esse fato que separa os chamados delitos de domínio dos delitos de dever.[120] Assim, não é incomum que o *extraneus* partícipe tenha contribuição decisiva para o delito, e ainda assim não poderá ser considerado autor do delito.[121] Ocorre que nesses casos tampouco seria possível falar em uma «participação de menor importância» nos termos do art. 29, § 1.º, CP. O fato relevante é exatamente a ausência da qualidade exigida pelo tipo, o elemento que, por si só, determinaria a existência de uma redução de pena, e não o grau concreto de participação, como dá a entender a redação desse dispositivo legal. Outra saída possível seria realizar uma exegese normativa da expressão «menor importância», que não deveria

---

[118] Ortiz, *Concurso*, p. 211 e ss.; *de lege lata* resta o art. 29, § 1.º, CP, a participação de menor importância.

[119] Como o leitor atento já percebeu, utilizo as expressões como sinônimas, pois não creio ser aqui o local para dar passos mais ousados em relação aos «delitos de dever». O tema é complexo. Há vários trabalhos a esse respeito, além do de Ortiz: Joecks, em: *Münchener Kommentar zum Strafgesetzbuch,* München, 2003 § 25, nm. 43; Heine, em: *Schönke/Schröder Strafgesetzbuch Kommentar,* 28. ed., München, 2010, § 25, nm. 84; Pariona, *Täterschaft und Pflichtverletzung,* Baden Baden, 2010, p. 71 e ss.; todos com ulteriores referências. Críticos Schünemann, *Leipziger Kommentar,* § 25 nm. 43 e s.; J.H. Chen, *Das Garantensonderdelikt,* Berlin, 2006, p. 68 e ss., 108 e ss.; Pizarro Beleza, *Die Täterschaftsstruktur bei Pflichtdelikten – Pflichtträgerschaft versus Tatherrschaft,* em: Schünemann/Figueiredo Dias, *Bausteine eines europäischen Strafrechts.* Coimbra-Symposium für Claus Roxin, Köln etc., 1995, p. 267 e ss. (p. 271 e ss.); Hoyer, *Systematischer Kommentar zum Strafgesetzbuch,* 7. ed., Köln, 2000, § 25, nm. 22 e ss. Contrário a essa teoria, em Portugal, Figueiredo Dias, *Direito penal,* p. 771. No Brasil, manifestou-se a esse respeito B. Moura, Autoria e participação nos crimes desde a empresa, *Revista CEPPG* 25 (2011), p. 54 e ss. A escola de Jakobs erigiu essa categoria a uma das bases de sua teoria do injusto penal: Jakobs, *Strafrecht Allgemeiner Teil,* 2. ed., Berlin/New York, 1993, § 1, nm. 7, § 7, nm. 70 e s., § 21, nm. 115 e ss., § 29, nm. 57 e ss.; *Die strafrechtliche Zurechnung von Tun und Unterlassen,* Opladen, 1996, p. 19 e ss.; *La normativización del derecho penal en el ejemplo de la participación,* trad. Cancio Meliá, em: *Modernas tendencias en la ciencia del Derecho penal y en la Criminología,* Madri, 2001, p. 619 e ss.; Sánchez Vera, *Pflichtdelikt und Beteiligung*, Berlin, 1999, p. 51 e ss. (= Delito de infracción de deber y participación, Madri, 2002); *Delito de infración de deber,* em: Montealegre Lynett (coord.), *El funcionalismo en derecho penal,* vol. II, Bogotá, 2003, p. 273 e ss.; Perdomo Torres, *El concepto de deber jurídico,* no mesmo volume, p. 231 e ss. (248 e ss.); Piña Rochefort, *Rol social y sistema jurídico-penal,* em: Montealegre Lynett (coord.), *El funcionalismo en derecho penal,* vol. I, Bogotá, 2003, p. 271 e ss. e ss. (p. 54 e ss.); Montealegre Lynett/ Perdomo Torres, *Funcionalismo y normativismo penal,* Bogotá, 2006, p. 49 e ss.

[120] Sobre essa distinção Greco/Leite, neste volume, p. 31 e ss.

[121] Parece ter sido esse o caso da AP 470, como demonstra o estudo de Assis, O delito de peculato na AP 470 do STF – «caso mensalão», *RBCC* 106 (2014), São Paulo, p. 104 e ss.

ser entendida em um sentido fático, mas no sentido de que (normativamente) a participação do *extraneus* em delito especial é de «menor importância».

A expressão domínio do fato, corretamente, não apareceu no contexto do delito de peculato na AP 470,[122] mas o fato de esse detalhe não ter sido sequer mencionado mostra que alguns Ministros do STF fizeram um uso bastante seletivo da teoria do domínio do fato, provavelmente reduzindo-a, como acima demonstrado, a um de seus desdobramentos, o domínio da organização, ou a toda forma de responsabilização de um sujeito que ocupa posição de destaque em uma organização. A teoria do domínio do fato, se adotada de forma geral para a distinção entre autor e partícipe, teria der ser aplicada em todos os delitos, e a sua exceção deveria ser justificada. Não se pode adotá-la parcial e seletivamente, assim como não se pode defender a teoria da possibilidade em relação ao dolo para uns delitos, e defender a teoria da indiferença, por exemplo, para outros.[123] Ou seja: os Ministros que resolveram lançar mão da teoria do domínio do fato teriam de afirmar que o delito de peculato é um delito de dever, e a ele não se aplicaria o critério do domínio do fato. A exceção relacionada aos delitos de dever ou delitos especiais, como é o caso do peculato, estaria, sim, justificada, ao menos nos termos da formulação original de Roxin,[124] mas essa explicação não se encontra na decisão, a qual sequer problematiza as questões relativas à autoria e à participação nos chamados delitos especiais ou de dever, e parece ter permanecido fiel às penas de Manzini, que inspiraram o Código italiano que inspirou nosso dispositivo. O *modernismo* da teoria do domínio do fato é substituído aqui pelo *conservadorismo* máximo. Manzini, não Roxin.

A razão para essa dupla face da decisão da AP 470, como já foi visto, é a utilização equivocada do termo «domínio do fato». Em outras palavras, domínio do fato não é, para o STF, uma *teoria* para a distinção entre autor e partícipe no direito penal, mas uma *razão* que fundamentaria a punição de um sujeito em determinadas circunstâncias (III. 4). Se é assim que o STF pretende, a partir de agora, utilizar o termo domínio do fato, mais honesto seria que *escolhesse outro nome* – admitindo, assim, que está livremente criando o direito, e não aplicando uma teoria científica –, ou que abrisse mão de buscar apoio na ciência jurídico-penal, na medida em que essa forma de argumentar não encontra precedente em lugar algum, muito menos em Roxin, utilizado largamente como supedâneo de autoridade pelos Ministros de nosso STF. Porque o STF é, sim, livre para interpretar as teorias jurídicas – que não

---

122 A esse respeito ver o estudo de Assis, *RBCC* 106 (2014), p. 104 e ss.

123 Sobre essas teorias ver Greco, Algumas observações introdutórias à «distinção entre dolo e culpa», em: Puppe, *A distinção entre dolo e culpa,* trad. Luís Greco, São Paulo, 2004, p. IX e ss.

124 Ver Greco/Leite, neste volume, p. 31 e ss.

são propriedade de nenhum jurista ou tribunal –, mas não é livre para tirar as conclusões que melhor lhes aprouver de uma teoria existente.[125] Poderiam nem sequer ter mencionado a teoria do domínio do fato – bastava a referência ao art. 29, *caput,* CP, o que demandaria ao menos a identificação de uma ação ou omissão concretas –, mas, uma vez mencionada, o mínimo exigido é a coerência e o respeito às premissas teóricas apresentadas. O mais honesto seria, então, conceder outro nome à concepção de alguns dos Ministros do STF a respeito da responsabilidade penal pela posição – um candidato seria *teoria do domínio da posição* –, mas então viria à tona o fato de que os Ministros não aduziram nenhum argumento em favor de um modelo de responsabilização pela posição, e contentaram-se em citar, como recurso à autoridade científica, a prestigiada teoria do domínio do fato.

2. Coautoria e domínio funcional do fato

Por vezes, deixamo-nos guiar por um pernicioso fetichismo de palavras. Tão logo surge um termo, esquecemos de observar e analisar o conteúdo que o integra, e logo tiramos conclusões, no mais das vezes apressadas, do termo. Finalismo e funcionalismo são candidatos fortes a destilar esse mortal feitiço. Domínio *final* do fato e domínio *funcional* do fato nada têm a ver com o sistema de delito, finalista ou funcionalista, em que surgem. «Roxin é funcionalista, por isso sua teoria deve ser designada de domínio funcional do fato» seria uma forma pedestre de argumentar. Os Ministros do STF não argumentaram, aparentemente, dessa forma, mas é saudável advertir em relação a essa utilização do termo.[126] O domínio funcional do fato é a ideia reitora que fundamenta, nos termos da teoria do domínio do fato, a *coautoria* em direito penal, isto é, instaura a possibilidade da chamada *imputação recíproca.*

---

[125] Em razão disso é que é que considero equivocada a opinião expressada por Ives Gandra Martins em: Tendências/Debates, jornal *Folha de S. Paulo,* 22.10.2013, acessível em: http://www1.folha.uol.com.br/opiniao/2013/10/1360084-ives-gandra-da-silva-martins-o-direito-e-a-liberdade-do-interprete.shtml (acessado em 19.12.2013). O consagrado jurista, lido por toda a nossa geração, afirma: «Em direito, não há marcas e patentes a serem preservadas, e a ministra Rosa Weber (Supremo Tribunal Federal), quando a ela se referiu, apresentou-a conforme sua leitura». Caso um Ministro queira oferecer «a sua leitura» a uma determinada teoria deve deixar, então, esse fato claro e renunciar às citações dos autores que defendem «leituras diversas». As referências a Roxin e à sua teoria do domínio do fato são usadas como argumentos de autoridade. A frase do jurista Ives Gandra Martins sugere que os Ministros são livres para atribuírem as leituras próprias sobre determinada categoria a um autor que defende concepção diversa, o que seria absurdo, ou ainda que seria possível se apropriar de um nome de uma determinada teoria e atribuir-lhe, todavia, conteúdo diverso. Não se pode atribuir a nenhum cientista uma concepção que ele nunca defendeu, quando mais para fundamentar uma condenação criminal, embora tenha se tornado corrente nos tempos atuais, especialmente nas redes sociais, a atribuição de citações a autores de forma equivocada. Quando esse empreendimento invadir as decisões judiciais, que encarceram homens de carne e osso, há muitos motivos para se assustar.

[126] Essa advertência em Greco/Leite, neste volume, p. 43 e ss.

Em relação ao delito de lavagem de dinheiro, o Min. Luiz Fux recorreu ao termo do domínio funcional do fato, de maneira correta, ao dizer:

> «Já a atuação do 21.º réu (João Cláudio Genu) se encarta na hipótese de coautoria nos exatos limites da teoria do domínio funcional do fato. Com efeito, a moderna dogmática jurídico-penal apregoa que os coautores são aqueles que, possuindo domínio funcional do fato, desempenham uma participação importante e necessária ao cometimento do ilícito penal» (f. 55.674). O mesmo Ministro, em relação ao crime de gestão fraudulenta de instituição financeira, enunciou os aspectos gerais do que ele chama de «coautoria funcional» (f. 54.300 e ss., f. 54.309 e ss.): «Com efeito, a moderna dogmática jurídico-penal apregoa que os coautores seriam aqueles que, possuindo domínio funcional do fato, desempenham uma participação importante e necessária ao cometimento do ilícito penal. (...).»
>
> «O domínio funcional do fato encontra sua aplicação por excelência na coautoria funcional. Segundo ela, a configuração da coautoria prescinde da realização por parte do agente de todos os elementos objetivos do tipo. Ao revés, revela-se suficiente que, na divisão prévia de tarefas, a conduta atribuída aos agentes seja imprescindível ao atingimento do fato punível. Isto significa dizer que não é exigida dos coautores a prática da conduta descrita no núcleo do tipo penal, mas tão somente que a fração do ato executório por eles praticadas seja indispensável, diante das singularidades do tipo penal e do caso concreto, para a consecução do ilícito penal. Daí é de que questionar. Como examinar se essa atuação, dentro da distribuição prévia de tarefas, é efetivamente essencial para a realização do delito? O equacionamento desta indagação é de suma importância, porquanto permite objetivamente aferir no caso concreto se a atuação do agente qualifica-se como hipótese de coautoria ou mera participação. E, como se sabe, são inegáveis os reflexos práticos desta distinção na vida dos acusados.» (f. 54.311)

As afirmações acima não estão de todo incorretas, mas são imprecisas ou incompletas. A coautoria em sentido técnico possui como requisitos a (a) decisão comum de praticar o fato e (b) uma contribuição individual relevante para a realização conjunta do plano idealizado.[127] A verificação cumulativa desses dois requisitos concede aos coautores o *domínio funcional do fato* e instaura o que se conhece por *imputação recíproca*: o comportamento de um coautor é imputado ao outro coautor, surgindo um comportamento comum.[128] Afinal, nem todos os coautores realizam todas as condutas típicas. Esses requisitos são o fundamento e, ao mesmo tempo, o limite da coautoria – o excesso de um coautor, por exemplo, não pode ser imputado ao outro.[129] Na exposição do Min. Luiz Fux, faltou especialmente a referência ao problema fundamental da necessidade de exigir uma contribuição relevante e efetiva *na*

---

[127] ROXIN, AT II, § 25, nm. 188 e ss.
[128] ROXIN, AT II, § 25 nm. 188 e ss.
[129] ROXIN, AT II, § 25 nm. 194 e ss.

execução do delito para que se possa afirmar a coautoria.[130] O Ministro afirma, corretamente, que os coautores «desempenham uma participação importante e necessária ao cometimento do ilícito penal». Essa pergunta é fundamental, pois um dos sujeitos que intervém no delito pode oferecer a sua contribuição ao plano comum na fase de atos preparatórios,[131] isto é, antes de iniciada a execução do delito. É preciso decidir a controvertida questão sobre se essa contribuição é suficiente para afirmar o domínio funcional do fato e, assim, a condição de coautor do sujeito. Mais fundamental é perceber que domínio funcional do fato é apenas uma ideia reitora, e é preciso atentar justamente para os requisitos que fazem essa espécie de domínio surgir (a decisão comum de praticar o fato e contribuição relevante, que a meu ver deve ocorrer apos o início da execução do delito): a mera referência ao termo domínio funcional do fato é insuficiente para *fundamentar* a coautoria em direito penal.

3. Conclusão provisória: o domínio da posição

A busca por outras considerações a respeito da autoria e da participação na decisão da AP 470 confirmou uma espécie de uso seletivo do *topos* «domínio do fato», de modo que a suspeita de que a verdadeira razão para o recurso à teoria do domínio do fato era a fundamentação setorial de uma responsabilidade penal pela posição está confirmada. Alguns Ministros do STF fundaram uma teoria do *domínio da posição*, que nada tem a ver com a teoria do domínio do fato em sua formulação teórica.

V. DOMÍNIO DO FATO E PRESUNÇÃO DE INOCÊNCIA: TEORIA PROCESSUAL?

Além das confusões *materiais* em torno da teoria do domínio do fato, há uma desconfiança, já manifestada em alguns estudos,[132] de que tenha ocorrido, na AP 470, uma espécie de utilização *processual* da teoria do domínio do fato, o que confirmaria a já suficientemente demonstrada hipótese de que o que se buscou foi a fundamentação de uma responsabilidade pela mera posição que se ocupa, ou seja, uma responsabilidade penal sem ação ou omissão.

Não é preciso gastar em demasia a tinta da editora para discorrer sobre a obviedade de que toda teoria jurídica, dados a sua conformação e os seus

---

[130] Roxin, AT II, § 25, nm. 198 e ss. Esse ponto é bastante controvertido. Vários autores e também a jurisprudência alemã consideram uma contribuição altamente relevante nos atos preparatórios como suficiente. Roxin, ao contrário, com base em sua teoria do domínio do fato, exige uma contribuição relevante nos atos executórios. Ver o estudo de Greco/Assis, neste volume, p. 81 e ss.

[131] O Min. Luiz Fux parece, após, ter percebido esse detalhe, e fala, sem adentrar na disputa teórica, que o determinante é «a fração do ato executório por eles praticadas seja indispensável».

[132] Ver a nota de rodapé n. 1

critérios, instaura a necessidade de que se produza prova dos elementos considerados relevantes: caso se defenda, por exemplo, a teoria da evitabilidade na causalidade e imputação dos crimes omissivos, é preciso produzir prova no sentido de que a ação mandada teria, com probabilidade próxima da certeza, evitado o resultado que se produziu.[133] Só assim poder-se-á *condenar,* legitimamente, o acusado. Esse é um ponto. Outro ponto é a força conformadora que o processo penal possui em relação ao direito penal, em alusão ao famoso estudo de Peters.[134] Por vezes, conformamos as teorias jurídico-penais para obter, por exemplo, facilitações na produção da prova: os crimes de perigo abstrato oferecem um bom exemplo a esse respeito. Essa facilitação pode ser mera consequência da teoria defendida ou pode ter sido perseguida já na formulação da teoria material. A despeito dessa discussão, o fato é que a teoria do domínio do fato não é uma teoria processual. Ela altera, evidentemente e como toda teoria jurídica, alguns requisitos que eventualmente devem ser objeto da produção probatória. Mas, de novo, *não é uma teoria processual.* Quem seria absolvido por ausência de provas sem ela, deve ser absolvido com ela.

Essa desconfiança povoou as cabeças de alguns Ministros. Durante o julgamento da AP 470, houve uma série de manifestações a respeito da compatibilidade da teoria do domínio do fato com o *princípio constitucional da inocência*, como se lê, por exemplo, no voto do Min. Celso de Mello (f. 56.819 e ss.):

> «(...) cabendo enfatizar, ainda, por necessário, que essa concepção doutrinária não se coloca em relação de antagonismo com o direito penal da culpabilidade nem elide, porque inadmissível, a presunção constitucional de inocência, inerente ao nosso modelo constitucional. Cabe insistir na observação de que a mera invocação da teoria do domínio do fato não basta, só por si, para exonerar o Ministério Público do gravíssimo ônus de comprovar, para além de qualquer dúvida razoável, e sempre com apoio em prova idônea, licitamente produzida sob a égide do contraditório, a culpabilidade do réu, pois – nunca é demasiado reafirmá-lo – o princípio do estado de inocência, em nosso ordenamento jurídico, qualifica-se, constitucionalmente, como insuprimível direito fundamental de qualquer pessoa, que jamais se presumirá culpada em face de acusação penal contra ela formulada, tal como esta Suprema Corte tem sempre proclamado.»

Também o Min. Ricardo Lewandowski tocou nesse ponto quando decidia a respeito do cometimento do delito de corrupção ativa pelo acusado José Dirceu (f. 56.565):

> «Incapaz, portanto, de comprovar as acusações lançadas contra José Dirceu, o Ministério Público recorre, num derradeiro esforço de convencimento desta Suprema Corte, à denominada "teoria do domínio do fato".

---

133 Greco, ZIS 2011, p. 674 e ss.

134 Peters, *Die strafrechtsgestaltende Kraft des Strafprozesses*, Tübingen, 1963.

Trata-se de uma tese, embora já antiga, ainda controvertida na doutrina. Não obstante a discussão que se trava em torno dela, muitas vezes é empregada pelo *Parquet* como uma espécie de panaceia geral, ou seja, de um remédio para todos os males, à míngua do medicamento processual apropriado. No caso de processos criminais em que a produção da prova acusatória se mostre difícil ou até mesmo impossível, essa teoria permite buscar suporte em um raciocínio não raro especulativo com o qual se pretende superar a exigência da produção de evidências concretas para a condenação de alguém.»

Embora em contraposição quanto ao resultado nesse caso de corrupção ativa, do ponto de vista teórico também o Min. Gilmar Mendes reprimiu qualquer utilização da teoria do domínio do fato como substituta da ausência de provas (fl. 56.771 e ss.):

«Por fim, a despeito das observações do Ministro Revisor, observo que a teoria do domínio do fato não constitui uma retórica argumentativa estrangeira para abarcar situações carentes de prova ou justificativa para elastecer o conceito de autoria. (...) Observo, por fim, que, diferentemente do sustentado, a teoria do domínio do fato não é algo novo, casuisticamente empregado.»

Essa repulsa do Min. Gilmar Mendes é justificada.

Foi, no entanto, a Min. Rosa Weber, às f. 56.845, quem escancarou a possibilidade utilização processual da teoria do domínio do fato:

«Em função ainda da teoria do domínio do fato. Pelo menos no meu voto, pela forma de julgamento segmentado, às vezes as premissas teóricas ficaram um pouco afastadas. O que aconteceu? Inúmeras defesas invocaram a inépcia da denúncia por falta de individualização das condutas. De fato, quando se tratava do núcleo político, havia nome, endereço, telefone, CPF. Havia tudo. Agora, com relação ao núcleo operacional, especificamente ao núcleo societário, não só o Banco Rural, mas ainda com relação às empresas de Marcos Valério, no que dizia respeito a Cristiano Paz e Ramon Hollerbach, às vezes a denúncia não explicitava a conduta imputada a cada um. E, por isso, a teoria do domínio do fato ajudava a argumentação que declarava hígida a denúncia justamente pelo tipo do delito que estava sendo descrito naquela peça. Só esse pequeno registro, porque não enfatizei.»

Seria impossível obter maior clareza («a teoria do domínio do fato ajudava na argumentação (...)»). Os autores preocupados em estudar a decisão judicial em toda a sua complexidade, como por exemplo Rottleuthner na Alemanha,[135] encontrariam aqui uma honestidade completa, uma declaração quase despudorada dos verdadeiros motivos da utilização da teoria do domínio do fato. Um alento, já que, em regra, as reais motivações permanecem inescrutáveis, revestidas que estão por argumentos de festim. O equívoco fundamental, a saber, o de confundir uma teoria jurídico-material com uma teoria jurídico-processual,

---

[135] ROTTLEUTHNER, *Richerliches Handeln. Zur Kritik der juristischen Dogmatik*, Frankfurt am Main, 1973.

encontra nessa passagem da Min. Rosa Weber sua feição mais acabada. E é justamente daqui que impende repetir, quantas vezes se fizer necessário, que a teoria do domínio do fato não é genuinamente uma teoria processual – ou seja, argumentar, por exemplo, em favor da aptidão de uma denúncia nos termos do art. 41 do CPP aludindo à teoria do domínio do fato é uma manipulação grosseira da teoria, um modo argumentativo a ser combatido.

O Min. Celso de Mello também enunciou, no contexto das afirmações sobre a teoria do domínio do fato, a inexistência de *responsabilidade penal objetiva* em nosso direito penal: «o sistema constitucional e com a regulação normativa, pelo Código Penal, do concurso de pessoas, e tendo em vista, sobretudo, o que venho de acentuar em torno da jurisprudência desta Corte que ampara, sem restrições quaisquer, a presunção constitucional de inocência, cabe repelir a alegação, de todo inadmissível, de que a teoria do domínio do fato poderia ensejar o reconhecimento da responsabilidade penal objetiva dos réus» (f. 56.821). Responsabilidade penal objetiva significa prescindir de dolo ou de culpa para a imputação de responsabilidade, e essa pecha pode ser atribuída à decisão da AP 470 caso se entenda, como parece ter sido o caso, que a mera posição do sujeito em determinada hierarquia é suficiente para fundamentar a sua responsabilidade penal na condição de autor de um delito.

A preocupação em exclamar repetidamente que a teoria do domínio do fato não é uma teoria processual, isto é, jamais supre provas ausentes, é produto da compreensão completamente equivocada da teoria, a qual, porém, se revelou nos votos de alguns Ministros na AP 470. Seria desnecessário advertir nesse sentido, caso a teoria fosse utilizada de maneira correta, a saber: como teoria que serve à distinção entre autor e partícipe, e não como teoria processual fundamentadora da punibilidade. Como o contexto por excelência de utilização da teoria foi a fundamentação da autoria de sujeitos que gozavam de especial posição hierárquica (acima III, 4), surgiu a justa desconfiança de que, talvez, o recurso à teoria do domínio do fato tenha sido uma vestimenta teórica, pretensamente em dia com a teoria do crime contemporânea, mas que serviria apenas para suplementar provas faltantes. Essa desconfiança, especialmente confirmada no voto da Min. Rosa Weber, tem toda a razão de ser – se, de fato, havia provas a sustentar as condenações é assunto que escapa à competência da ciência jurídica.[136]

[136] Como já afirmei – mas em assunto rumoroso nunca é demais –, minha base indutiva é a decisão publicada, e não os autos do processo. Desconheço, pois, as provas produzidas ao longo da instrução.

VI. CONCLUSÃO A RESPEITO DA AUTORIA E DA PARTICIPAÇÃO NA AP 470: DOMÍNIO DO FATO COMO *PARÁFRASE* E O *DOMÍNIO DA POSIÇÃO*

Alguns Ministros do STF fizeram uso de um método, cujos equívocos foram denunciados pelos teóricos da chamada jurisprudência dos interesses[137] em contraposição à corrente contrária da época, a jurisprudência dos conceitos, a saber: o *método da inversão.*[138] O conceito de *domínio do fato* foi utilizado como termo vazio, descomprometido com o teor semântico que a ciência lhe emprestara ao longo de anos de discussão científica, e, em uma acrobacia interpretativa, retirou-se do conceito aquilo que nele se havia anteriormente colocado. Inventou-se um conteúdo para a ideia de domínio do fato – o de que a teoria do domínio do fato (melhor: *domínio da posição*) se prestaria a fundamentar a responsabilidade de um sujeito que ocupa posição de destaque em uma hierarquia – e, num segundo momento, deduziram-se as conclusões mais concretas do conceito forjado de domínio do fato: *como* a teoria do domínio do fato determinaria que sujeitos em posição de comando possuem o domínio do fato dos fatos puníveis que ocorrem abaixo deles, *então* os sujeitos que gozavam dessas posições e que constavam como acusados na AP 470 seriam autores dos fatos puníveis. Contra esse tipo de equívoco interpretativo devemos lutar incansavelmente.

Alguns Ministros de nossa Corte, sem meias palavras, inventaram de forma livre uma forma de conceber a autoria e a participação no direito penal, e, para conceder autoridade científica ao que acabaram de inventar, usurparam o nome de uma famosa e já clássica teoria, a teoria do domínio do fato. A teoria do domínio do fato no julgamento da AP 470, tal como ela foi concebida, não passou de uma *paráfrase*. Uma palavra anêmica, mas de consequências drásticas. Os juízes e tribunais que considerarem a expressão domínio do fato como suficiente para fundamentar a autoria de sujeitos acusados de delitos

---

137 Defendida sobretudo por Phillipp Heck no final do século XX e começo do século XXI, e que entendia, a grosso modo, que o processo de obtenção do direito não se dava pela procura de representações gerais presentes desde sempre na comunidade, mas «por meio de uma ponderação dos interesses feita pelo juiz no caso concreto», e isso não apenas nos casos de «preenchimentos de lacunas da lei» (HECK, *Interessenjurisprudenz und Gesetzestreue,* em: ELLSCHEID/HASSEMER, *Interessenjurisprudenz,* Darmstadt, 1974, p. 32 e ss., p. 33.). A tradução «jurisprudência dos conceitos» (*Begriffjurisprudenz*), embora difundida, não é de todo precisa, na medida em que «jurisprudência» nesse contexto quer dizer «ciência do direito» – jurisprudência no sentido de conjunto de decisões judiciais seria, em alemão, «*Rechtsprechung*». A tradução é, também, equívoca, na medida em que pode significar que se tratava de uma teoria da «jurisprudência», ou seja, da forma de decidir dos juízes, quando na verdade se tratava de uma teoria mais geral, que levava em conta também o trabalho legislador. Com esse esclarecimento, resolvi manter a tradução em razão de sua larga tradição em nosso vernáculo.

138 Ver em detalhes HECK, *Was ist diejenige Begriffsjurisprudenz, die wir bekämpfen?,* em: ELLSCHEID/HASSEMER, *Interessenjurisprudenz,* Darmstadt, 1974, p. 41 e ss., p. 42 e s.

estarão eternizando um engodo. Tivessem os Ministros do STF dispensado a autoridade científica da teoria do domínio do fato e tentado fundamentar, com argumentos jurídicos, o que chamei de *teoria do domínio da posição*, e teríamos, quem sabe, a possibilidade de discutir a admissibilidade, os fundamentos e os limites dessa «espécie» de responsabilização penal.

VII. DEPOIS DA AP 470: ASPECTOS FUNDAMENTAIS DA DISTINÇÃO ENTRE AUTOR E PARTÍCIPE NO DIREITO PENAL E A LIÇÃO DA AP 470

Era penosa a missão do STF na AP 470, e há que se ter compreensão em relação às dificuldades e à alta responsabilidade da Corte. No limite das minhas forças, tive dificuldade para ler e apreender o conteúdo das mais de 8.000 páginas de decisão da AP 470: imagino a dificuldade dos magistrados para escrevê-las. A ciência, todavia, não existe para «render homenagens» e nem para destacar «o brilhantismo dos Ministros» – frase que antecede, em regra, a crítica mordaz e desleal, como o abraço falso que antecede a punhalada –, mas para apontar sobriamente os méritos e defeitos de uma decisão judicial já tomada. Toda a tentativa acima empreendida foi no sentido de encontrar, nas por vezes desconexas manifestações individuais dos Ministros, considerações generalizáveis, isto é, passíveis de serem aplicadas a outros casos concretos do porvir. Afinal, não há que se crer que a teoria do domínio do fato tenha sido mencionada de forma *ad hoc* apenas para a AP 470, e que nunca mais surja em decisões judiciais. Muito ao contrário (acima II.).

Justamente no sentido equivocadamente utilizado por alguns Ministros do STF na AP 470 é que o termo domínio do fato tem invadido a prática forense, e já surge em decisões, por exemplo, do STJ. É emblemático nesse sentido o HC 260.390-PE, publicado em 19.11.2013. O delito imputado é o crime tributário previsto no art. 1.º da Lei 8.137/1991, ou seja, um delito especial, de dever, no qual seria, aplicada corretamente a teoria, descabido falar em domínio do fato. Ocorre que o termo surge, repetindo o equívoco de alguns Ministros do STF, no sentido de fundamentar a punibilidade de um sujeito a partir da posição que ele ocupa em determinada estrutura hierárquica: «Esclarece, ainda, todo o *modus operandi* utilizado na prática dos crimes, inclusive com a inserção de croqui demonstrando toda a estrutura delituosa e os envolvidos na fraude, destacando que o denunciado era único sócio responsável pela administração da empresa, com poder de mando gerencial e tendo pleno *domínio dos fatos* praticados na contabilidade da empresa, sendo responsável pela ocorrência da redução indevida do tributo» (destaquei, p. 7 do voto da relatora Min. Marilza Maynard).

Há um alvissareiro alento vindo de uma decisão isolada do Min. Castro Meira, do STJ, na AP 439-MG. O Min. compreendeu a teoria do domínio do fato, ao contrário de alguns Ministros do STF, da forma correta, isto é, como teoria para a distinção entre autores e partícipes: «Nem se diga que o caso viria a encontrar solução na denominada teoria do domínio do fato, pois esta não deve ser utilizada como elemento de imputação de responsabilidade, mas apenas para distinguir entre autores e partícipes» (p. 11 do voto).[139] Também o Min. Jorge Mussi, do STJ, parece não ter, corretamente, se contentado com mera indicação da posição de comando do acusado, e – a despeito de uma leve confusão entre imputação comissiva e imputação omissiva – exigiu, para o recebimento da denúncia, a demonstração adicional que o acusado «possuía domínio do fato, ou seja, tinha conhecimento da conduta criminosa e, tendo o poder de impedi-la, não o fez» (p. 13 e s. do voto no HC 34.997 – RJ, publicado em 24.04.2013). *Há, portanto, decisões que já demonstram uma percepção de que a utilização da teoria do domínio do fato por alguns dos ministros do STF foi equivocada.*

A decisão da AP 470, repleta de imprecisões técnicas documentadas acima – das quais nenhuma decisão em temas tão controvertidos está livre –, representa um relevante ensejo para que, enfim, discutamos a distinção entre autor e partícipe no direito penal. *A decisão não é um exemplo a ser seguido, mas é certamente um exemplo a nunca ser esquecido.* Se há algo de positivo do ponto de vista científico na decisão foi a tematização dos problemas da autoria e da participação, tema que, provavelmente pela redação de nosso art. 29, *caput*, CP e pela pena firme e influente de Nélson Hungria, andava relegado ao ostracismo. *Essa é a grande lição que devemos tirar da AP 470 em matéria de autoria e participação.* Temos a oportunidade, enfim, de iniciar uma profunda discussão sobre os fundamentos e limites da autoria e da participação no direito penal. O momento é de rememorar o esquecido convite que Aníbal Bruno fez aos penalistas

> «(...) para que se prossiga em especificar e caracterizar, como tão laboriosamente tem feito a ciência do Direito Penal, desde os práticos da fase intermediária, as situações que resultam, com reflexo na responsabilidade, no grau de participação real no atuar típico e da intensidade da deliberação no seu cometimento, sendo certo que a definição das categorias fundamentais da codelinquência, na doutrina, representa, em relação à concepção unitária que vigorou em certo período, notável progresso científico.»[140]

O primeiro passo é avaliar a discussão nacional, que já conta com interessantes estudos monográficos, como os pioneiros de Leiria,[141]

---

[139] O Min. Castro Meira lançou mão, para fundamentar a sua afirmação, de texto de Bottini, *Conjur*, 13.07.2013.

[140] Bruno, *Direito penal*, tomo 20, p. 264.

[141] Leiria, *A autoria e a participação criminal*, 1974 (recentemente reeditado pela Nuria Fabris, Porto Alegre, em 2010).

Figueiredo Ferraz[142] e N. Batista,[143] o de Greco,[144] o de Souza Santos,[145] o de Ortiz[146] e o ainda não publicado estudo de U. Gomes.[147] Tentar extrair de nossos estudos um estado atual da discussão é o primeiro passo, o qual deve ser sucedido de uma percuciente análise da discussão internacional, para, enfim, enunciar critérios gerais que estejam cientificamente bem fundamentados e que sirvam à prática judiciária. A crítica à decisão serve essencialmente, pois, para indicar os rumos da discussão futura.

Não estamos diante de rótulos dogmáticos sem importância prática, de mera filigrana jurídica – quem considera o empreendimento dogmático rigoroso um adorno de juristas de gabinete desconectados da realidade social percebeu, no mais tardar agora, com a decisão da AP 470, como faz falta uma ciência rigorosa.[148] A existência de uma ciência preocupada menos com divagações atmosféricas e mais com os problemas reais da teoria do delito talvez não tivesse evitado que a AP 470 contivesse equívocos de outras sortes, mas teria seguramente evitado que o nosso STF se sentisse tão livre para especular sobre categorias jurídicas a respeito das quais discute-se há mais de um século. Além da irrepreensível plausibilidade cotidiana da distinção entre autor e partícipe, a distinção contém consequências jurídicas práticas: a participação é acessória e, nos termos da chamada acessoriedade limitada,[149] necessita de um fato principal antijurídico, sem o qual deve permanecer impune; não pode haver autoria mediata, por sua vez, em determinados delitos, como os delitos de mão própria (o falso testemunho por exemplo); um *extraneus* não pode ser coautor de um delito especial, mas pode ser partícipe em sentido estrito (cúmplice e instigador); a distinção deve ser levada em consideração na determinação judicial da pena, no sentido de que, em regra, o mero partícipe deve receber pena menor do que o autor[150] etc.

Alguns Ministros do STF fizeram um esforço no sentido de buscar legitimidade científica para as suas decisões, mas cometeram um sem número de equívocos acima documentados, que, se não apagam o valor da atitude de buscar na ciência o fundamento de suas decisões, diminuem em muito o

---

142 Figueiredo Ferraz, *A co-deliquência no direito penal brasileiro*, São Paulo, 1976.

143 N. Batista, *Concurso*, amplamente citado nesse estudo.

144 Greco, *Cumplicidade...*, cit.

145 Souza Santos, *Co-autoria em crime culposo e imputação objetiva*, São Paulo, 2004.

146 Ortiz, *Concurso*, amplamente citado.

147 U. Gomes, *O conceito de autor e a comunicação de circunstâncias pessoais*, Dissertação de Mestrado UERJ, 2013.

148 Algumas fontes buscadas pelo STF na doutrina, como por exemplo na monografia de Damásio de Jesus e no artigo de Lênio Streck publicado em site da internet, também padecem de sérias imprecisões teóricas (sobre elas cf. Greco/Leite, neste volume, p. 36 e ss.), de modo que também é o momento de a ciência fazer um *mea culpa*.

149 Ver por todos Cirino dos Santos, *Direito penal*, p. 364 e ss.

150 Ao menos o cúmplice. A situação do instigador é mais complexa.

valor desta decisão para o futuro. Um equívoco especialmente grave foi a usurpação da teoria do domínio do fato para uma utilização a ela estranha: alguns Ministros criaram uma teoria do *domínio da posição*, e anunciaram tratar-se da relativamente vetusta teoria do domínio do fato. A AP 470 deve ser, assim, não o precedente a fazer escola sobre a autoria e a participação no direito penal, mas o ensejo fundamental para a discussão desse tema. O que deve permanecer vinculante é a força e a correção dos argumentos, e não a graduação do tribunal que proclama a decisão. *A AP 470 não deve ser o fim, mas o começo do debate.*

VIII. CONCLUSÃO GERAL

A longa análise da decisão da AP 470 conduziu a alguns resultados, dos quais destacam-se especialmente dois: o da (a) a impossibilidade de que se considere essa decisão como um precedente a fazer escola (II, IV); e o de que (b) a verdadeira razão para o recurso à teoria do domínio do fato não foi a necessidade de distinguir entre autor e partícipe no direito penal, mas a necessidade de fundamentar a responsabilidade daqueles que ocupam posição de comando, criando uma espécie de autoria por domínio da posição, que nada tem a ver com a teoria do domínio do fato (3, 5). A dificuldade em organizar os argumentos, certamente percebida pelo leitor, deve-se, em parte, ao caráter aleatório com que a teoria do domínio do fato foi utilizada na decisão da APn 470, e a minha tentativa foi a de reconstruir o caminho desse *topos* a partir dos contextos em que ele foi usado. Se a minha tentativa foi bem sucedida, não cabe a mim avaliar. De todo o modo, foi possível chegar a uma conclusão geral.

Na epígrafe transcrita logo ao romper do texto (II), o Min. Ricardo Lewandowski, em alusão ao cenário que envolvia o Ato Institucional n. 5, cita frase atribuída a Pedro Aleixo, dirigida ao General Costa e Silva: «*eu não estou preocupado com o uso que Vossa Excelência fará dele com suas honradas mãos, mas estou preocupado com o guarda da esquina*». Nunca me convenci da retidão dessa frase. Ao contrário, nela sempre senti um inconfessável tom aristocrata. Afinal, a medalha, a toga suprema e a investidura máxima, além de não imunizarem de equívocos, aumentam a responsabilidade caso eles surjam. Não devemos temer o uso da teoria do domínio do fato pelos guardas de esquina, desde que eles usem a teoria, ao contrário de alguns Ministros do STF, de forma correta. Não há o que temer, especialmente na medida em que, diante de um Código cuja letra não distingue entre autor e partícipe, a teoria do domínio do fato pode apenas atuar como *limitadora* – transformando, em regra, o «concorrente» em partícipe em sentido estrito ou, no máximo, transformando em autor em sentido técnico quem já seria de todo modo «concorrente» – e não como *fundamentadora* da responsabilidade penal – transformando absolvido em condenado.

É possível, ainda assim, que a criminalidade econômica se veja, a partir de agora, confrontada constantemente com o emprego equivocado da teoria do domínio do fato – o domínio da posição travestido de domínio do fato –, o que pode resultar em desalentadores resultados. O maior medo, no entanto, não reside na graduação da instância decisória, mas no outro polo, na graduação dos acusados. Há muitas razões para temer o uso da *teoria do domínio do fato* diante de acusados, não da classe dominante, mas dos desvalidos, que serão encarcerados dia após dia com base em uma *paráfrase*, tão vazia quantos os seus bolsos – e assim o *direito penal de autor,* especialmente presente no direito penal das drogas, terá encontrado na teoria do domínio do fato uma fiel irmã de passaporte tedesco falsificado. Também contra esse tipo de malversação teórica devemos lutar. Que esse medo encontra fundamento na realidade, comprova-o a leitura da ementa do HC 188.610-RJ, de relatoria da Min. Laurita Vaz e publicado em 16.10.2013, a respeito da prática do delito de tráfico de drogas praticado no interior de presídios: «ao contrário da tese da Defesa, a denúncia noticia que os Pacientes possuíam o domínio final do fato, pois receberiam a droga no interior do presídio, no momento da visita de suas mulheres, sendo certo que, por determinação destes, as corrés traziam consigo as drogas no interior de seus corpos, razão pela qual restou configurada, na hipótese, a agravante prevista no art. 62, inciso II, do Código Penal».

A teoria do domínio do fato, tal como foi concebida originariamente na ciência jurídica, nada tem a ver com a decisão da AP 470. A teoria do domínio do fato, essa enxuta quinquagenária, não é novidade. A teoria do domínio do fato, tal como foi compreendida na AP 470, como *domínio da posição*, essa sim. Foram as honradas mãos de alguns dos Ministros de nosso STF que fizeram equivocado uso da teoria do domínio do fato, e os erros dos guardas da esquina, espalhados pelas comarcas e tribunais do país, não seriam mais do que o esgotamento e a eternização desse equívoco advindo do plenário STF.[151] Os autores mediatos do equívoco seriam, fossem os juízes e tribunais meros instrumentos, os votos de alguns Ministros do STF. Há, no entanto, juízes e tribunais neste país, inclusive no próprio STF. Há também uma ciência, e a ela incumbe, agora mais do que nunca, oferecer suporte teórico às futuras decisões judiciais. Aparentemente, fracassamos até aqui. Dar um primeiro passo em um novo sentido – foi isso o que animou o presente estudo.

---

151 Gostaria de rememorar as considerações feitas acima (II) a respeito da dificuldade de enunciar a posição do STF, razão pela qual sempre me refiro aos votos individuais dos ministros. Houve ministros que não incorreram nos equívocos acima apontados, o que pode ser depreendido da omissão de seus nomes neste estudo.

A DISTINÇÃO ENTRE AUTOR E PARTÍCIPE COMO PROBLEMA DO LEGISLADOR. AUTORIA E PARTICIPAÇÃO NO PROJETO DE CÓDIGO PENAL (PLS 236/2012)[1]

Luís Greco e Alaor Leite

«Quão perigoso é querer introduzir na lei dados detalhados sobre as formas específicas de autoria demonstram-no as várias tentativas empreendidas nos últimos anos de apreender legislativamente o estado atual dos conhecimentos adquiridos.»[2] – Claus Roxin

---

[1] Publicado, com leves alterações, em: *RBCC* 107 (2014), p. 13 e ss.

[2] Roxin, *Täterschaft und Tatherrschaft*, 8. ed., Berlin/New York, 2006, p. 540 (há trad. espanhola da 7. ed., *Autoría y dominio del hecho en Derecho Penal*, por Cuello Contreras/Serrano González de Murillo, Madri/Barcelona, 2000).

Autoria e participação no Substitutivo ao PLS 236/2012; 1. Teor dos dispositivos do Substitutivo ao PLS 236/2012; 2. Observações iniciais; 3. Ofensa, tipo, crime: Confusão entre *ratio* e pressupostos de incidência; 4. O «coautor individual»: confusão entre coautoria e concurso de pessoas; 5. As diferentes formas de «coautoria» no Substitutivo; 6. A participação no Substitutivo; 7. Comunicabilidade de circunstâncias; 8. O discurso de justificação do Substitutivo: «conceito unitário funcional»; 9. O pecado original dos dispositivos do Substitutivo; V. Conclusão: O novo conceito unitário disfuncional

I. DISTINÇÃO ENTRE AUTOR E PARTÍCIPE COMO PROBLEMA DO LEGISLADOR

Por que discutir a distinção entre autor e partícipe diante do Código Penal brasileiro, que dispõe que «todo aquele que concorrer para o crime incide nas penas a ele cominadas» (art. 29, *caput*)? «Concorrer» significa, nesse contexto, «contribuir causalmente» nos termos do art. 13, *caput*, CP, de modo que mesmo aquele que presta contribuição longínqua – aquele que empresta a arma para o futuro homicídio – será considerado, nos termos da fórmula da *conditio sine qua non*, «autor em sentido amplo» do delito.[3] Em outras palavras, adotado o sistema unitário de autor[4] e inexistente previsão de diferentes marcos penais para determinadas formas de intervenção no delito, seria inútil articular conceitos teóricos sobre a distinção entre autor e partícipe, e toda a complexidade dos casos concretos seria remetida ao plano individualizador da determinação judicial da pena.

A respeito do valor teórico e prático dessa discussão tentamos convencer o leitor ao longo deste livro. No entanto, que a discussão não é cientificamente inútil[5] nos comprovam, no mais tardar, os momentos de reforma legislativa.

---

[3] Sobre a amplidão do conceito de causalidade e sobre a distinção entre causalidade e imputação ver na doutrina brasileira Greco, *Um panorama da teoria da imputação objetiva*, 3. ed., São Paulo, 2013 p. 19 e ss. e Quandt, Lesões mortais, causalidade, previsibilidade e imputação objetiva, *RBCC* 106 (2013), p. 297 e ss.

[4] Sobre esse conceito ver, na nossa doutrina, Cirino dos Santos, *Direito penal, parte geral*, 2006, Curitiba/Rio de Janeiro, p. 348 e ss.

[5] Por vezes, a jurisprudência – pode-se mencionar a emblemática AP 470/MG do Supremo Tribunal Federal – faz uso de categorias utilizadas para a distinção entre autor e partícipe, como a teoria do domínio do fato ou a figura do domínio da organização, de modo que também a jurisprudência nem sempre interpreta o conceito unitário de autor em sua literalidade. Ver a esse respeito Leite, neste volume, p. 123 e ss.; Bottini, Aplicação da teoria do domínio dos fatos na AP 470, *Conjur*, 13.07.2013, acessível em: http://www.conjur.com.br/2013-ago-13/direito-defesa-aplicacao-teoria-dominio-fatos-ap-470 (acessado em 09.02.2014). Não faria mal, igualmente, recordar as palavras de Fragoso: «A adoção pela lei do conceito unitário não exclui, portanto, o trabalho teórico, no sentido de fixar o conceito e o alcance da autoria e

É o momento atual. O trâmite do projeto de Código Penal (PLS 236/2012)[6] indica uma série de alterações na regulação da autoria e participação no direito penal, de modo que o momento é oportuno para que busquemos identificar alguns dos principais problemas do tratamento legislativo das formas de intervir no delito. O enfrentamento dos problemas ligados à interpretação de nossos dispositivos atuais – os arts. 29, 30 e 31 – já foram objetos de nossa preocupação nos estudos anteriores.[7] Queremos, no presente trabalho, tratar da distinção entre autor e partícipe no direito penal como *problema do legislador*, imaginando, em exercício mental, a figura de um «legislador» sentado à mesa, refletindo sobre como regulará as formas de intervenção no delito: de quais modelos pode ele dispor?

A ideia é, então, enunciar alguns aspectos gerais do tratamento legislativo dessa matéria, com especial foco em nossa tradição legislativa (II), analisar a primeira versão do PLS 236/2012 (III) e também a última proposta apresentada, o Substitutivo ao PLS 236/2012 (IV), para, por fim, apresentar nossas conclusões sobre a nova proposta de regulação legislativa da autoria e da participação (V).

II. O LEGISLADOR BRASILEIRO E O TRATAMENTO LEGISLATIVO DA AUTORIA E DA PARTICIPAÇÃO

1. Sistema unitário e sistema diferenciador

A dogmática da autoria e da participação é matéria de difícil apreensão legislativa.[8] A natureza complexa da realidade a ser regulada e a abundância de concepções que se apresentam nas formulações dos teóricos tornam o empreendimento legislativo tormentoso.[9] Kantorowicz enunciou certa vez tratar-se do «mais obscuro e confuso capítulo do direito penal»,[10] Zimmerl afirmou, com relativo pesar, tratar-se de «desesperançoso capítulo da ciência

---

da participação e de suas distintas formas de aparecimento» (Hungria/Fragoso, *Comentários ao Código Penal*, vol. 1, tomo II, Arts. 11 a 27, Rio de Janeiro, 1978, p. 624); da mesma forma, Bruno, *Direito penal, parte geral*, tomo 2, 3. ed., Rio de Janeiro, 1967, p. 263. Sobre a interpretação do direito positivo brasileiro atual ver Greco, *Cumplicidade através de ações neutras*, Rio de Janeiro/São Paulo/Recife, 2004, p. 5 e ss.

[6] Disponível no site oficial do Senado Federal: http://www.senado.gov.br/atividade/comissoes/comissao.asp?origem=SF&com=1603 (acessado em 09.02.2014).

[7] Referiremos, ainda assim, a alguns desses problemas ao longo do texto, especialmente para que fique claro que o atual reformador infelizmente os ignorou nas propostas apresentadas.

[8] Pereira dos Santos, *Inovações do Código Penal*, São Paulo, 1985, p. 49 e ss.

[9] Ver o estudo de Frisch, *Täterschaft und Teilnahme*, in: Ulsamer (org.), *Lexikon des Rechts. Strafrecht und Strafverfahrensrecht,* 2 ed., Berlin, 1996, p. 972 e ss.

[10] Sobre essa famosa passagem ver as referências em Roxin, *Täterschaft und Tatherrschaft*, p. 1 e ss.

jurídico-penal»[11] e Leiria, entre nós, sentenciou estarmos diante de «complexo e controvertido problema».[12] O dissenso instaurado é avesso à codificação. Em geral, pode-se dizer que o legislador pode optar por um sistema que distingue entre autores e partícipes e prevê diferentes marcos penais (como os Códigos Penais alemão – § 25 e ss. – e português – art. 26.º e ss.) ou por um sistema que não prevê distinções entre as formas de intervir no delito e repassa as distinções materiais entre as contribuições para a determinação judicial da pena (como os Códigos Penais italiano – art. 110 e ss. – e austríaco – § 12 e ss.). O primeiro modelo pode ser designado por *sistema diferenciador* e o segundo por *sistema unitário*.[13]

2. Sistema unitário: vantagem pragmática e problemas materiais

a) O sistema unitário na tradição legislativa brasileira

Entre todas as concepções sobre as formas de intervir no delito que se oferecem ao legislador, no entanto, nenhuma parece responder, num primeiro momento, aos anseios mais pragmáticos da prática judiciária do que o chamado *sistema unitário de autor*, que, grosso modo, determina que todos que contribuem causalmente para o delito são autores em sentido amplo (ou «concorrentes»), e estão submetidos, em princípio, aos mesmos marcos penais.[14]

---

[11] Zimmerl, Grundsätzliches zur Teilnahmelehre, *ZStW* 49 (1929), p. 39. Küpper fala em «tema eterno» do direito penal: Küpper, *Anspruch und wirkliche Bedeutung des Theorienstreits über die Abgrenzung von Täterschaft und Teilnahme*, GA 1986, p. 437 e ss.

[12] Leiria, *A autoria e a participação criminal*, São Paulo, 1974, p. 233. Fragoso, ainda sob a égide do Código de 1940, lembrava que essa problemática «constitui difícil e complexa matéria, que nosso vigente CP procurou resolver com simplicidade, inspirado no código italiano»; Hungria/Fragoso, *Comentários ao Código Penal*, vol. 1, tomo II, p. 624.

[13] É possível, ainda, distinguir entre conceito unitário formal e conceito unitário funcional. Este último, em linhas gerais, significa a distinção de várias formas de intervir no delito com a manutenção do mesmo marco penal para todas. A distinção, tal como no conceito unitário «formal», é levada em consideração apenas na determinação judicial da penal. Naturalmente, há outras possibilidades de construir as formas de intervenção no delito, mas buscamos apenas delinear as concepções que se apresentam como mais evidentes ao legislador ansioso por reformar o Código de seu país. Para um panorama geral, e com uma concepção original, ver Robles Planas, *Garantes y cómplices*, Barcelona, 2007, p. 14 e ss.

[14] Assim o item 22 da exposição de motivos do Código Penal de 1940: «todos os que tomam parte no crime são autores». Sobre os fundamentos teóricos dessa construção ver: Kienapfel, *Der Einheitstäter im Strafrecht*, Frankfurt am Main, 1971, p. 25 e ss.; Detzer, *Die Problematik der Einheitstäterlösung*, Erlangen/Nürnberg, 1972, p. 63 e ss., p. 76 e ss.; Schumann, *Zum Einheitstätersystem des § 14 OWiG*, Berlin, 1979, p. 9 e ss.; Trunk, *Einheitstäterbegriff und besondere persönliche Merkmale*, Bochum, 1987, p. 1 e ss.; Seier, *Der Einheitstäter im Strafrecht und im Gesetz über Ordnungswidrigkeiten*, JA 1990, p. 342 e ss., p. 382 e ss.; Hamdorf, *Beteiligungsmodelle im Strafrecht*, Freiburg, 2002, p. 44 e ss.; Vogel, *Individuelle Verantwortlichkeit im Völkerstrafrecht*, ZStW 114 (2002), p. 403 e ss.; Bock, *Beteilligungsystem und Einheitstätersystem*, *Jura* 2005, p. 673 e ss.; Schöberl, *Die*

Essa é a tradição legislativa brasileira, iniciada em 1940 pela pena de Nélson Hungria[15] e mantida, em seus termos gerais, no natimorto projeto de 1969 (art. 35)[16] e na reforma da parte geral em 1984 (art. 29). As alterações da reforma de 1984 não mitigaram, necessariamente, o ponto de partida unitário de nossa lei.[17] Foi alterado o nome do título (da expressão equívoca «Da coautoria», para a expressão «Do concurso de pessoas»[18]) e foi incluída a expressão derradeira e salvatória «na medida de sua culpabilidade», com o que o legislador indica algo óbvio para uma concepção unitária – que a unificação no plano do tipo não significa que na determinação *in concreto* da pena devam ser ignorados dados relativos a cada interveniente –, mas que aparentemente era ignorado pela prática.[19] Os artigos que se seguem ao art. 29 não enfeixam um sistema coerente de autoria e participação, mas se propõem a resolver, cada qual, determinado dilema dogmático decorrente, precisamente, do ponto de partida unitário, que é o da lei.[20] Esses dispositivos, em boa parte,

---

Einheitstäterschaft als europäisches Modell, Berlin/Wien/Zürich, 2006, p. 25 e ss.; Miller, *Die Beteiligung am Verbrechen nach italienischem Strafrecht*, Frankfurt am Main, 2007, p. 21 e ss. Não ignoramos a multitude de conceitos subsumíveis à expressão «conceito unitário de autor». Contentamo-nos em extrair um núcleo duro das várias concepções. Sobre os vários significados do conceito unitário e as suas variações ao longo do tempo ver Rotsch, «*Einheitstäterschaft*» statt Tatherrschaft, Tübingen, 2009, p. 131 e ss.

[15] O Código Criminal do Império do Brazil de 1830 e o Código Penal da República dos Estados Unidos do Brasil de 1890 faziam distinção entre as formas de intervenção no delito. A inclinação ao sistema unitário se iniciou entre nós com o projeto de 1913, de Galdino de Siqueira, e se consumou, como se sabe, no Código Penal de 1940, consagrando o triunfo da teoria da equivalência das condições no plano da causalidade. Sobre a tradição antiga de nosso direito positivo, ver o estudo indispensável de Batista, *Concurso de agentes*, 2. ed., Rio de Janeiro, 2004, p. 3 e ss. e as considerações interessantes de Pereira dos Santos, *O problema penal da participação do* extraneus *no adultério e na bigamia*, Salvador, 1972, p. 24 e ss.

[16] Sobre essa regulação, ver Munhoz Netto, Aspectos do anteprojeto de Código Penal, *Revista da Faculdade de Direito da UFPR*, 1961, p. 85 e ss., p. 111 e ss.

[17] Há alguma controvérsia sobre o sistema de autoria e participação adotado pelo reformador de 1984. Ver, por todos, Cirino dos Santos, *Direito penal, parte geral*, p. 353.

[18] Item 25 da exposição de motivos da parte geral de 1984: «Ao reformular o Título IV, adotou-se a denominação "Do Concurso de Pessoas" decerto mais abrangente, já que a coautoria não esgota as hipóteses do *concursus delinquentium*».

[19] Ver o item 25 da exposição de motivos da parte geral de 1984: «O Código de 1940 rompeu a tradição originária do Código Criminal do Império, e adotou neste particular a teoria unitária ou monística do Código italiano, como corolário da teoria da equivalência das causas (Exposição de Motivos do Ministro Francisco Campos, item 22). (...) Sem completo retorno à experiência passada, curva-se, contudo, o Projeto aos críticos dessa teoria, ao optar, na parte final do artigo 29, e em seus dois parágrafos, por regras precisas que distinguem a autoria da participação. Distinção, aliás, reclamada com eloquência pela doutrina, em face de decisões reconhecidamente injustas».

[20] Aqui não é o lugar de comentar a lei atual, mas de criticar o que se apresenta como proposta de lei futura. Observe-se, todavia, que a própria exposição de motivos da parte geral de 1984, no item 25, indica que há espaço para a distinção entre autor e partícipe, conforme citação acima. A esse respeito, ver Greco/Teixeira, neste volume, p. 68 e ss.

são confissões dos problemas do modelo extensivo e unitário de autor, como demonstraram Greco e Teixeira anteriormente.[21]

b) A simplificação da aplicação do direito como a verdadeira vantagem do sistema unitário

A adoção do sistema unitário parece oferecer três vantagens, duas aparentes, outra real.

aa) A primeira vantagem aparente é a *conveniência repressiva*. Em um sistema unitário, que declara autores todos os envolvidos, não restarão quaisquer lacunas de punibilidade.[22] Na exposição de motivos do Projeto de 1969 (item 18), a manutenção do modelo unitário é justificada também com o argumento de que ele possibilitaria uma «maior repressão». Não é preciso alongar-se na crítica. Um direito penal que conhece princípios como o *nullum crimen, nulla poena sine lege* e *sine culpa* reconhece-se fragmentário. Ele não se deixa seduzir pelo tosco *horror vacui*, em conformidade com o qual lacunas de punibilidade seriam sempre defeitos, mas as aceita e por vezes mesmo as saúda como os espaços de liberdade que um Estado que reconheceu limites a seu poder de punir está obrigado a respeitar.

bb) A segunda vantagem aparente é a ideia fundamental, refletida nesse sistema, de que *cada sujeito é responsável apenas pelo próprio comportamento*.[23] Num modelo diferenciador, há autores e partícipes: os primeiros respondem pelo que fizeram;[24] os segundos, contudo, respondem, em parte, pelo que os primeiros fizeram. Esse fundamento tem inegável força intuitiva. À primeira vista, ele parece conectado a princípios de indiscutível autoridade, como o da culpabilidade ou mesmo da dignidade humana.

Uma análise mais detida demonstra, contudo, que as aparências enganam. Em muitos casos, não parece adequado responsabilizar alguém sem levar em conta o que foi feito pelos demais. A esfaqueia a vítima com um punhal que lhe emprestou B. O sistema unitário considera os dois autores do homicídio; não apenas desferir a punhalada, mas também emprestar a arma é «matar alguém» (art. 121, CP) ou «concorrer, de qualquer modo, para o crime» (art. 29, *caput*, CP). Isso significa que, a rigor, se A abandona a sua decisão de praticar o fato, ainda assim B teria de ser punido por tentativa. Um dispositivo como o do art. 31 CP, que determina que «o ajuste, a determinação ou instigação e o

---

[21] GRECO/TEIXEIRA, na presente coletânea, p. 70 e ss.

[22] BÄHR, *Restriktiver und extensiver Täterschaftsbegriff*, 71 e ss., sobre o argumento das «lacunas de punibilidade».

[23] Ver FRIEDRICH, *Strafbare Beteiligung – akzessorische oder originäre Täterschaft?*, in: SCHMOLLER (Org.), *Festschrift für Otto Triffterer zum 65. Geburtstag*, 1996, p. 56.

[24] Deixemos por ora de lado a figura da coautoria.

auxílio ... não são puníveis, se o crime não chega, pelo menos, a ser tentado», não teria lugar em um sistema que pune cada qual apenas pelo seu próprio comportamento. E, se consideramos acertado o dispositivo, ou ao menos a conclusão a que nos leva, teremos implicitamente admitido que a ideia de que cada qual só responde pelo próprio é algo simplista, como que isolacionista.[25]

cc) A *verdadeira vantagem* do sistema unitário encontra-se não no rasteiro plano dos interesses punitivistas, tampouco no plano sublime dos grandes princípios do direito penal material, e sim no nível intermédio das *considerações pragmáticas*. O sistema unitário torna dispensável todo o esforço analítico e dogmático de distinção entre as formas de autoria e de participação. Os diferentes graus de contribuição são relegados ao plano individualizador da determinação judicial da pena.[26] A comete homicídio a pedido de B, que lhe oferece R$ 5.000,00; C empresta a arma para A; D aguarda a consumação do homicídio na porta da casa da vítima, assegurando que ninguém ingresse na residência: todos são, para o conceito unitário, autores do homicídio. Esse sistema *simplifica*, assim, sobremaneira a aplicação do direito.[27]

---

[25] Ver as observações nesse sentido de VOGEL, Individuelle Verantwortlichkeit im Völkerstrafrecht, *ZStW* 114 (2002), p. 403 e ss., p. 414 e ss., que indica que não há modelos puros de responsabilidade originária (pelo próprio fato) e de responsabilidade derivada ou acessória (por fato de terceiro). Além do fato de que uma concepção diferenciadora e restritiva também pode evitar a banalização do fenômeno da imputação a sujeitos de comportamentos de terceiros. São interessantes as considerações históricas de STEIN, *Die strafrechtliche Beteiligungsformenlehre*, Berlin, 1988, p. 17 e ss. No Brasil, há notável monografia a esse respeito, ainda não publicada, mas que já tivemos a possibilidade de ler: GOMES BEZERRA, *O conceito de autor e a comunicabilidade de circunstâncias,* Dissertação de Mestrado UERJ, 2013.

[26] VOGEL, *ZStW* 114 (2002), p. 403 e ss., p. 410 e ss., que designa por essa razão a concepção unitária de «modelo da determinação da pena» (Strafzumessungsmodell). Entre nós ver LEIRIA, *A autoria e a participação criminal*, p. 81 e ss., p. 233 e ss.

[27] Esta a «singela verdade» de que falava Hungria: HUNGRIA/FRAGOSO, *Comentários ao Código Penal*, vol. 1, tomo II, p. 403 (trecho de lavra de Hungria). Ver a esse respeito BÄHR, *Restriktiver und extensiver Täterschaftsbegriff*, Breslau/Neukirch, 1933, p. 1 e ss., p. 6.; v. CRAMER, *Gleichschaltung von Täterschaft und Teilnahme*, Breslau/Neukirch, 1935, p. 1: unificação como «escapatória de um caos», para logo após enunciar um lema da ciência jurídica no nacional-socialismo: «simplificação equivale a melhoria» (Vereinfachung gleich Verbesserung); KIENAPFEL, *Der Einheitstäter im Strafrecht*, p. 11 e ss.; DETZER, *Die Problematik der Einheitstäterlösung*, p. 213 e ss., também sobre os aspectos político-criminais da solução unitária; SCHUMANN, *Zum Einheitstätersystem des § 14 OWiG,* p. 9: «A finalidade da solução unitária (...) é facilitar a aplicação do direito»; SEIER, *JA* 1990, p. 342 e ss., p. 343; FRISCH, *Täterschaft und Teilnahme,* p. 94; BOCK, *Jura* 2005, p. 673 e ss., p. 679.; MILLER, *Die Beteiligung am Verbrechen nach italienischem Strafrecht*, p. 229 e ss. Cf. também as considerações nesse sentido de CIRINO DOS SANTOS, *Direito penal, parte geral*, p. 348 e s.: «se toda contribuição causal para o resultado típico significa autoria, então não existem lacunas de punibilidade; (...) enfim, se não existe diferença entre autores e partícipes, então a aplicação do Direito Penal no caso concreto é bastante simplificada». Herzberg, no entanto, denuncia que essa suposta vantagem pragmática é um engodo, e exemplifica com um sem-número de problemas a que conduz o conceito unitário adotado na lei de infrações de polícia/contra-ordenações (*Ordnungswidrigkeitengesetz*) ocasionou: HERZBERG, *Die Verantwortung für Arbeitsschutz und Unfallverhütung im Betrieb,*

Se a simplicidade já é um valor até para ciências «puras»,[28] com muito maior razão ela importa para a ciência prática ou aplicada que é direito. O argumento da simplicidade, da «facilitação na aplicação do direito», sempre foi, assim, um dos carros-chefe dos defensores do sistema unitário. Todas as contribuições causais são igualmente relevantes, em sintonia com a teoria da *conditio sine qua non* codificada no art. 13, *caput*, CP, e todos são autores em sentido amplo, ou «concorrentes», na língua do art. 29, *caput*: o motorista contratado para conduzir até o local do homicídio, o homicida, mas também o dono do carro, que sabia de tudo e sem o qual não seria possível conduzir o homicida até o local do crime.[29] Todas as contribuições causais são consideradas equivalentes.

Essas considerações parecem ter sido decisivas também para a *história do direito brasileiro*. v. Liszt, por exemplo, vale-se, em franca apologia, precisamente do sistema unitário de autor como exemplo de «simplificação na parte geral do direito penal», um sistema que «suplantaria uma série de questões controvertidas, que tornaria dispensável um inabarcável número de monografias em todos círculos culturais».[30] Essa influente convicção de v. Liszt,[31] repisada com veemência na Itália por Manzini,[32] guiou o nosso legislador de 1940 em seu «repúdio à diferenciação apriorística entre os partícipes»,[33] que optou por repassar ao juiz a determinação do merecimento de pena de cada interveniente no delito. Afinal – e isso nos interessa sobremaneira no presente estudo –, também o legislador tem o seu trabalho facilitado, na medida em que a distinção *generalizadora* no plano da lei é repassada ao plano *individualizador* da determinação judicial da pena.[34]

Köln/Berlin/Bonn/München, 1984, p. 108 e s. Entre nós, Pereira dos Santos, *Inovações do Código Penal*, p. 55 e ss. indica que a propagada simplificação é enganosa.

[28] Por ex. Kuhn, *Objectivity, Value Jugdement, and Theory Choice*, in: *The Essential Tension*, Chicago/London, 1977, p. 322 e ss.; E. Nagel, *The Structure of Science*, Indianapolis/Cambridge, 1979, p. 262 e ss.; cf. também Popper, *Logik der Forschung*, 10. ed., Tübingen, 1994, p. 100 e ss., que porém iguala simplicidade à falsificabilidade.

[29] Já Zimmerl era crítico a essa indevida extensão de responsabilidade: Zimmerl, *ZStW* 49 (1929), p. 39 e ss., p. 41. Ver as considerações de Busato, *Direito penal, parte geral*, São Paulo, 2013, p. 703.

[30] v. Liszt, *Strafrechtliche Aufsätze und Vorträge*, 2. vol., Berlin, 1905, p. 87 e s. (ver também p. 112 e s. e p. 392)

[31] O Tratado de v. Liszt foi traduzido diretamente do alemão entre nós por José Hygino, ainda no século XIX, em 1899. A influência de v. Liszt se revela em Hungria e, por via oblíqua, por meio da «União Internacional de Direito Penal»: Hungria/Fragoso, *Comentários ao Código Penal*, vol. 1, tomo II, p. 409.

[32] Ver Manzini, *Trattato di Diritto Penale Italiano*, vol. II, 4. ed., Torino, 1961, p. 506 e ss.

[33] Assim as fortes palavras de Hungria: Hungria/Fragoso, *Comentários ao Código Penal*, vol. 1, tomo II, p. 405. A influência italiana confessada na exposição de motivos do Código Penal de 1940, no item 22.

[34] Aníbal Bruno indicava, precisamente, que essa concepção triunfou, dentre outras razões, por responder «à tendência atual de atribuir ao juiz maior arbítrio na distribuição da Justiça

c) O preço dessas vantagens

Se essa concepção corresponde aos anseios da justiça, já não parece tão induvidoso.[35] Muito ao revés: o preço da simplificação é uma série de conhecidos problemas materiais. São várias as pechas atribuídas à concepção unitária, e cabe aqui apenas enunciá-las:[36] a) a unificação a forceps de contribuições material e qualitativamente distintas, rechaçada mesmo na linguagem cotidiana, o que é problemático tanto segundo o *princípio da igualdade, como da culpabilidade*;[37] b) a proximidade com o direito penal de autor, decorrente sobretudo de uma aposta, cínica ou ingênua,[38] na pouco desenvolvida teoria da determinação judicial da pena;[39] c) a sufocadora *impossibilidade de distinguir entre atos preparatórios e tentativa* punível, já que todas as contribuições causais (entregar a arma ao autor, cf. acima) são consideradas, de maneira equivalente, como «típicas»;[40] d) e, principalmente, a redução a pó dos tipos penais, em desprezo ao *princípio da legalidade*, já que emprestar a arma seria

---

penal» (Bruno, *Direito penal, parte geral*, tomo 2, p. 260). Os defensores dessa concepção consideram esse repasse da diferenciação ao plano concreto da decisão judicial uma grande vantagem: Lony, *Extensiver oder restriktiver Täterbegriff*, Breslau/Neukirch, 1934, p. 28 e ss., que considerava essa concepção perfeita para o nacional-socialismo que se consolidava na época do escrito do autor.

35 Já Leiria, A autoria e a participação criminal, p. 235 indicava que essa concepção se choca com princípios de justiça; assim também se manifesta Fragoso: Hungria/Fragoso, *Comentários ao Código Penal*, vol. 1, tomo II, p. 625.

36 Essas pechas são especialmente direcionadas ao sistema unitário herdeiro da teoria da equivalência das condições, no plano da causalidade. Em maiores detalhes ver o estudo anterior de Greco/Teixeira, p. 49 e ss.

37 Zimmerl, *ZStW* 49 (1929), p. 39, p. 45, com o argumento do «uso cotidiano da linguagem»; assim também Bock, *Jura* 2005, p. 673 e ss., p. 680.

38 Ao menos enquanto a teoria da determinação judicial da pena não gozar de um verdadeiro estatuto científico. Há um esforço recente em inaugurar uma verdadeira dogmática da determinação judicial da pena no direito penal brasileiro, especialmente vivo nos trabalhos de Carvalho, *Penas e medidas de segurança no direito penal brasileiro*, São Paulo, 2013; e Teixeira, *Fundamentos de uma aplicação da pena proporcional ao fato*, 2014, no prelo.

39 Sobre esse problema ver Bähr, *Restriktiver und extensiver Täterschaftsbegriff*, p. 37 e ss.; Detzer, *Die Problematik der Einheitstäterlösung*, p. 221 e ss.; Otto, *Täterschaft, Mittäterschaft, mittelbare Täterschaft*, *Jura* 1987, p. 246; Bock, *Jura* 2005, p. 673 e ss., p. 679. Entre nós, Leiria, *A autoria e a participação criminal*, p. 235, afirma que a concepção unitária «representa algo divorciado da realidade palpitante da vida». Que a estipulação de um sistema unitário não apaga do mundo da vida a diversidade das contribuições admitia o próprio Hungria: Hungria/Fragoso, *Comentários ao Código Penal*, vol. 1, tomo II, p. 411. Fragoso dizia que essa diversidade estava na «natureza das coisas»: Hungria/Fragoso, *Comentários ao Código Penal*, vol. 1, tomo II, p. 624.

40 Sobre essa crítica Bähr, *Restriktiver und extensiver Täterschaftsbegriff*, p. 63 e ss.; Schumann, *Zum Einheitstätersystem des § 14 OWiG*, p. 12 e s; Renzikowski, *Restriktiver Täterbegriff und fahrlässige Beteiligung*, Tübingen, 1997, p. 14 e ss. Gomes Bezerra busca, em intenso esforço argumentativo, responder a todas essas objeções em Gomes Bezerra, *O conceito de autor e a comunicabilidade de circunstâncias*, Dissertação de Mestrado UERJ, 2013, p. 126 e ss.

ação típica de «matar alguém» (art. 121, CP) tanto quanto efetuar com as próprias mãos disparos mortais.[41] Não por outro motivo consta no item n. 18 da exposição de motivos do projeto de Código Penal de 1969, apesar da manutenção do conceito unitário, a intrigante frase: «é possível que a unificação de todas as formas de participação e autoria seja, a rigor, incompatível com um Direito Penal da Culpa».[42]

O que se observa, assim, é que a simplificação obtida pelo sistema unitário tem um preço que um direito penal respeitador de princípios indisponíveis não estaria disposto a pagar.[43] Daí deriva um duplo imperativo, dirigido tanto ao legislador, como ao doutrinador, que só poderá ser cumprido, obviamente, se se estiver disposto a sacrificar, ao menos em alguma medida, a sedutora simplificação do modelo unitário. O legislador deveria, idealmente, refletir a respeito de alternativas ao modelo ainda vigente e reformar o CP de modo a resolver os problemas apontados. O doutrinador tem, nesse meio tempo, de desenvolver esforços no sentido de interpretar o direito positivo vigente segundo um modelo diverso, que não padeça desses defeitos, como tentamos fazer nos estudos anteriores.[44] Como foi dito, o presente estudo cuidará apenas da primeira tarefa, que incumbe ao legislador.

3. A atual proposta legislativa

Contudo, a *atual proposta legislativa* revela-se altamente problemática. Ela não apenas permanece alheia a esses que são os conhecidos problemas do modelo vigente. Num afã de modernização, o que o PLS 236/2012 e o recente Substitutivo conseguem é acrescentar uma série de dispositivos que complicam sobremaneira a aplicação do direito, e isso como que por mero deleite, porque tampouco se resolvem quaisquer dos conhecidos problemas do sistema unitário. Com isso, realiza-se a proeza, de um lado, de *sacrificar a única real vantagem do modelo unitário*, que é a sua *simplicidade, sem, contudo, resolver qualquer dos problemas materiais que ele acarreta,* prin-

---

41 Zimmerl, *ZStW* 49 (1929), p. 39 e ss., p. 41; Bähr, *Restriktiver und extensiver Täterschaftsbegriff*, p. 13 e ss., p. 37 e ss., p. 53 e ss.; na doutrina brasileira ver já o interessante trabalho de Pierangelli, O concurso de pessoas e o novo Código Penal, *RT* 680 (1992), p. 292 e ss.; Greco, *Cumplicidade através de ações neutras*, p. 12; Busato, *Direito penal, parte geral*, p. 703; e Greco/Teixeira, no presente volume, p. 50. Daí a necessidade, acima apontada, de um dispositivo como o do art. 31.

42 Batista indica o caráter «inquietante» dessa frase, devida a Fragoso: Batista, *Concurso de agentes*, p. 19.

43 Cirino dos Santos, *Direito penal, parte geral*, p. 348; ver também a eloquente exposição de Renzikowski, *Restriktiver Täterbegriff und fahrlässige Beteiligung*, p. 13 e ss.

44 Como fez, pioneiramente, Batista, *Concurso de agentes*, p. 62 e ss., e como fazem Cirino dos Santos, *Direito penal, parte geral*, p. 353; Busato, *Direito penal, parte geral*, p. 711.

cipalmente, sem aproximar o direito vigente das exigências do princípio da legalidade.

Tanto na *primeira versão do PLS 236/2012* (abaixo III), como no *Substitutivo ao PLS 236/2012* (abaixo IV) constam alterações profundas e surpreendentes nos dispositivos de autoria e participação. Ambas as novidades legislativas buscam alguma proximidade com a chamada *teoria do domínio do fato*,[45] e o Substitutivo ao PLS 236/2012 fala na adoção de um *conceito unitário funcional de autor*.[46] Essas alterações não vinham sendo reclamadas em coro sonoro pela doutrina e prática pátrias e parecem padecer de algo que, de resto, caracteriza o atual movimento reformador: o afã pela invencionice, o fetiche por conceitualismos desgarrados tanto da realidade, quanto das discussões científicas.[47] Como se verá, o aparato conceitual oferecido por

---

[45] Ver a obra magna a esse respeito: Roxin, *Täterschaft und Tatherrschaft*; ver também Greco/Leite, neste volume, p. 19 e ss.; de forma bem concisa em Greco/Leite, Fatos e mitos sobre a teoria do domínio do fato, em: Tendências/Debates, jornal *Folha de S. Paulo*, 13.10.2013, acessível em: http://www1.folha.uol.com.br/opiniao/2013/10/1358310-luis-greco-e-alaor-leite-fatos-e-mitos-sobre-a-teoria-do-dominio-do-fato.shtml; sobre o desenvolvimento específico da concepção de Roxin em Greco/Leite, Claus Roxin, 80 anos, revista *Liberdades* 7 (2011), p. 97 e ss., p. 101 e ss.

[46] Esse termo diz muito pouco, como logo esclareceremos.

[47] Sobre o atual movimento reformador já se manifestaram vários autores, entre outros: Busato, Responsabilidade penal de pessoas jurídicas no Projeto do novo Código Penal brasileiro, revista *Liberdades* – Edição Especial – Reforma do Código Penal, 2012, p. 98 e ss.; Quandt, A aplicação da Lei Penal no projeto de Código Penal, revista *Liberdades* – Edição Especial – Reforma do Código Penal, 2012, p. 8 e ss.; Tavares, Projeto de Código Penal. A reforma da parte geral, *Revista da EMERJ*, vol. 15, n. 60 (2012), p. 161 e ss.; Cirino dos Santos, A reforma penal: crítica da disciplina legal do crime, *Tribuna Virtual IBCCrim* 1 (2013), p. 27 e ss.; Reale Jr., Novo Código Penal é obscenidade, não tem conserto, em: http://www.conjur.com.br/2012-set-02/entrevista-miguel-reale-junior-decano-faculdade-direito-usp; Dotti, Reforma penal: codificação ou consolidação?, *Tribuna Virtual IBCCrim* 1 (2013), p. 23 e ss.; Dotti, O Projeto Sarney de Código Penal, *Revista Jurídica* 44 (2013), p. 41 e ss.; *de* Carvalho, Em defesa da lei de responsabilidade político-criminal: o caso do anteprojeto de Código Penal, *Revista da EMERJ*, vol. 15, n. 60 (2012), p. 156 e ss.; Miranda Coutinho/Rocha de Carvalho, Há vícios de origem, em: http://www.ihu.unisinos.br/entrevistas/512777-reforma-do-codigo-penal-ha-vicios-de-origem-entrevista-especial-com-jacinto-coutinho-e-edward-rocha-de-carvalho; Prado, A relação entre direito penal e processo penal no projeto do novo Código Penal. Considerações gerais, *Revista da EMERJ*, vol. 15, n. 60 (2012), p. 251 e ss.; Wunderlich/D'Ávila/de Oliveira/Garcia, Breves notas críticas sobre a reforma do Código Penal: Projeto n. 236 do Senado Federal, em: http://www.oabrs.org.br/arquivos/file_527289f649365.pdf; Moura, A legítima defesa e o seu excesso não punível no novo projeto de Código Penal, revista *Liberdades* 12 (2013), p. 145 e ss. Mais recentemente foram publicado os comentário do IBCCrim a respeito do substitutivo ao PLS 236/2012: http://www.ibccrim.org.br/docs/codigo_penal.pdf. A conclusão dos comentários: «Com tais colocações, o IBCCrim, altamente preocupado com os destinos próximos futuros da legislação penal brasileira, denuncia e acusa o Relatório por suas próprias falhas, repudiando-o e requerendo sua absoluta rejeição». Nós também nos manifestamos em várias oportunidades: Greco, Princípios fundamentais e tipo no novo Projeto de Código Penal (Projeto de Lei 236/2012 do Senado

nosso reformador não encontra par na discussão científica contemporânea e tampouco parece atender às necessidades da prática judiciária. Mesmo os problemas do atual direito positivo foram ignorados.[48] Nosso legislador está em busca da originalidade por ela mesma, algo que pode ser louvável para um artista, compreensível para um adolescente, mas temerário quando se trata de fixar regras que determinam o encarceramento de pessoas por anos a fio. Sobre esses dois movimentos legislativos é que queremos nos debruçar, sem qualquer pretensão mais audaciosa de, nessa sede, desenvolver um sistema próprio de autoria e participação.

III. AUTORIA E PARTICIPAÇÃO NA PRIMEIRA VERSÃO DO PLS 236/2012[49]

1. Teor dos dispositivos do PLS 236/2012

Concurso de pessoas Art. 38. Quem, de qualquer modo, concorre para o crime incide nas penas a este cominadas, na medida de sua culpabilidade.

§ 1.º Concorrem para o crime:

I – os autores ou coautores, assim considerados aqueles que:

a) executam o fato realizando os elementos do tipo;

b) mandam, promovem, organizam, dirigem o crime ou praticam outra conduta indispensável para a realização dos elementos do tipo;

c) dominam a vontade de pessoa que age sem dolo, atipicamente, de forma justificada ou não culpável e a utilizam como instrumento para a execução do crime; ou

d) aqueles que dominam o fato utilizando aparatos organizados de poder.

II – partícipes, assim considerados:

Federal), revista *Liberdades* – Edição Especial – Reforma do Código Penal, 2012, p. 35 e ss.; Greco, O projeto de lei do Código Penal e sua retórica, *Consultor Jurídico,* 2012, em: http://www.conjur.com.br/2012-set-14/luis-greco-projeto-lei-codigo-penal-retorica; Greco, Quanto vale a vida de um brasileiro? Um apelo à Comissão de Reforma do Código Penal, *Boletim do IBCCrim* 236 (2012), p. 3 e ss.; Leite, Erro, causas de justificação e causas de exculpação no novo projeto de Código Penal (projeto de lei 236 /2012 do Senado Federal), revista *Liberdades* – Edição Especial – Reforma do Código Penal, 2012, p. 59 e ss., p. 62 e ss.; Leite, Formalismo, democracia e cinismo na reforma penal, *Consultor Jurídico,* 2012, em: http://www.conjur.com.br/2012-out-18/alaor-leite-formalismo-democracia-cinismo-reforma-codigo-penal; Leite, Deixem a parte geral do Código Penal como está, *Consultor Jurídico,* 2013, em: http://www.conjur.com.br/2013-abr-19/alaor-leite-deixem-parte-geral-codigo-penal.

48 Sobre alguns deles, ver abaixo a sequência do texto.

49 O item III é uma versão aperfeiçoada de passagens constantes do estudo Greco, revista *Liberdades* – Edição Especial – Reforma do Código Penal, 2012, p. 35 e ss., p. 50 e ss.

a) aqueles que não figurando como autores, contribuem, de qualquer outro modo, para o crime; ou

b) aqueles que deviam e podiam agir para evitar o crime cometido por outrem, mas se omitem.

Concorrência dolosamente distinta

§ 2.º Se algum dos concorrentes quis participar de crime menos grave, ser-lhe-á aplicada a pena deste; essa pena será aumentada até metade, na hipótese de ter sido previsível o resultado mais grave

Concorrência de menor importância

§ 3.º Se a concorrência for de menor importância, a pena pode ser diminuída de um sexto a um terço.

2. Caracterização geral

A primeira versão do PLS 236/2012 veio ao conhecimento geral com uma série de novidades em relação ao direito positivo atual. O reformador, querendo parecer moderno, definiu autores e partícipes (Art. 38, § 1.º, I, II); mas como ele tem dificuldades com a dogmática do direito penal, cometeu vários erros; e, também por faltar-lhe domínio do tema, manteve dispositivos antigos de um lado problemáticos, de outro incompatíveis com as novidades.

No geral, foram mantidos em sua integralidade os dispositivos dos atuais arts. 29-31. As agravantes no concurso de pessoas, reguladas no art. 62, CP/1984, foram reposicionadas no § 4.º do art. 38, com poucas alterações. As novidades começam com a *definição de autoria*, no inciso I do § 1.º do art. 38. A sistemática que encontrou sua expressão mais acabada na obra «Autoria e domínio do fato», de Roxin, distingue três formas de autoria: a autoria direta ou imediata, que se refere ao caso daquele que, de mão própria, realiza o tipo; a autoria indireta ou mediata, que se refere àquele que realiza o tipo por meio de um chamado «instrumento»; e a coautoria, que se refere àquele que realiza o tipo atuando de modo coordenado com outras pessoas.[50] Coautoria, nessa sistemática, não é sinônimo de concurso de pessoas, e sim uma forma específica de realização do tipo, em que cada qual responde também pelo comportamento dos demais, como já foi esclarecido anteriormente em vários dos estudos que a este antecedem. O Projeto tenta seguir essa sistemática e inclusive mostrar um comprometimento com a ideia que a fundamenta, a saber, o domínio do fato.[51]

---

[50] ROXIN, *Täterschaft und Tatherrschaft*, p. 127 e ss., 141 e ss., 277 e ss.; uma acessível síntese do pensamento de Roxin em GRECO/LEITE, revista *Liberdades* 7 (2011), p. 97 e ss. (101 e ss.).

[51] Sobre essa ideia ver o nosso estudo introdutório: GRECO/LEITE, no presente livro, p. 19 e ss.

O problema fundamental, contudo, é a *simultânea manutenção da regra geral de que responde pelo crime toda pessoa que para ele concorre* (art. 38, *caput,* Projeto; art. 29, *caput,* CP/1984). Esse dispositivo, que está naturalmente vinculado a uma concepção de tipo reduzida à causação de um resultado, e que, como dito, faz tanto da conduta de disparar, como da de gritar «dispare!», realizações do tipo do art. 121, deveria, a rigor, ser cortado, uma vez que o Projeto se deu o trabalho de definir expressamente os conceitos de autor e partícipe, e com isso impõe aos aplicadores do direito a tarefa de enquadrar o comportamento dos agentes sob essas definições legais.

Aqui se observa, mais uma vez, o problema mais geral inicialmente apontado. A regra de que todo aquele que concorre para o crime é autor é, como vimos, a causa tanto da simplificação, quanto dos problemas do sistema unitário. Essa regra não foi suprimida. A simplificação que ela trazia, contudo, sim. A bateria de outros dispositivos definindo autor e partícipe só faria sentido se a regra mais geral tivesse desaparecido. Não se entende o porquê do esforço de enquadrar a conduta dos agentes nas diversas alíneas dos incisos I e II do art. 38, se é sempre possível e mais fácil recorrer já ao *caput.*

3. A autoria

Passemos, contudo, ao árduo e, em razão do *caput*, em si desnecessário trabalho de avaliar cada uma das várias definições de autor apresentadas pelo Projeto.

a) O Projeto define a *autoria direta* como o caso daqueles que «executam o fato realizando os elementos do tipo» (art. 38, § 1.º, I, *a*). A formulação não é muito exata, uma vez que é bem provável que o autor mediato também possa ser subsumido sob a mesma definição. Melhor teria sido, assim, dizer algo como: «executam diretamente o fato», «executam o fato de mão própria».

b) O próximo dispositivo refere-se àqueles que «mandam, promovem, organizam, dirigem o crime ou praticam outra conduta indispensável para a realização dos elementos do tipo» (art. 38, § 1.º, I, *b*) – com o que, supomos, quis o Projeto definir a *coautoria.* O problema é que aqui, o Projeto optou por um conceito extremamente amplo de coautoria, que não mais se deixa reconduzir à ideia do domínio do fato. Considerar autor quem promove, organiza ou dirige o crime, ainda é algo defendido por vários dos que acolhem o domínio do fato, se bem que não pela maior autoridade no assunto.[52] Mas só partindo de um conceito subjetivista de autor e abandonando a ideia de que autor é só quem tem certo domínio, isto é, um controle objetivo sobre o fato, é que

[52] Por exemplo, Jakobs, *Strafrecht Allgemeiner Teil*, 2. ed., Berlin/New York, 1991, § 21 nm. 48; Stratenwerth/Kuhlen, *Strafrecht, Allgemeiner Teil*, 5. ed., München, § 12 nm. 93 e s. Contra: Roxin, *Strafrecht Allgemeiner Teil*, vol. II, § 25 nm. 210.

se pode considerar quem «manda» autor.[53] Tampouco está claro por que se considera autor quem faz algo indispensável para realizar elementos do tipo, uma vez que muitas condutas de auxílio material, próprias de partícipes,[54] estarão aqui compreendidas. O Projeto não se limita a elevar aquilo que alguns ordenamentos chamam de cooperação necessária (art. 28, II, *b*, CP espanhol) à qualidade de autoria, mas também transforma, por ex., quem entrega da arma a alguém que comete um tipo qualificado como o constrangimento ilegal (art. 145, § 1.º, do Projeto) em coautor da qualificação, sem que esse alguém tenha sido coautor do tipo básico (art. 145, *caput*). Esse paradoxo decorre de que o Projeto não tenha entendido que o autor, e por conseguinte também o coautor, é quem domina a realização do tipo como um todo, e não apenas de alguns de seus elementos. O autor não apenas faz algo necessário para a realização do tipo (isso o faz também a mãe do autor); autor é quem realiza o tipo.

c) Nos próximos dois dispositivos, o Projeto tenta regular a *autoria mediata*. No primeiro deles declara autores aqueles que «dominam a vontade de pessoa que age sem dolo, atipicamente, de forma justificada ou não culpável e a utilizam como instrumento para a execução do crime», no segundo «aqueles que dominam o fato utilizando aparatos organizados de poder» (art. 38, § 1.º, I, *c*, *d*). Aqui, mais uma vez tentando parecer moderno, o Projeto disse mais do que deveria e mencionou expressamente o «domínio da vontade» e o «domínio do fato». Cremos acertadas as ideias de domínio do fato e domínio da vontade, como leitor já percebeu ao ler os estudos anteriores.[55] O que nos parece de todo inadequado, contudo, é que um dispositivo legal faça uma confusão entre o que é pressuposto de uma regra de incidência, de um lado, e entre o que pertence à *ratio legis*, de outro. Explicitando-o com base em um exemplo claro: a *ratio legis* por trás do art. 121 do CP é a proteção do bem jurídico vida. Os pressupostos de incidência do art. 121, contudo, são apenas «matar alguém». Se o legislador seguisse, na Parte Especial, o mesmo método que seguiu ao definir a autoria mediata, ele teria de redigir o homicídio simples como «lesionar o bem jurídico vida de outrem, matando

---

53 Não é incomum, porém, ler na literatura nacional que, segundo a teoria do domínio do fato, o «mandante» seria autor. Trata-se, contudo, de nada mais do que um erro (cf. por ex., Jescheck /Weigend, *Lehrbuch des Strafrechts, Allgemeiner Teil*, 5. ed., Berlin, 1996, p. 687, e Roxin, *Leipziger Kommentar zum Strafgesetzbuch*, 11. ed., Berlin, 1993, § 26/58, que enumeram entre os meios da instigação: presentes, promessas, ameaças, abuso da reputação ou de autoridade, persuasão, provocação de erro, manifestação de um desejo, de uma pergunta, de uma sugestão ou de um pedido), cuja origem, segundo vemos, é o escrito de Jesus, *Teoria do domínio do fato no concurso de pessoas*, 2. ed., São Paulo, 2001, p. 27. Ver a esse respeito Greco/Leite, estudo que abre a presente coletânea, p. 37 e ss.

54 Que preferimos chamar de cumplicidade, Greco, *Cumplicidade através de ações neutras*, p. 6; assim também Cirino dos Santos, *Direito penal, parte geral*, p. 379 e ss. e antes de nós principalmente Batista, *Concurso de agentes*, p. 186 e ss.

55 Como já afirmamos em Greco/Leite, neste volume, p. 19 e ss.

alguém». Seria mais adequado, assim, que os dispositivos se abstivessem de mencionar a *ratio legis* do domínio. Eles poderiam ter a seguinte redação: «utilizam como instrumento para a execução do crime pessoa que age ...» ou «utilizam aparatos organizados de poder». De resto, a enumeração da letra *c)* não está, em si, incorreta; ela é, contudo, de natureza em boa parte fenomenológica. Não é o fato de o instrumento agir atípica ou justificadamente o que fundamenta o domínio do homem de trás, e sim encontrar-se aquele em um erro ou coagido. Se não fosse assim, emprestar uma arma a quem age em legítima defesa fundamentaria autoria mediata pelas lesões ou pelo homicídio praticado por quem se defende.

É de questionar-se, além disso, a conveniência da adoção legislativa da figura do *domínio da organização*.[56] Em primeiro lugar, a figura não é incontroversa.[57] Ainda que ela nos pareça correta, a lei não é o lugar de inserir opiniões que consideramos corretas, mas que continuam a ser objeto de respeitável crítica. Mais grave, ainda, é que o reformador tenha adotado a figura sem enunciar os pressupostos diante dos quais ela deve ser afirmada, mas mencionado, mais uma vez, apenas a uma *ratio*: «dominam o fato utilizando aparatos organizados de poder».

Como o reformador não indica nenhuma limitação à aplicação dessa figura (como, por exemplo, a limitação a aparatos dissociados da ordem jurídica, como máfias ou organizações criminosas; ou exigindo a fungibilidade dos executores),[58] é provável que ela encontre aplicação também na criminalidade de empresa, de modo que, a prosperar o legislativo, todo diretor de empresas correrá o risco de ser considerado autor de qualquer delito cometido no interior da estrutura empresarial.[59] Isso talvez sacie os anseios pela facilitação da imputação nesses delitos, mas é problemático de uma perspectiva que leve a sério os princípios da legalidade e da culpabilidade.[60]

---

56 Originalmente formulada por Roxin, *Straftaten im Rahmen organisatorischer Machtapparate*, GA 1963, p. 193 e ss.

57 Detalhadamente: Renzikowski, *Restriktiver Täterbegriff und fahrlässige Beteiligung*, p. 73 e ss., p. 87 e ss.; Rotsch, Tatherrschaft kraft Organisationsherrschaft?, *ZStW* 112 (2000), S. 518 ff., p. 545.; Schünemann, *Die Rechtsfigur des «Täters hinter dem Täter» und das Prinzip der Tatherrschaftsstufen*, FS-Schroeder, 2007, p. 401 e ss., p. 411 e s.; Puppe, *Die Architektur der Beteiligungsformen*, GA 2013, p. 514 e ss., p. 516 e s. No Brasil, ver Busato, *Direito penal, parte geral*, p. 714 e ss.

58 Essa é a opinião daquele que cunhou tal figura: Roxin, *Straftaten im Rahmen organisatorischer Machtapparate*, GA 1963, p. 193 e ss.

59 Sobre os problemas de responsabilidade pela posição, ver Leite, que também compõe o presente livro, p. 151.

60 Ver Rotsch, *ZStW* 112 (2000), p. 518 e ss., p. 556.; sobre a complexidade do problema das formas de imputação de responsabilidade na criminalidade de empresa ver Schubarth, Zur strafrechtliche Haftung des Geschäftsherrn, *SchwZSt* 92 (1976), p. 370 e ss., p. 387 e ss.; Lampe, Tätersysteme: Spuren und Strukturen, *ZStW* 119 (2007), p. 471 e ss., p. 505 e ss. Busato

Diferentemente das outras inovações conceituais, que permanecem sem muitos efeitos práticos diante da manutenção da redação do atual art. 29, essa alínea pode ocasionar uma ampliação de responsabilidade penal em relação ao direito positivo atual. Afinal, pode-se interpretar essa adoção mal-acabada da figura do domínio da organização, sem a referência aos pressupostos dessa figura (a emissão de ordens e a fungibilidade dos executores imediatos), como a *fundamentação de uma responsabilidade pela mera posição* que se ocupa, algo que estaria excluído mesmo pela redação amplíssima do atual art. 29: ocupar uma posição qualquer não significa, em princípio, «concorrer» para um delito qualquer. A chamada «responsabilidade objetiva», expulsa pela porta, pode, por essa via, reentrar pela janela.

4. A participação

Em seguida, o Projeto definiu, no inciso II, a *participação*, por ação e por omissão. O primeiro dos dispositivos (letra *a*), que define como partícipes «aqueles que não figurando como autores, contribuem, de qualquer outro modo, para o crime», é duvidoso e, principalmente, redundante. Ele repete que quem concorre, responde, o que já constava do *caput*. A verdade é que, em razão do amplíssimo conceito de coautoria do qual o Projeto partiu (cf. acima 3.b), pouco restará para esse dispositivo.

Na letra *b)*, determina o Projeto que todo omitente será partícipe. Essa posição, por vezes defendida na doutrina,[61] não nos parece acertada, mas discutir esses problemas nos levaria longe demais.[62]

O que se pergunta é qual o sentido desse dispositivo, diante do *caput* do art. 38. Definir formas de participação, partindo de um conceito unitário fundado na equivalência de toda contribuição causal, teria sentido apenas caso se quisesse punir *contribuições não causais*, ou seja, ampliar ainda mais as formas de contribuição consideradas típicas: poder-se-ia determinar a punição, por exemplo, de ajudas materiais que não foram causadoras do resultado nos termos da *conditio sine qua non*.[63] O que esse inciso faz, no entanto, não é

---

admite a extensão da figura para a criminalidade de empresa, mas não prescinde, tal como faz equivocadamente o reformador, da exigências dos outros pressupostos da figura do domínio da organização: Busato, *Direito penal, parte geral*, p. 717.

[61] Principalmente Gallas, Comentário à decisão BGH, *1 StR* 59/50, de 12.02.1952, in: JZ 1952, p. 371 e ss. (p. 372); crítica em Roxin, *Strafrecht*, vol. II, § 31 nm. 151 e ss., com ulteriores referências.

[62] Sobre esse problema, de forma didática, Bock, Jura 2005, p. 673 e ss., p. 677 e ss. Recentemente manifestaram-se Haas, *Die Beteiligung durch Unterlassen*, ZIS 2011, p. 392 e ss.; Robles Planas, *Die zwei Stufen der Beteiligungslehre – am Beispiel der Beteiligung durch Unterlassen*, GA 2012, p. 276 e ss. Ver o já citado estudo específico de Robles Planas, *Garantes y cómplices*.

[63] Partindo de um conceito diferenciador, autores há que defendem a existência de «cumplicidade não causal». Sobre a discussão ver Batista, *Concurso de agentes*, p. 50 e s.; Roxin, *Was*

nada disso. Ele apenas reafirma o *caput* do art. 38, lembrando ao aplicador da lei que toda contribuição causal será castigada. O mais interessante é que, a rigor, seria desnecessário para um «conceito unitário funcional»[64] determinar positivamente a punição dos partícipes – já que toda contribuição causal é considerada como típica, a teor do art. 38, *caput* –, um empreendimento obrigatório apenas para um conceito restritivo de autor, que compreende a punição da participação como causa de extensão da punibilidade.[65] Vale dizer, caso se parta de um conceito restritivo de autor e não constem dispositivos determinando a punição dos partícipes, estes devem ficar impunes.[66] Ou seja, como logo se dirá, mais sensato seria ou prever um art. 38, *caput*, que declara punível todo aquele que concorre, ou um dispositivo como o art. 38, II, que declara puníveis os partícipes. A previsão dos dois demonstra a insegurança de um legislador que quer ser moderno, mas sem saber bem o porquê.

5. Causas de aumento de pena

No art. 38, § 4.º, o projeto enuncia as *causas de aumento no concurso de pessoas*, e simplesmente esquece a distinção entre autor e partícipe que ele próprio enunciara. O mais tardar aqui, torna-se irresistível a pergunta: para que distinguir autor e partícipe, formas de autoria e de participação, se isso sequer releva para a determinação da pena a ser imposta?

Ao menos nesse momento, um reformador mais ilustrado poderia utilizar as distinções introduzidas e avaliar o conteúdo de injusto de cada forma de intervenção do delito. Ainda que elas fossem todas típicas e abarcadas pelo *caput* do art. 38 do Projeto (atual art. 29, *caput*, CP), seria possível hierarquizá-las, distinguir formas mais e menos graves, o que refletiria na medida da pena de cada interveniente. Esse fato merece destaque, pois, a partir do momento em que várias formas de intervenção no delito são distinguidas umas das outras, o natural seria prever *causas de diminuição* para determinadas contribuições, como a mera cumplicidade. Nosso reformador considerou, no entanto, mais relevante dar destaque ao aumento de pena de contribuições por

---

ist Beihilfe?, FS-Miyazawa 1995, p. 501 e ss.; Vogel, *ZStW* 114 (2002), p. 403 e ss., p. 406 e ss.; Greco, *Cumplicidade através de ações neutras*, p. 12 e ss.

64 Ver acima, p. 179.

65 Construiu um conceito restritivo de autor entre nós, entendendo a punição das formas de participação como decorrentes de uma norma de extensão da punibilidade, Leiria, *A autoria e a participação criminal*, p. 246, em 1974. Ver também a tentativa de Fragoso, em crítica a Hungria: Hungria/Fragoso, *Comentários ao Código Penal*, vol. 1, tomo II, p. 624: «A responsabilidade neste último caso [Fragoso se refere aos partícipes] deflui da regra sobre concurso de agentes prevista na Parte Geral, que funciona como causa extensiva da punibilidade». Sobre o conceito restritivo de autor no direito brasileiro ver Greco, Cumplicidade através de ações neutras, p. 11 e ss.

66 Zimmerl, *ZStW* 49 (1929), p. 39, p. 45; Bähr, *Restriktiver und extensiver Täterschaftsbegriff*, p. 15 e ss.

ele consideradas como mais graves, reservando a diminuição (facultativa) de pena para os casos de «concorrência de menor importância» (§ 3.º do art. 38), tal como faz o código atual. A distinção entre autores e partícipes simplesmente desaparece nesse ponto, demonstrando, uma vez mais, o fato de que o nosso reformador não faz a menor ideia a respeito do que está fazendo.

6. Outros dispositivos

Os principais problemas do Projeto se referem menos aos novos dispositivos e mais a certos *dispositivos antigos* que foram mantidos, sem maiores explicações. O primeiro deles, como dito acima, é a norma geral do art. 38, *caput*, PLS 236 (art. 29, *caput*, CP vigente), o princípio fundamental de que todo aquele que concorre, responde.

a) Outro dispositivo que há muito deveria ter sido extirpado é o da chamada *concorrência dolosamente distinta* (art. 38, § 2.º, Projeto; art. 29, § 2.º, CP/1984). Esse dispositivo, já estranho no sistema anterior, fica ainda pior em um sistema que define autor e partícipe. A única razão de ser desse dispositivo é deixar claro que o excesso de outro concorrente pode fundamentar culpa. Se é assim, dever-se-ia aplicar as regras do crime culposo, e só. O problema é que a norma da concorrência dolosamente distinta transforma condutas culposas que, a rigor, não seriam puníveis, em condutas puníveis por via indireta, violando a ideia de que o delito culposo só é punível excepcionalmente. Concretamente: A foi demitido por seu chefe Y, e quer vingar-se. Ele pede a B, notoriamente violento, que entre na casa de Y e furte um caro relógio. Ele diz a B, contudo: «por favor, não encoste um dedo em Y». Y, contudo, oferece resistência, o que faz com que B o nocauteie com um cruzado. B responde pelo roubo (CP vigente, art. 157), provavelmente em concurso formal com a lesão corporal dolosa.[67] A, por sua vez, responde pela participação (ou coautoria, cf. acima 3.b) no furto, com pena aumentada até a metade, uma vez que o crime mais grave (roubo, em razão das lesões corporais, que fundamentam «violência contra a pessoa») era previsível. Se inexistisse esse dispositivo da participação dolosamente distinta, A teria de responder por participação no furto e por autoria culposa das lesões corporais, em concurso formal.

Suponha-se, contudo, que B não soque Y, mas se limite a ameaçá-lo («grave ameaça»). B ainda terá praticado crime mais grave, roubo. Já a ameaça e o constrangimento ilegal não foram objeto do dolo de A; foram um excesso de B, ainda que previsível, uma vez que B era uma pessoa notoria-

---

67 Seria defensável considerar a lesão absorvida pela elementar do roubo «violência à pessoa»; como existe, contudo, violência à pessoa sem lesão corporal (a vítima é amarrada), o concurso formal parece a solução mais correta.

mente instável. Segundo as regras gerais, A não responderia por nada, porque inexiste ameaça ou constrangimento ilegal em forma culposa. Mas a regra da concorrência dolosamente distinta transforma essa ameaça ou constrangimento ilegal culposos em algo indiretamente punível: a pena pela participação no roubo é aumentada. E aqui está o problema: não se compreende por que razão uma ameaça culposa torna a participação no furto – porque é por furto que A será condenado – algo mais grave.

Essa regra não só não pode ser consertada; ela não tem sentido. Os princípios de atribuição de responsabilidade do crime culposo e as regras do concurso de crimes dão conta de todas as dificuldades. No máximo, pode-se cogitar de uma pena maior, nos termos do art. 59 CP/1984, art. 75 do Projeto. Lacunas de punibilidade que eventualmente possam surgir são adequadas, porque decorrem da decisão de punir a culpa só nos casos expressamente previstos em lei.

b) O dispositivo do art. 40, que condiciona a punibilidade das condutas de *ajuste, mandado* (*sic*) – em claro erro de português, já que o reformador queria, provavelmente, dizer mandato –, *induzimento, determinação, instigação e auxílio,* ao *início da execução* do crime, não difere substancialmente do art. 31 CP/1984. Talvez fosse possível, contudo, suprimi-lo, se se suprimisse o *caput* do art. 38. O estranho é que aqui não se usem termos idênticos aos que foram usados no art. 38, § 1.º, I, II, com o que o Projeto se mostra, mais uma vez, diletante.

c) O dispositivo da *comunicabilidade de circunstâncias* (art. 39, Projeto; art. 30, CP/1984) já há muito requer um reexame mais detido.[68] A nossa doutrina ocupou-se especialmente do problema da participação no crime de infanticídio,[69] problema esse que o Projeto optou por solucionar na Parte Especial (art. 124, parágrafo único), deixando de lado questão muito mais fundamental, que um futuro Código deveria resolver, qual seja: a de como justificar que uma pessoa responda por um crime mais grave, apenas pelo fato de ela atuar ao lado de outra pessoa que apresenta a elementar pessoal constitutiva do crime mais grave. Concretamente: se A e B praticam juntos ato de violência contra C, responderão os dois pelo crime de lesões corporais, com pena de três meses a um ano (ou, segundo a nova cominação do Projeto, de seis meses a um ano). Se B, contudo, for funcionário público e praticar o ato de violência no exercício dessa função, incidirá também o art. 322 do CP vigente, cuja pena é de seis meses a três anos. O que não fica bem

---

[68] Ver o já referido trabalho de Gomes Bezerra, *O conceito de autor e a comunicabilidade de circunstâncias*, Dissertação de Mestrado UERJ, 2013; e Greco/Teixeira, no presente volume, p. 73 e ss.

[69] Cf. as referências em Nucci, *Código Penal comentado*, art. 30, nota 18-A.

explicado é por que, pela mera existência da regra sobre a comunicabilidade de circunstâncias, a conduta de A, que não é funcionário público, passa a ter a mesma gravidade da conduta de B, que o é.[70] Seria como chamar de adúltero, pressuposta a sua punição, aquele que acompanha o amigo casado à casa de tolerância e declarar a sua conduta igualmente grave.

De qualquer maneira, esse problema já o temos há muitas décadas. É de louvar-se que o Projeto não tenha tentado resolvê-lo, porque o mais provável é que tivesse tornado as coisas ainda piores. Consignamos apenas que aqui temos um problema sério e pouco discutido, a merecer mais atenção.

d) Por fim, há dispositivos sobre autoria e participação dispersos noutros setores

aa) Em primeiro lugar, foi mantido o dispositivo sobre o *erro determinado por terceiro*, art. 27, § 1.º, do Projeto, que corresponde ao atual art. 20, § 2.º, CP/1984. Esse dispositivo é redundante em face do art. 38, § 1.º, I, *c*, do Projeto e deveria ter sido suprimido.

bb) O Projeto, contudo, deu um passo adiante e acrescentou ao dispositivo que regula a *inimputabilidade em razão de idade* um parágrafo único de conteúdo análogo (art. 34). Esse dispositivo é, no que se refere a seus pressupostos de incidência, duplamente problemático. Ele é, primeiramente, redundante em face do art. 38, § 1.º, I, *c*, que se refere de modo expresso ao caso de instrumento não-culpável. Em segundo lugar, o dispositivo dá ensejo à pergunta quanto ao porquê de só se acrescentar tal dispositivo ao artigo que regula a maioridade penal, e não, por ex., ao dispositivo que regula a inimputabilidade em razão de doença mental (art. 32, I). Está claro que, em razão do art. § 1.º, I, *c*, não há espaço para qualquer argumento *a contrario sensu*; não será surpreendente, entretanto, que alguém avance esse tipo de argumento. A única relevância prática do dispositivo está no aumento de pena nele previsto.

IV. AUTORIA E PARTICIPAÇÃO NO SUBSTITUTIVO AO PLS 236/2012

1. Teor dos dispositivos do Substitutivo ao PLS 236/2012

Concurso de pessoas

Art. 35. Quem, de qualquer modo, concorre para o crime incide nas penas a este cominadas, na medida de sua culpabilidade.

§ 1.º Consideram-se:

---

[70] Vide ademais a justificada má vontade que confere Batista, *Concurso de agentes*, p. 170 e s. ao dispositivo, por ele reinterpretado de maneira a que autor de delito especial só possa ser quem apresente, na própria pessoa, a qualidade especial.

I – coautores aqueles que:

a) ofendem ou expõem a risco o bem jurídico mediante acordo de condutas;

b) mandam, promovem, organizam, dirigem o crime ou praticam outra conduta indispensável para a ofensa ao bem jurídico;

c) usam, como instrumento para a execução do crime, pessoa que age de forma atípica, justificada ou não culpável; ou

d) usam aparatos organizados de poder para a ofensa ao bem jurídico.

II – partícipes aqueles que:

a) não figurando como coautores, contribuem, de qualquer outro modo, para o crime; ou

b) deviam e podiam agir para evitar o crime cometido por outrem, mas se omitem.

Concorrência de menor importância

§ 2.º Se a concorrência for de menor importância, a pena pode ser diminuída de um sexto a um terço.

Causas de aumento

§ 3.º A pena será aumentada de um sexto a dois terços, sem prejuízo do parágrafo único do art. 31 deste Código, em relação ao agente que:

I – promove ou organiza a cooperação no crime ou dirige a atividade dos demais agentes;

II – coage outrem à execução material do crime;

III – instiga, induz, determina, coage ou utiliza para cometer o crime alguém sujeito à sua autoridade, ou é, por qualquer causa, não culpável ou não punível em virtude de condição ou qualidade pessoal; ou

IV – executa o crime ou nele participa mediante paga ou promessa de recompensa.

Circunstâncias incomunicáveis

Art. 36. Não se comunicam as circunstâncias e as condições de caráter pessoal, salvo se elementares do crime e forem do conhecimento dos concorrentes.

Execução não iniciada

Art. 37. O ajuste, o mandado, o induzimento, a determinação, a instigação ou o auxílio, salvo disposição expressa em contrário, não são puníveis, se a execução do crime não é iniciada.

2. Observações iniciais

O Substitutivo ao PLS 236/2012 inovou em vários pontos em relação à primeira versão do PLS 236/2012, que já se apresentava, como vimos, tão prenhe de inovações quanto de deslizes. A nós cabe cuidar, agora, dessas novidades, sem repetir o que já foi dito acima. Fundamental é notar que não se tratou de correções de equívocos reclamados pela crítica científica e sim, outra vez, de afã pelo novo. Ao reformador conviria recordar que não está pintando um quadro ou escrevendo um poema, e sim redigindo uma lei que quer viger diante de todo o povo brasileiro. Trata-se, enfim, de palavras que encarceram.

A redação ampla de nosso atual art. 29, *caput*, é integralmente mantida, tal como ocorrera na primeira versão, sem maiores explicações. O problema fundamental permanece: não faz sentido manter um sistema unitário, declarar que todo aquele que concorre, é punido e segundo o mesmo marco penal, ao mesmo tempo em que se diferencia autor, coautor (em várias subformas) e partícipe. Com isso, tem-se um *incremento de complexidade sem qualquer ganho de legalidade.*

Houve apenas *acréscimos* de novos dispositivos e uma *supressão* de artigo atualmente vigente e também presente na primeira proposta legislativa acima analisada. A supressão, adiantamos, parece-nos correta: foi cortada a previsão da participação (ou «concorrência») dolosamente distinta (acima III. 6. a). Cuidemos dos acréscimos.

3. Ofensa, tipo, crime: confusão entre *ratio* e pressupostos de incidência

O reformador esforça-se por não perder oportunidade de professar a sua fé na concepção de delito como «ofensa a bem jurídico». Essa difusa ideia de ofensa deve ser entendida como compreensiva da lesão e do risco (concreto?) de lesão.[71] Assim, o dispositivo do art. 35, § 1.º, I, *a*, diz coautores aqueles que «ofendem ou expõem a risco o bem jurídico mediante acordo de condutas»; a alínea chama de coautores aqueles que «usam aparatos organizados de poder para a ofensa ao bem jurídico». A redação de outros dispositivos, como o próprio *caput* do art. 35, menciona apenas o «crime».

Há uma série de objeções a esse modo de proceder. Em primeiro lugar, ainda que a ideia de ofensividade fosse correta, o mínimo que se deveria esperar de um código é uniformidade e consistência terminológica. Um código que não sabe que palavras usa, provavelmente tampouco sabe o que está dizendo. Segundo, se ofensa é lesão ou exposição a risco, não se entende porque o Código, às vezes, usa a formulação «ofendem ou expõem a risco». Em terceiro lugar, o substitutivo ignora que autoria é, antes do que a lesão de um bem jurídico, realização do tipo. Aqui persiste a confusão entre *ratio* e pressuposto de incidência, já apontada acima.

---

[71] Cf. art. 14 do PLS 236/2012.

4. O «coautor individual»: confusão entre coautoria e concurso de pessoas

a) O reformador brada os seus anseios modernistas, mas não faz mais do que repristinar, provavelmente sem o saber, equívoco presente na vetusta parte geral de 1940, qual seja o de considerar como expressões sinônimas «coautoria» e reunião de vários intervenientes no delito (art. 25, CP/1940). Essa confusão é compreensível na versão mais formal do sistema unitário, já que todo aquele que oferecer uma contribuição causal ao delito é autor em sentido amplo, de forma que inexiste, salvo um único caso,[72] problema de distinção entre, por exemplo, coautor e cúmplice, ou entre autor mediato e instigador. Todos são autores, e caso haja mais de um concorrente para o delito, todos são «coautores em sentido amplo».[73] Daí o título «Da coautoria» que epigrafava o antigo art. 25.[74] O legislador de 1984 percebeu que, assim, unificavam-se realidades distintas, e alterou o título do capítulo para «Do concurso de pessoas», o que é correto, já que coautoria é um conceito técnico e mais estrito, como se sabe. Se bem compreendemos, o art. 35 do Substitutivo indica que o conceito mais geral é o de «concurso de pessoas» ou «concorrência», do qual são subespécies a «coautoria» (art. 35, § 1.º, I) e a «participação» (art. 35, § 2.º, II). Porém, as subespécies estampadas no Substitutivo não guardam qualquer referência com o significado que esses termos possuem na ciência. Em verdade, «coautoria», tal como consta do art. 35 §, 1.º, I, significa qualquer forma de intervir no delito, como «coautoria em sentido estrito» (alínea a), «instigação» e «cumplicidade» (alínea *b*), «autoria mediata» (alínea *c*) e a forma específica de autoria mediata, o chamado «domínio da organização» (alínea *d*). Para o Substitutivo, mesmo o autor individual – como é o caso do autor mediato – é «coautor», assim como o instigador é, também, «coautor», uma confusão terminológica difícil de ser explicada mesmo nos termos da linguagem cotidiana. Afinal, como pode o único autor de um delito ser considerado, de repente, «coautor»? Caso A envenene o *latte machiatto* da vítima V, que dele sorve sem imaginar a natureza letal de seu ato, teremos um instrumento que age de forma atípica, uma vez que autolesões não são compreendidas pelos tipos. Só A, evidentemente, seria é autor do delito. Nesse ponto surge a figura fantasmagórica da «coautoria individual», inaugurada pelo Substitutivo ao PLS 236/2012. Algo como uma dupla sertaneja de uma pessoa só.

---

72 O da chamada coautoria aditiva (pense-se em um pelotão de fuzilamento).

73 Bock, *Jura* 2005, p. 673 e ss., p. 676: «Segundo o sistema unitário de autor, a categoria da coautoria seria desnecessária». O autor se refere, evidentemente, ao conceito estrito de coautoria.

74 Sobre esse título ver Batista, *Concurso de agentes*, p. 14 e ss.

5. As diferentes formas de «coautoria» no Substitutivo

Analisemos cada manifestação do estranho conceito de «*coautoria*» presente no Substitutivo.

a) Na primeira alínea, consta o conceito de «*coautores em sentido estrito*», definidos como aqueles que «ofendem o bem jurídico mediante acordo de condutas». Mais uma vez, observa-se que o reformador não compreendeu bem os problemas da coautoria no direito penal.[75] Na coautoria em sentido estrito ou técnico, ocorre a chamada *imputação recíproca*, um fenômeno que necessita de legitimação, já que significa, dito claramente, imputar a um sujeito fatos de terceiros como se seus fossem:[76] A realiza a subtração enquanto B imobiliza violentamente a vítima; ambos serão coautores do roubo (art. 157, CP), muito embora A tenha, de mão própria, realizado apenas um furto (art. 155, CP) e B apenas um constrangimento ilegal (art. 146, CP). Nasce um fato conjunto, imputável a todos os coautores. Imputar ações típicas a um sujeito que não as praticou está longe de ser uma obviedade. Em razão disso é que se estabelecem requisitos para a coautoria no direito penal, sem os quais cada autor responde apenas pelo delito que cometeu por si só, inocorrendo uma imputação recíproca.[77] Em geral, diz-se que é necessário um *plano comum* e a *realização conjunta* desse plano comum por meio de uma contribuição relevante, sendo controvertido se a contribuição de cada coautor deve se dar no plano da execução do delito ou se bastam contribuições relevantes prestadas ainda em estágio de preparação do delito.[78]

O Substitutivo simplesmente ignora todos esses problemas e, banalizando o fenômeno da imputação de fatos de terceiros como se fossem próprios, crê ser suficiente para a coautoria a «ofensa ao bem jurídico mediante acordo de condutas». Não apenas o Substitutivo se vale da bizarra e, segundo vemos, inédita expressão «acordo de condutas» – uma vez que parece natural falar em um acordo de vontades, mas não é nada claro o que seria um acordo de condutas. Aquele que deveria ser um mero partícipe, por exemplo, aquele que empresta a arma, caso se exija apenas um «acordo de condutas» e nada mais, também pode «ofender o bem jurídico vida» mediante um acordo com o futuro homicida. Ele será, segundo o Substitutivo, «coautor em sentido estrito» do homicídio: o disparo mortal será, de repente, também um fato seu. Do ponto de vista prático, essa inovação permanecerá sem muitos efeitos, na

---

75 Para uma introdução ver Cirino dos Santos, *Direito penal, parte geral*, p. 358 e ss.

76 Puppe, *Strafrecht, Allgemeiner Teil*, 2. ed., Baden-Baden, 2011, § 22, p. 282: «Que ao coautor seja imputado um comportamento de um coparticipante no fato como se ação própria fosse, não é fácil de fundamentar». Por último, cf. também Puppe, GA 2013, p. 514 e ss.

77 Referências em Frisch, *Täterschaft und Teilnahme*, p. 972 e ss., p. 979 e ss.; Puppe, GA 2013, p. 514 e ss., p. 521 e ss.

78 Sobre essa discussão Roxin, *Strafrecht*, vol. II, nm. 198 e ss.

medida em que permanece a redação atual do art. 29, *caput*, renumerado no Substitutivo como art. 35.

b) A alínea b) traz as condutas que, em regra, atribuem-se aos *instigadores* («mandam, promovem, organizam, dirigem o crime») ou aos *cúmplices* («ou praticam outra conduta indispensável para a ofensa ao bem jurídico»). Todas essas condutas são, segundo o Substitutivo, condutas de «coautores». Outra vez, mesmo na linguagem cotidiana é difícil compreender que aquele que empresta a arma – e que pratica, pois «conduta indispensável para a ofensa ao bem jurídico» – seja «coautor» daquele que realiza o disparo.[79] Também a equiparação entre a conduta sensivelmente mais grave do instigador – que, dito de forma abreviada, faz surgir em terceiro a vontade de praticar o delito – e a do cúmplice – que contribui em decisão já tomada – é reprovável,[80] mas não surpreende diante da constatação do ecletismo irreverente em matéria de autoria e participação.

c) Também são «coautores» aqueles que «usam, como instrumento para a execução do crime, pessoa que age de forma atípica, justificada ou não culpável». Em linguagem técnica, o *«autor mediato»* é, no Substitutivo, «coautor». Como vimos, o substitutivo acaba de inventar a figura do «coautor individual» nos casos em que o instrumento não pratica fato injusto, em lance único de malversação linguística e conceitual.

d) A alínea d) representa o auge da irreverência do reformador, pois indica que são «coautores» aqueles que «usam aparatos organizados de poder para a ofensa ao bem jurídico», reformulando as já errantes palavras com que aceitara a controvertida figura do *«domínio da organização»* na primeira versão do PLS 236/2012,[81] tema já discutido acima.[82] O reformador, ao invés de dar ao aplicador do direito elementos de uma hipótese de incidência, oferece-lhes outra vez uma *ratio*, que não é mais o domínio do fato, e sim a ofensa ao bem jurídico.

---

79 ZIMMERL, *ZStW* 49 (1929), p. 39, p. 45.

80 Sobre essas distinções ver BRUNO, *Direito penal, parte geral*, tomo 2, p. 271 e ss.; CIRINO DOS SANTOS, *Direito penal, parte geral*, p. 367 e ss. e GRECO, *Cumplicidade através de ações neutras*, p. 6.

81 A figura do domínio da organização não é aceita por renomados autores, entre eles WELZEL, *Das deutsche Strafrecht*, 11. ed., Berlin, 1969, p. 98 e ss., p. 100, a quem se atribui larga contribuição no desenvolvimento da chamada teoria do domínio do fato, JESCHECK/WEIGEND, *Lehrbuch des Strafrechts*, 5. ed., § 62 II 8 (p. 670).

82 Sobre essa figura cf. ROXIN, GA 1963, S. 193 ff.; F. C. SCHROEDER, *Der Sprung des Täters hinter dem Täter aus der Theorie in die Praxis*, JR 1995, p. 177 e ss.; AMBOS, *Tatherrschaft durch Willensherrschaft kraft organisatorischer Machtapparate,* GA 1998, S. 226 ff.; ROTSCH, ZStW 112 (2000), S. 518 ff.

6. A participação no Substitutivo

No art. 35, § 1.º, II, aparecem as formas de «*participação*» em sentido estrito no delito tal como constavam da primeira versão, de modo que podemos remeter o leitor aos comentários acima tecidos. A única alteração foi a substituição da palavra «autores» por «coautores», o que torna o dispositivo ainda mais confuso.

7. Comunicabilidade de circunstâncias

A redação do atual art. 30, que regula o controvertido tema da *comunicabilidade das circunstâncias*, é mantida, e a ela é apenas acrescida um adendo: «e se forem de conhecimento dos concorrentes» (art. 36 do Substitutivo). Com esse adendo, o reformador indicou algo já consolidado na doutrina há tempos; mas talvez seja, de fato, necessário enviar essa mensagem à prática. Ao invés, no entanto, o reformador poderia ter dado maior atenção aos problemas reais da figura da comunicabilidade das circunstâncias, que tantas dificuldades práticas causa (ver acima III. 6. c). Pense-se, por exemplo, nas infindáveis controvérsias em torno da participação de sujeito não qualificado em delitos especiais.

8. O discurso de justificação do Substitutivo: «conceito unitário funcional»

Depois de analisados os dispositivos debutantes no Substitutivo ao PLS 236/2012, numa tentativa laboriosa de dar-lhes algum sentido, é preciso analisar o *discurso de justificativa* oferecido pelo Substitutivo ao PLS 236/2012. Nada mais natural do que buscar as razões das mudanças no próprio discurso do reformador.

a) A redação prolixa dos dispositivos, que retira a relativa simplicidade do conceito unitário de autor, não encontra, todavia, justificativa plausível nem sequer na explicação oferecida pelo reformador, que permaneceu presa a veleidades de pouca ou nenhuma relevância prática. O leitor curioso não encontrará no discurso de justificativa do Substitutivo sequer referências bibliográficas, de modo que fica desde logo claro que as inovações são produto exclusivo da imaginação e do capricho de reformadores.

Os dispositivos de autoria e de participação, diz-nos o reformador, seriam uma opção por um «conceito unitário funcional de autor» (p. 107). A base científica seria a teoria do domínio do fato,[83] mas com interpretação

[83] Lembramos que a teoria do domínio do fato surge e se desenvolve com a missão oferecer as bases de um sistema diferenciador de autoria e participação.

peculiar: «A ideia de domínio do fato deve se orientar pela categorização de domínio do resultado, domínio operacional e domínio social, as quais foram desenvolvidas (*sic*) à luz da ordem jurídica brasileira. A necessidade de seguir essa tripartição decorre da ideia de crime como risco ou ofensa ao bem jurídico, a qual (*sic*), aliás, é adotada no Projeto em seu art. 14» (p. 107 e s.). Os dispositivos de autoria e participação seriam decorrência da opção pela «teoria da imputação objetiva» (art. 14 do Substitutivo): «Os arts. 14, 18 e 38 (*sic*) precisam estar em uma sintonia fina, pois são a base filosófica do novo sistema penal» (p. 100). O conceito unitário funcional decorreria do modelo de crime como «ofensa ao bem jurídico» adotado legislativamente: «Não basta apenas realizar os elementos do tipo, o que é um pressuposto óbvio para a imputabilidade (*sic*).[84] É preciso, o que é mais importante, que a conduta ofenda o bem jurídico. Portanto, fizemos os ajustes redacionais adequados (alíneas *a* e *b*), no mesmo espírito dos ajustes feitos nos arts. 14 e 18. Além disso, do autor já cuida o art. 14. O art. 38 (*sic*) deve tratar dos coautores e dos partícipes. Revisitar o autor aqui apenas abre espaço para problemas de interpretação no futuro.» Mais do que isso, como o leitor percebeu, o art. 14, que trata da imputação do crime, seria o dispositivo da autoria individual do Substitutivo.

b) A opção pelo «*conceito unitário funcional*» está longe de ser óbvia e nunca foi, ao que saibamos, reclamada pela doutrina brasileira. De outro lado, tampouco há nessa afirmação ares de novidade ou de teoria desenvolvida «à luz da ordem jurídica brasileira», já que, embora o reformador omita qualquer referência às suas fontes bibliográficas, a expressão conceito unitário *funcional* se deve ao penalista austríaco Kienapfel, que a cunhou na década de 70 do século passado[85] – também esse detalhe nos omite o reformador. Kienapfel distinguia entre conceito unitário *formal* e conceito unitário *funcional*, indicando que o segundo, ao contrário do primeiro, diferencia várias formas de intervenção no delito, mas, nesse ponto em harmonia com o primeiro, mantém o mesmo marco penal para todas as formas de intervenção.[86] Chega a assustar o ar de obviedade com que o reformador se refere ao «conceito unitário funcional», como se fosse de todos conhecido em nossa doutrina – não a encontramos, por exemplo, em Aníbal Bruno ou Nélson Hungria, ou,

---

84 Abstemo-nos de comentar essa frase, cuja imperfeição grita aos olhos de qualquer estudante de direito.

85 KIENAPFEL, «Beteiligung» und «Teilnahme», NJW 1970, p. 1826 e ss.; KIENAPFEL, Der Einheitstäter im Strafrecht, p. 9 e ss.; ver também SCHUMANN, *Zum Einheitstätersystem des § 14 OWiG*, p. 10 e ss.; BLOY, *Das Beteiligungsform als Zurechnungstypus im Strafrecht*, Berlin, 1985, p. 149 e ss.; MILLER, *Die Beteiligung am Verbrechen nach italienischem Strafrecht*, p. 234 e ss.

86 Entre nós, o infelizmente pouco lembrado PEREIRA DOS SANTOS, *Inovações do Código Penal*, p. 53, referiu-se de passagem a Kienapfel. Atualmente, refere-se a esse conceito GOMES BEZERRA, *O conceito de autor e a comunicabilidade de circunstâncias*, Dissertação de Mestrado UERJ, 2013, p. 21 e ss.

mais recentemente, em Juarez Cirino dos Santos. Se essa opção vingar, ela será o produto mais bem acabado de um legislador que ignora a prática e a ciência, e que exibe com deleite o seu poder originário de escolher ou inventar a teoria que lhe aprouver.

Se nos esforçarmos por enxergar o que está por trás do termo conceito unitário funcional, se não nos deixarmos seduzir pelas vanguardistas associações que o *slogan* sugere, nele encontraremos nada mais do que uma confissão do reformador de que estava disposto a sacrificar a única vantagem real do modelo unitário, a sua simplicidade, em troca não se entende absolutamente de quê. O mais correto seria o termo *conceito unitário disfuncional*: exigir de gerações de estudantes que decorem inocuamente os pressupostos das diversas formas de autoria e participação, de já sobrecarregados juízes e promotores que apliquem corretamente os longos e intermináveis incisos do futuro CP, é tudo, menos funcional. Talvez isso seja funcional apenas para quem pretende vender livros comentando o novo código.

c) Já a completa *dependência entre os arts. 14 e 35* (não 38, como anuncia o Substitutivo em erro material), é tese semelhante à sustentada pelos autores defensores do sistema unitário clássico de autor, que o compreendiam como decorrente da fórmula da *conditio sine qua non* plano da causalidade.[87] No fundo, a alteração é meramente terminológica, como a manutenção da redação do atual art. 29 o comprova. Introduziram-se novos *slogans* de boa aceitação contemporânea, como «ofensa ao bem jurídico», mas não há nenhuma alteração de conteúdo material. Afinal, o ato de emprestar a arma também é tão «causa» do resultado morte quanto «conduta indispensável para a ofensa ao bem jurídico» – sem aquela arma o resultado não teria ocorrido em sua conformação concreta –, como quer o Substitutivo. Nada se altera, a não ser o pedantismo, que antes inexistia.

d) Por fim, a afirmação de que «o *art. 14 regula a ação do autor individual*» não passa de uma inverdade, pois também na autoria mediata, regulada no art. 35, § 1.º, *c*, trata-se, nos casos de instrumento que atua atipicamente ou amparado por causa de justificação, de autoria individual, pela obviedade de que o instrumento não pratica injusto e não será punível. Inversamente, também o partícipe «concorre para o fato», isto é, também a ele o fato tem de ser objetivamente imputável, de modo que o art. 14 se aplica também a seu comportamento.

---

[87] Essa dependência entre conceito material de crime e regulação da autoria parece ter sido elaborada de forma bastante clara já por LANGE, *Der moderne Täterbegriff und der deutsche Strafgesetzentwurf*, Berlin/Leipzig, 1935, p. 7: «O problema da autoria se transforma, em primeira linha, na seguinte questão de interpretação: o que é realização do tipo?».

9. O pecado original dos dispositivos do Substitutivo

O afã de originalidade do reformador, que só consegue ser superado pelo seu pedantismo e diletantismo, tem, como tudo que é deste mundo, uma origem. Ocorre que essa origem é curiosa, para não dizer vergonhosa, e é urgente alertar ao público quanto ao estilo de legislar que o Substitutivo inaugura em nosso país.

Como já foi dito, o atual reformador simplesmente ignora as reformas passadas e os reclames da prática e da ciência contemporâneas.[88] O PLS 236/2012, expressado por último no Substitutivo, quer-se original. Ocorre que a originalidade do atual movimento reformador não se revela apenas nas teses equivocadas que defende, mas também no modo de confecção dos dispositivos do Código do futuro. Os dispositivos da autoria e participação presentes no Substitutivo ao PLS 236/2012, bem como a justificativa das alterações, são cópias integrais *ipsis literis,* de *email* que os reformadores receberam em fevereiro de 2013, e que permaneceu desconhecido por todos, perdido que estava no emaranhado de «sugestões» enviadas aos reformadores. Foram realizadas audiências públicas para o debate da primeira versão do PLS 236/2012;[89] publicaram-se inúmeros estudos críticos em revistas científicas e de grande circulação.[90] O legislador deu ouvidos, contudo, apenas a um *email.*

O *email* com as sugestões, enviado por Pablo Alflen, professor da UFRGS, foi registrado em 27.02.2013.[91] Todos os documentos constam do *site* oficial do Senado Federal, e podem ser encontrados, após largo garimpo. Eis os trechos relevantes do email de Pablo Alflen:

> «(...) O Projeto de novo Código Penal, pelo que se verifica claramente no art. 38, *caput*, mantêm a opção por um conceito unitário funcional de autor. (...) Dessa forma, ressaltamos que a ideia de domínio do fato deve se orientar pela categorização de domínio do resultado, domínio operacional e domínio social, as quais foram desenvolvidas à luz da ordem jurídica brasileira. A necessidade de seguir estar (*sic*) tripartição por nós apresentada decorre, sobretudo, do fato de que a concepção é desenvolvida à luz da ideia de crime como ofensa ao

---

88 Ver nota de rodapé 47.

89 Estiveram presentes nas audiências, entre outros, Juarez Cirino dos Santos e Miguel Reale Jr., como se pode conferir no site do Senado Federal: http://www.senado.gov.br/atividade/comissoes/comissao.asp?origem=SF&com=1603 (acessado em 09.02.2014).

90 Cf. as referências já citadas acima.

91 http://www.senado.gov.br/atividade/materia/getPDF.asp?t=123220&tp=1 (acessado em 14.02.2014). Infelizmente, sequer é possível submeter a uma avaliação crítica as teses de Alflen, uma vez que a monografia em que ele as desenvolve ainda não foi publicada. Tem-se, assim, a lamentável, mas inevitável impressão de que o autor está menos preocupado em apresentar as suas ideias à comunidade científica do que em gravá-las o quanto antes no mármore legislativo e assegurar-lhes a relativa e ilusória invulnerabilidade que daí resulta. A publicação do trabalho oferecerá aos cientistas brasileiros a oportunidade de resenhá-lo.

bem jurídico, a qual, aliás, é adotada no Projeto de novo Código Penal, no art. 14 (...).»

Compare o leitor esse trecho do email com o seguinte trecho do Substitutivo, na p. 112:

> «A ideia de domínio do fato deve se orientar pela categorização de *domínio do resultado*, *domínio operacional* e *domínio social*, as quais foram desenvolvidas à luz da ordem jurídica brasileira. A necessidade de seguir essa tripartição decorre da ideia de *crime como risco ou ofensa ao bem jurídico*, a qual, aliás, é adotada no Projeto em seu art. 14.»

O fato mais grave não é, evidentemente, o envio do *email*, mas a sua aceitação *eo ipso* e *ipsis literis* por parte do reformador de um sugestionamento particular que decorre de um estudo sequer publicado, isto é, que não foi submetido ao crivo da crítica científica. Preocupa-nos, isso sim, a vigência *erga omnes* de teses privadas jamais submetidas ao embate público. Prova de que o próprio legislador se envergonha disso é que a fonte dos dispositivos e da redação da justificativa – o *email* – simplesmente não é em momento algum citada.

Sim, leitor, a lei futura de nosso país seria, caso sejamos brindados com a infelicidade da consumação desse movimento reformador, fruto de uma troca de *emails*, e não de uma discussão pública que reunisse prática judiciária e ciência jurídica. De nossa parte, desconhecemos completamente a origem de tais reflexões pouco claras, de modo que não espanta que o resultado tenha sido a confecção de dispositivos incompreensíveis e prolixos. De fato, o reformador atual é original em sua forma privada de fazer lei pública.

V. CONCLUSÃO: O NOVO CONCEITO UNITÁRIO DISFUNCIONAL

As malsinadas novidades na regulação da autoria e da participação oferecidas pelo PLS 236/2012 devem ser rechaçadas. Em suma, a redação proposta, ao distinguir formas de intervenção no delito sem determinar distintos marcos penais, cancela a suposta vantagem pragmática do conceito unitário de autor (acima II. 2), e, escondendo-se por trás de uma autodeclarada «funcionalidade» cuja origem é um *email*, perde-se em imprecisas e inseguras distinções conceituais que, ao final, não significam absolutamente nada, na medida em que permanece o dispositivo segundo o qual «quem, de qualquer modo, concorre para o crime incide nas penas a este cominadas, na medida de sua culpabilidade» (art. 38, *caput*, PLS 236/2012; art. 35, *caput* do Substitutivo). Não se entende por que o esforço de enunciar de formas diversas de intervir no delito, já que, além de serem ignoradas no dispositivo que prevê causas de aumento (art. 38, § 4.º, PLS 236/2012; art. 35, § 3.º, Substitutivo), não significam a extensão da punibilidade de contribuições não causais e nem revertem na previsão de diversos marcos penais. A única implicação prática que encontramos, ao contrário, pode advir da atrapalhada redação por meio da qual se acolheu a figura do «domínio da organização», o que poderá servir de base a que se defenda uma forma camuflada de uma inaceitável responsabilidade pela mera posição.

Concretamente: a) ou se mantém a redação do atual art. 29 e a distinção entre o merecimento de pena de cada interveniente é deslocada para a determinação judicial da pena,[92] mantendo-se, assim, a coerência da concepção unitária, ou b) distinguem-se formas de intervenção no delito (autoria e participação) e se preveem legislativamente diferentes marcos penais para as diversas formas de contribuição. O ecletismo da atual proposta legislativa não possui nenhum sentido, a não ser o de confirmar a já diagnosticada inaptidão do atual reformador e o de dificultar a vida de todos os que trabalham com o direito penal, o que implica, ao fim, em prejudicar os cidadãos.

Há muito o que discutir em termos de autoria e participação no direito penal brasileiro, como a presente coletânea tentou demonstrar. É preciso, de forma geral, entender por que precisamos de uma distinção entre autor e partícipe, e quais são as consequências concretas de uma distinção entre várias formas de intervir no delito. *De lege lata*, necessitamos urgentemente de uma exegese do art. 29, § 1.º, especialmente quanto ao real significado da expressão «participação de menor importância», e do art. 30, especialmente sobre o real significado as expressões «elementares do crime» e «circunstâncias e as condições de caráter pessoal».[93] A única certeza é a de que uma intervenção atabalhoada de um legislador que ignora toda a discussão científica brasileira e mundial, desdenha da prática judiciária, mas que é todo ouvidos para sugestionamentos privados quaisquer, seria um desastre inédito na história do direito brasileiro.[94] Enquanto não identificarmos os verdadeiros problemas de

---

92 O que exigiria uma larga discussão sobre os fatores relevantes na determinação judicial da pena, um empreendimento que ainda engatinha entre nós.

93 Esforçam-se nesse sentido, de maneira louvável, Ortiz, *Concurso de agentes nos delitos especiais*, São Paulo, 2011, p. 212 e Gomes Bezerra, *O conceito de autor e a comunicabilidade de circunstâncias*, Dissertação de Mestrado UERJ, 2013, p. 113 e s. Os problemas da participação do *extraneus* em delitos especiais continuam a nos perseguir, sem que tenhamos chegado a uma solução satisfatória.

94 A produção nacional monográfica a respeito da autoria e da participação é relativamente grande – especialmente ao se ter em vista a pena firme de Hungria e a opção legislativa pelo sistema unitário e pelo conceito extensivo de autor –, mas o reformador não tomou dela qualquer conhecimento. Citemos algumas delas, sem pretensão de completude: Pereira dos Santos, *O problema penal da participação do extraneus no adultério e na bigamia*, Salvador, 1972; Leiria, *A autoria e a participação criminal*, São Paulo, 1974 (recentemente reeditado, Porto Alegre, em 2010); Figueiredo Ferraz, *A co-deliquência no direito penal brasileiro*, São Paulo, 1976; N. Batista, *Concurso de agentes*, 2. ed., Rio de Janeiro, 2004; Greco, *Cumplicidade através de ações neutras*, Rio de Janeiro, 2004; Souza Santos, *Coautoria em crime culposo e imputação objetiva*, São Paulo, 2004; Laufer, *Artigo 25 da Lei 7.492/1986. Problemas de autoria no âmbito jurídico-penal,* Rio de Janeiro/São Paulo/Recife, 2008; Ortiz, *Concurso*

nossa regulação, um papel que cabe a nossa doutrina e a nossa jurisprudência, soa tenebroso e precipitado pensar em inovações no plano legislativo.

A redação equívoca e prolixa presente tanto na primeira versão do PLS 236/2012, como no Substitutivo ao PLS 236/2012 deve ser objeto de intensa preocupação de todos, na medida em que documentam o traço mais débil de um puro diletantismo jurídico completamente alheio ao sentido prático dos conceitos jurídicos.[95] Concretamente, o PLS 236/2012, em matéria de autoria e participação, além de não acrescentar nada em favor da resolução dos problemas já existentes, adiciona novos e ulteriores problemas. Numa combinação ímpar de desconhecimento, arrogância e veleidade, *o Projeto sacrificou a simplicidade, a única real vantagem do sistema unitário, sem remediar quaisquer dos graves e conhecidos defeitos desse sistema.* Em nenhum outro momento as palavras de José Paulo Paes parecem fazer tanto sentido como agora, na conformação legislativa da autoria e da participação oferecida pelo reformador atual: «Prolixo? Pro lixo!».[96]

---

de agentes nos delitos especiais, São Paulo, 2011; há ulteriores referências sobre a discussão nacional em Batista, *Concurso de agentes*, p. 26; ao invés, o reformador prefere confiar em um único *email* de Pablo Alflen.

95 A respeito Puppe, *Kleine Schule des juristischen Denkens*, 2. ed., Göttingen, 2011, p. 22.

96 Trecho da poesia intitulada «Poética», de José Paulo Paes, que pode ser encontrada em José Paulo Paes, *Melhores Poemas*, 5. ed., São Paulo, 2003, p. 162.

DOMÍNIO DA ORGANIZAÇÃO E O CHAMADO PRINCÍPIO DA AUTORRESPONSABILIDADE[1]

LUÍS GRECO

SUMÁRIO: I. Introdução – II. Os diferentes alcances do princípio da autorresponsabilidade – III. Princípio da autorresponsabilidade como princípio geral do Direito? – IV. Autorresponsabilidade como princípio válido para os delitos de domínio? V. Autorresponsabilidade como *ratio* específica da autoria mediata? – VI. Conclusão.

I. INTRODUÇÃO

A figura da autoria por domínio da organização está em alta. Essa forma de autoria – segundo a qual quem, numa estrutura hierarquizada que satisfaça certas condições (cf. abaixo IV), emite uma ordem para que um subalterno cometa um delito, responderá não apenas como partícipe (instigador) do fato desse subalterno, mas como autor mediato de um fato próprio – encontrou reconhecimento não apenas na jurisprudência alemã,[2] mas também em deci-

---

[1] O autor agradece a Alaor Leite pela tradução do original alemão (*ZIS* 2011, p. 9 e ss.) para a língua portuguesa. Publicado, com leves alterações em: ZÍLIO/BOZZA (coords.), *Estudos críticos cobre o sistema penal. Homenagem a Juarez Cirino dos Santos por seu septuagésimo aniversário,* Curitiba, 2012, p. 925 e ss.

[2] *BGHSt* 40, 218, 236 e s.; 307, 316 e s.; 42, 65, 69; 44, 204, 206; 45, 270, 296 e ss.; sobre a jurisprudência alemã em detalhe SCHÜNEMANN, *Leipziger Kommentar zum Strafgesetzbuch*, 12. ed., Berlin, 2007, § 25 nm. 124 e s.

sões de Cortes superiores estrangeiras[3] e no Direito Penal internacional.[4] Não obstante, a figura vê-se confrontada por um número cada vez maior de autores que a criticam. O trunfo argumentativo provavelmente mais relevante, embora não o único, dessas vozes contrárias à figura é o chamado *princípio da autorresponsabilidade*, segundo o qual «cada pessoa é responsável apenas pelo seu próprio comportamento e nunca pelo comportamento livre e responsável de terceiros».[5] Concretamente: segundo o princípio da autorresponsabilidade, não existe a figura de um autor por trás de outro autor plenamente responsável. Caso o homem da frente atue de forma plenamente responsável, o homem de trás pode no máximo ser partícipe e deve ser responsabilizado de acordo com as regras da acessoriedade da participação. Isso significa o abandono da figura do domínio por organização que – ao lado de outros casos teoricamente

---

[3] Referências sobre julgados argentinos em AMBOS, *Tatherrschaft durch Willensherrschaft kraft organisatorischer Machtapparate,* GA 1998, p. 226 e ss. (238); idem, a decisão da Corte Suprema de Justicia de la República de Peru foi em parte traduzida para o alemão e publicada em ZIS 2009, 622 e ss.; cf. A respeito os artigos de ROTSCH (*Von Eichmann bis Fujimori – Zur Rezeption der Organisationsherrschaft nach dem Urteil des Obersten Strafgerichtshofs Perus,* p. 549 e ss.), AMBOS (*Politische und rechtliche Hintergründe des Urteils gegen den ehem. Peruanischen Präsidenten Alberto Fujimori,* p. 552 e ss.), ROXIN (*Bemerkungen zum Fujimori--Urteil des Obersten Gerichtshofs in Peru,* p. 565 e ss.), SCHROEDER (*Tatbereitschaft gegen Fungibilität,* 569 e ss.), JAKOBS (*Zur Täterschaft des Angeklagten Alberto Fujimori,* p. 572 e ss.), HERZBERG (*Das Fujimori-Urteil: Zur Beteiligung des Befehlsgebers an den Verbrechen seines Machtapparates,* p. 576 e ss.), CARO CORIA (*Sobre la punición del ex presidente Alberto Fujimori. Fujimori como autor mediato de una organización criminal estatal,* p. 581 e ss.), GARCÍA CAVERO (*La autoría mediata por dominio de la voluntad en aparatos de poder organizados: El caso de Alberto Fujimori,* p. 596 e ss.), MEINI (*La autoría mediata por dominio de la organización en el caso Fujimori. Comentario a la sentencia de fecha 7.4.2009* (Exp. a.v. 19 – 2001) emitida por la Sala Penal especial de la Corte Suprema, p. 603 e ss.), PARIONA (*La autoría mediata por organización en la Sentencia contra Fujimori,* p. 609 e ss.) und VAN DER WILT (*On Functional Perpetration in Dutch Criminal Law. Some reflections sparked off by the Case against the former Peruvian president Alberto Fujimori,* p. 615 e ss.).

[4] Referências em AMBOS, *Internationales Strafrecht,* 2. ed., München, 2008, § 7 nm. 25; *Idem, Politische und rechtliche Hintergründe des Urteils gegen den ehem. peruanischen Präsidenten Alberto Fujimori,* ZIS 2009, p. 564 n. 127.

[5] OTTO, *Grundkurs Strafrecht. Allgemeine Strafrechtslehre,* 7. ed., 2004, § 6 nm. 49; cf. ademais SCHUMANN, *Strafrechtliches Handlungsunrecht und das Prinzip der Selbstverantwortung der Anderen,* 1986, especialmente p. 6, 42; WALTHER, *Eigenverantwortlichkeit und strafrechtliche Zurechnung,* 1991, p. 80 (apesar de que tanto Schumann, como Walther admitem exceções ao princípio); similar o chamado «princípio da autonomia», de RENZIKOWSKI, *Restriktiver Täterbegriff und fahrlässige Beteiligung,* 1997, p. 73. Cf. Também a formulação do crítico SCHÜNEMANN, *Die Rechtsfigur des «Täter hinter dem Täter» und das Prinzip der Tatherrschaftsstufen,* em: HOYER *et alii* (Orgs.), *Festschrift für Friedrich-Christian Schroeder zum 70. Geburtstag,* 2006, p. 401 e ss. (402 e s.), versão em português: A figura jurídica do «autor por trás do autor» e o princípio dos «níveis do domínio do fato», trad. Adriano Teixeira, em: SCHÜNEMANN/GRECO (Coords.), *Estudos de direito penal, direito processual penal e filosofia do direito,* Madrid/São Paulo, 2013, p. 142 e s.; na jurisprudência alemã OLG Rostock NStZ 2001, 199, 200.

importantes, mas não tanto na prática[6] – pressupõe a tese de que é perfeitamente possível a existência de um autor por trás de um autor.[7]

O presente estudo encerra a modesta pretensão de avaliar em que medida esse princípio da autorresponsabilidade está justificado, para que seja possível determinar se o argumento de fato corresponde às expectativas de seus partidários. Todos os demais aspectos da ampla discussão sobre o domínio por organização ficarão fora de consideração na presente sede. Muito embora o trabalho chegue a uma conclusão contrária ao princípio da autorresponsabilidade, ele não representa em si uma tomada de posição em favor ou contra a figura do domínio por organização, na medida em que para isso seria necessária uma completa e ampla discussão dos outros argumentos aduzidos no debate. No entanto, a honestidade científica faz que este autor se confesse como um simpatizante da figura. O trabalho é dedicado ao grande penalista e criminólogo Juarez Cirino dos Santos, que, como comprovam seus mais recentes trabalhos de peso – *Direito Penal,* Parte Geral, publicado em 4.ª edição em 2010, e seu *Manual de Direito Penal,* Parte Geral, 2011 – interessa-se como poucos por finas questões da moderna dogmática jurídico-penal.

II. OS DIFERENTES ALCANCES DO PRINCÍPIO DA AUTORRESPONSABILIDADE

Na discussão ainda não se observou suficientemente que o princípio da autorresponsabilidade pode ser compreendido com *alcances diversos*. Ele pode ser entendido ou como um *princípio geral do Direito*, que irradia efeitos por todo o Direito Penal,[8] ou como um *princípio setorial*, relevante apenas para determinados institutos jurídicos. O alcance do princípio não é fruto de uma mera estipulação. Ele não é fixado por uma opinião, mas sim pelo nível em que se encontram os argumentos trazidos à baila como justificação do princípio. Caso sejam aduzidas como justificação reflexões e ideias de caráter geral, como o conceito de *Estado de Direito* ou a *imagem de ser humano* (*Menschenbild*) que lhe subjaz, ou ainda o *princípio da culpabilidade*, então ter-se-á um princípio da autorresponsabilidade com pretensão de viger como um princípio geral do Direito (abaixo III). Caso se fundamente o princípio da autorresponsabilidade na ideia de domínio do fato, o princípio possuirá validade na dogmática da autoria de todos aqueles delitos que se baseiem naquela

---

6 A respeito desses casos Roxin, *Allgemeiner Teil,* vol. II, München, 2003, § 25 nm. 94 e ss.

7 Ainda que nem todos os defensores do princípio da autorresponsabilidade cheguem essa conclusão, por ex. Schumann, *Selbstverantwortung*, p. 75 (domínio da organização como «exceção»); críticos Schünemann, *FS-Schroeder,* p. 403; Renzikowski, *Täterbegriff,* p. 89, n. 154.

8 O mais exato seria dizer por todo o Direito. Como, entretanto, as presentes considerações se limitarão ao Direito Penal, essa imprecisão parece perdoável.

ideia, ou seja, na dogmática de todos os chamados *delitos de domínio*[9] (abaixo IV). Caso se vincule o princípio ao conceito de *domínio da vontade*, então ele terá relevância apenas na autoria mediata (abaixo V).

III. PRINCÍPIO DA AUTORRESPONSABILIDADE COMO PRINCÍPIO GERAL DO DIREITO?

As posições mais ambiciosas são aquelas que concebem o princípio da autorresponsabilidade como um princípio geral do Direito. Questões relativas às formas de se participar em um delito, como por exemplo a impossibilidade de um domínio da organização, seriam assim concretizações de uma ideia mais geral, cujo âmbito de validade transcende em muito a dogmática da autoria e participação. Para que se faça jus a tamanha pretensão é necessário que se apresente uma fundamentação igualmente ambiciosa. A discussão contemporânea conhece uma série de candidatos.

Uma prestigiada fundamentação recorre à *imagem de ser humano* pressuposta pela ordem jurídica de um Estado de Direito. Uma ordem jurídica que pretenda ser mais do que mera coação externa seria pensável apenas sob a condição de que reconheça a autorresponsabilidade dos indivíduos.[10] Ainda que se deixe de lado se essa afirmativa é ou não correta (o que está longe de ser evidente), é preciso observar criticamente que o recurso a ela como fundamentação para o princípio da autorresponsabilidade, cujos efeitos podem-se sentir no plano da dogmática da autoria e da participação, baseia-se em um *quaternio terminorum*.[11] Afinal, autorresponsabilidade significa, no contexto mais abstrato, apenas que cada sujeito é responsável por suas próprias ações. Ao contrário, no contexto mais concreto, que é o referido às formas de participar em um delito, o fundamental é determinar quais ações são atribuíveis ao próprio sujeito e quais são atribuíveis a outros. O princípio da autorresponsabilidade funciona no último plano como uma espécie de proibição de

---

[9] Quanto a essa terminologia ROXIN, *Täterschaft und Tatherrschaft*, 8. ed., Berlin, 2006 p. 354 e s.; *Idem*, AT II § 25 nm. 13. Delitos de domínio são aqueles em que o autor é quem tem o domínio do fato. Os crimes culposos, omissivos, próprios (como os delitos de funcionário público) e de mão própria não seriam delitos de domínio.

[10] WALTHER, *Eigenverantwortlichkeit*, p. 79; SCHUMANN, *Selbstverantwortung*, p. 1; RENZIKOWSKI, *Täterbegriff*, p. 72 e s.: «Uma comunidade jurídica constituída como uma associação de pessoas, que respeitam reciprocamente suas esferas jurídicas, pressupõe a autonomia de seus membros»; NOLTENIUS, *Kriterien der Abgrenzung von Anstiftung und mittelbarer Täterschaft*, Frankfurt am Main, 2003, p. 137 e ss., 238 e ss. e, ao que parece, KÖHLER, *Strafrecht Allgemeiner Teil*, Berlin, 1997, p. 9 e ss., p. 505 e ss., 510, partem de um conceito de Direito.

[11] Exemplo clássico de uma *quaternio terminorum*, isto é, do silogismo falaz que se vale de quatro conceitos e não, como os silogismos corretos, de apenas três: «Sócrates é uma raposa; raposas têm quatro patas; logo Sócrates tem quatro patas». Sobre a figura por todos JOERDEN, *Logik im Recht*, 2. ed., Berlin, 2005, p. 334 e ss.

atribuir uma ação a determinado autor, quando ela puder ser atribuída preferencialmente a outro sujeito plenamente responsável. Com outras palavras e para usar o par conceitual de Hruschka: quando a discussão está no plano mais abstrato, do conceito de direito ou dos princípios gerais, autorresponsabilidade significa principalmente a possibilidade de uma imputação de segundo nível (imputação à responsabilidade, ao merecimento ou à culpabilidade), já quando a discussão é a forma de participar em um delito autorresponsabilidade significa uma regra de imputação de primeiro nível (imputação à ação).[12] Se A é responsável pelo fato f por ele praticado, é uma pergunta diferente da quanto a se o fato f foi praticado por A (e não, por ex., por B). Não há como passar de um nível para o outro sem cometer um salto lógico.

Vez por outra aparece adicionalmente como argumento geral o *princípio da culpabilidade*.[13] Ocorre que também o princípio da culpabilidade acaba chegando, no presente contexto, muito tarde, na medida em que diz respeito precipuamente à imputação de segundo nível.

Uma primeira conclusão provisória já é possível: não há nenhuma fundamentação suficientemente clara e convincente da existência de um princípio da autorresponsabilidade compreendido como um princípio geral do Direito.

IV. AUTORRESPONSABILIDADE COMO PRINCÍPIO VÁLIDO PARA OS DELITOS DE DOMÍNIO?

Após renunciar à pretensão de elevar o princípio da autorresponsabilidade a posto tão ilustre, poder-se-ia, como «plano B», entender o princípio da autorresponsabilidade como o outro lado da moeda da ideia de domínio do fato. Nos delitos de domínio, a autoria pressupõe domínio do fato; a ação de um sujeito plenamente responsável não seria, contudo, passível de domínio por outra pessoa. Não haveria, assim, autor por trás de autor plenamente responsável.[14]

Essa forma de argumentar parece à primeira vista conclusiva. Um olhar mais cuidadoso demonstra, ao contrário, que essa primeira impressão é falsa. Afinal, existe uma razão de direito positivo – amplamente reconhecida e, além

---

[12] Hruschka, Verhaltensregeln und Zurechnungsregeln, em: *Rechtstheorie* 22 (1991), p. 449 e ss. (S. 451 e ss.); *Idem*, Imputation, em: Eser/Fletcher (Orgs.), *Rechtfertigung und Entschuldigung* Bd. I, Freiburg im Bresgau, 1987, p. 121 e ss., 140 e ss.

[13] Renzikowski, *Täterbegriff*, p. 89.

[14] Nem sempre se tem o cuidado de esclarecer se se está fundamentando o princípio da autorresponsabilidade na ideia de domínio, que vale para todos os delitos de domínio, ou apenas no domínio da vontade, que vale somente para a autoria mediata. Por isso me limito agora a remeter às referências da nota 21, que defendem, em sua totalidade, pelo menos a tese mais modesta, mas que também podem em parte ser entendidas como manifestações no sentido da tese mais forte.

disso, bem fundamentada[15] – que contradiz frontalmente um princípio da autorresponsabilidade concebido desta forma, a saber: a figura da coautoria, prevista no § 25 II StGB e, de modo ainda mais claro, no art. 29, *caput,* do CP brasileiro.[16] A *imputação recíproca* possibilitada por esta figura é a consagração legal de um raciocínio irrefutável, de que situações há nas quais, sim, é possível que se responsabilize um sujeito por um comportamento praticado por outro sujeito plenamente responsável. A imputação recíproca é incompatível com o princípio da autorresponsabilidade.

Há uma série de *réplicas* para essa constatação. Em primeiro lugar, poder-se-ia ver a imputação recíproca como o verdadeiro problema e dizer que, se imputação recíproca e princípio da autorresponsabilidade se contradizem, *tanto pior para a imputação recíproca.* Essa réplica teria, no entanto, reduzidas possibilidades de sucesso. Como já foi mencionado, a imputação recíproca não é apenas reconhecida legislativamente no código penal alemão e brasileiro. Ela simplesmente não é questionada em lugar algum (mais do que isso, pode-se observar a crescente tendência em estendê-la para outros âmbitos até então a ela estranhos, como os delitos culposos[17]). E, principalmente, a imputação recíproca está fundamentada em boas razões, se bem que, na presente sede, não se possa discutir quais elas sejam.

Outra réplica possível seria descrever o mecanismo de imputação da coautoria de outra maneira. «Imputação recíproca» seria na verdade um termo oblíquo, baseado em um preconceito naturalista. Na coautoria, no fundo, não seriam imputados a um sujeito fatos de outro, na medida em que coautoria significaria o surgimento de um *sujeito coletivo.*[18] Os coautores seriam, de uma perspectiva normativa, um único sujeito global ou coletivo. Esse raciocínio, de fato, resguarda e deixa intocado o princípio da autorresponsabilidade, já que não se trata de imputar ações de sujeitos plenamente responsáveis a outros, mas sim de atribuir responsabilidade ao autor – ao sujeito coletivo – apenas por seu próprio comportamento. De outro lado é preciso perceber que essa argumentação deixa a porta aberta para o reconhecimento de um autor por trás de um autor no sentido do domínio da organização: afinal, poder-se-

[15] Ainda que se tenha aqui de deixar em aberto qual seja esse fundamento.

[16] O argumento da coautoria encontra-se também em FREUND, *Strafrecht Allgemeiner Teil,* 2. ed., Berlin, 2009, § 10 nm. 87, que menciona ulteriores contra-exemplos (nm. 87 e s.).

[17] Por todos com ulteriores referências ROXIN, AT II, § 25 nm. 242; SCHÜNEMANN- LK-StGB § 25, nm. 216 s.

[18] Nesse sentido LESCH, *Die Begründung Mittäterschaftlicher Haftung als Moment der objektiven Zurechnung, ZStW* 105 (1993), p. 271 e ss. (274 e ss.); DENCKER, *Kausalität und Gesamttat,* Berlin, 1996, p. 120 e ss.; LAMPE, Systemunrecht und Unrechtssysteme, *ZStW* 106 (1994), p. 683 e ss. (690, 718 e s.) («sistema injurídico» – Unrechtssystem). Referências da literatura japonesa em BLOY, *Grenzen der Täterschaft bei fremdhändiger Tatausführung,* GA 1996, p. 424 e ss. (434); criticamente, com referências da literatura mais antiga, KÜPER, *Versuchsbeginn und Mittäterschaft,* Heidelberg, 1978, 53 e s.

-ia construir a organização também como um sujeito coletivo, declarando, automaticamente, o princípio da autorresponsabilidade como inaplicável aos contextos de organizações.[19]

Uma terceira possibilidade seria entender a imputação recíproca como uma *exceção ao princípio da autorresponsabilidade*. Seria possível dizer que a coautoria representa exatamente a situação na qual, de acordo com determinados pressupostos, o princípio da autorresponsabilidade não valeria. Se se aduzir exclusivamente esse argumento, abre-se, contudo, espaço para uma tréplica, que questionaria o porquê de se admitir uma única exceção. Se o defensor do princípio da autorresponsabilidade está disposto a entender a coautoria como uma exceção ao princípio por ele defendido, porque não estender essa boa vontade a outros casos, como ao próprio domínio da organização?[20]

Estamos, assim, em condição de estabelecer uma segunda conclusão provisória: o princípio da autorresponsabilidade não pode ser defendido como princípio válido para todos os delitos de domínio na medida em que contradiz *prima facie* a ideia de imputação recíproca que subjaz à coautoria. Caso se decida superar essa contradição *prima facie* ou mediante a ideia de um sujeito coletivo, ou postulando uma exceção ao princípio, ele se tornará flexível, de modo que ele não será mais um obstáculo à figura do domínio da organização.

V. AUTORRESPONSABILIDADE COMO *RATIO* ESPECÍFICA DA AUTORIA MEDIATA?

Resta avaliar se um princípio da autorresponsabilidade com ambições mais limitadas pode ser defendido. Ele poderia representar a ideia fundamental que sustenta determinada figura jurídica, a saber, a autoria mediata, de forma que nos casos em que o autor imediato atua de modo plenamente responsável não seria possível afirmar uma autoria mediata.

O mais forte dos argumentos fundamenta-se na *ratio* da autoria mediata. A autoria mediata refere-se a uma forma especial de domínio do fato: o *domínio da vontade*. Só se poderia dominar a vontade um sujeito quando ele próprio não estivesse em condição de fazê-lo, isto é, quando ele próprio não pudesse dominar-se. Isso significa que não existiria autor por trás de autor

---

19 Assim também – de modo coerente – LAMPE, *ZStW* 106 (1994), 743; e VEST, *Humanitätsverbrechen – Herausforderung für das Individualstrafrecht?, ZStW* 113 (2001), p. 457 e ss. (495).

20 Defendendo o domínio da organização como uma exceção ao princípio da autorresponsabilidade WESSELS/BEULKE, *Strafrecht Allgemeiner Teil*, 40. ed., Heildelberg, 2010 nm. 541; VEST, *ZStW* 113 (2001), p. 493, que em parte também defende a construção do sujeito coletivo (cf. a nota anterior); e o jovem HERZBERG, *Täterschaft und Teilnahme*, München, 1977, p. 12 e s., 42 e s.

plenamente responsável. «Autoria mediata por meio de um executor imediato que é, ele próprio, autor, é um não-conceito (*Unbegriff*)».[21]

Esse argumento revela-se após análise mais detalhada ou como falso ou como uma verdadeira *petitio principii*, a depender da compreensão mais fática ou mais normativa que se empreste ao ambíguo conceito de domínio da vontade.[22]

Se se compreender o conceito de domínio da vontade de forma mais *fática*[23] – domínio como poder ou controle de fato sobre a realização típica –, então é preciso admitir que aquele que atua por meio de uma organização possui um controle sensivelmente superior não apenas ao de muitos instigadores mas inclusive ao da maioria dos autores.[24] Um conceito mais fático de

---

21 Citação retirada de WELZEL, *Zur Kritik der subjektiven Teilnahmetheorie*, SJZ 1947, Sp. 645 e ss. (650). O argumento aparece também em: OTTO, *Täterschaft, Mittäterschaft, mittelbare Täterschaft*, *Jura* 1987, p. 246 e ss. (255); *Idem*, AT § 21 nm. 92; RENZIKOWSKI, *Täterbegriff*, p. 89; JAKOBS, *Anmerkung zu BGHSt 40,* 228, in: *NStZ* 1995, p. 26 e s. (27); JESCHECK/WEIGEND AT § 62 II 8 (S. 664 e s., 670); MURMANN, *Tatherrschaft durch Weisungsmacht*, GA 1996, p. 269 e ss. (273 e ss., 275); KÖHLER, AT, p. 510 e s.; ROTSCH, *Die Rechtsfigur des Täters hinter dem Täter bei der Begehung von Straftaten im Rahmen organisatorischer Machtapparate und ihre Übertragbarkeit auf wirtschaftliche Organisationsstrukturen,* NStZ 1998, p. 491 e ss. (493); BOTTKE, *Straftäterschaftliche Beteiligung Übergeordneter an von Untergeordneten begangenen Straftaten im Rahmen organisierte Kriminalität,* em: DÖLLING/ERB (Org.), *Festschrift für Karl Heinz Gössel zum 70.* Geburtstag, Heildeberg, 2002, 235 e ss. (251); NOLTENIUS, *Kriterien*, p. 260 e ss.; KUTZNER, *Die Rechtsfigur des Täters hinter dem Täter und der Typus der mittelbaren Täterschaft,* Frankurt am Main, 2004, p. 250; ZACZYK, *Tatherrschaft kraft organisatorischer Machtapparate*, GA 2006, p. 411 e ss. (413); ZIESCHANG, *Gibt es den Täter hinter dem Täter?,* em: SCHMITZ *et alii* (Orgs.), *Festschrift für Harro Otto,* München, 2007, p. 505 e ss. (514 e s., 519); KREY/NUYS, *Der Täter hinter dem Täter – oder die Liebe der Strafrechtler zum Glasperlenspiel,* em: BÖSE/STERNBERG-LIEBEN (Orgs.), *Grundlagen des Straf – und Strafverfahrensrechts: Festschrift für Knut Amelung,* Berlin, 2009, p. 203 e ss. (209 e s., 212 e ss.); SCHILD, em: KINDHÄUSER/NEUMANN/PAEFFGEN (Orgs.), *Nomos Kommentar zum Strafgesetzbuch*, 3. ed., Baden-Baden, 2010, § 25 nm. 123.
Substancialmente também HOYER, em: RUDOLPHI (Org.), *Systematischer Kommentar zum Strafgesetzbuch*, Frankfurt am Main, 2000, § 25 nm. 92 e JOECKS, em: *Münchner Kommentar zum Strafgesetzbuch*, 2. ed., München, 2011, § 25 nm. 130, que querem reconhecer o domínio da organização apenas nos casos em que ele possa ser reconduzido a autoria mediata por coação irresistível. Uma variante desse argumento é a tese de que o homem de trás não domina o fato concreto, cf. ROTSCH, *Tatherrschaft kraft Organisationsherrschaft?, ZStW* 112 (2000), 518 e ss. (527 e ss.); *Idem*, *Neues zur Organisationsherrschaft,* NStZ 2005, p. 13 e ss. (16); *Idem*, *«Einheitstäterschaft» statt Tatherrschaft,* Tübingen, 2009, 326 e ss.

22 Fundamental HERZBERG, *Mittelbare Täterschaft und Anstiftung in formalen Organisationen*, em: AMELUNG (Org.), *Individuelle Verantwortung und Beteiligungsverhältnisse bei Straftätern in bürokratischen Organisationen des Staates, der Wirtschaft und der Gesellschaft,* Sinzheim, 2000, S. 33 (p. 40 e ss.).

23 Nesse sentido expressamente ROXIN, *Organisationsherrschaft und Tatentschlossenheit*, em: FS-Schroeder, p. 398.

24 Principalmente ROXIN, *Probleme von Täterschaft und Teilnahme bei der organisierten Kriminalität*, em: SAMSON (Org.), *Festschrift für Gerald Grünwald,* Baden-Baden, 1999, p. 549

domínio da vontade não está adstrito a compreender apenas o erro e a coação como estados ensejadores de domínio, mas também vê-se aberto a outras formas de domínio que recorrem a contextos organizacionais[25] ou mesmo a outros fundamentos[26]). Um conceito fático de domínio da vontade não deixa qualquer espaço, assim, para um princípio da autorresponsabilidade. O princípio da autorresponsabilidade pode no máximo representar em determinadas situações um indício da ausência de domínio da vontade.[27] A responsabilidade plena do homem da frente não é em si nem necessária, nem suficiente para o domínio da vontade do homem de trás.

O domínio da vontade pode, no entanto, ser compreendido de *forma normativa*, de modo que apenas se pode falar em domínio alheio ali onde a ordem jurídica já tenha negado ao homem da frente sua capacidade de se autodominar. Dessa forma se chega, de fato, a um princípio da autorresponsabilidade. Ocorre que de acordo com essa argumentacão seria preciso deixar claro que o princípio da autorresponsabilidade não *decorre* mais da ideia normativa de domínio da vontade, mas é, mais do que isso, *idêntica* a ela. Se domínio da vontade for compreendido de forma normativa, então ele *significa* o mesmo que o princípio da autorresponsabilidade. Isso quer dizer que essa fundamentação não é uma verdadeira fundamentação, mas sim uma repetição travestida em outras palavras do argumento que deveria provado, ou seja, uma mera *petitio principii.*

Aqueles que quiserem defender, sem círculos argumentativos, uma compreensão normativa do domínio da vontade e, assim, um princípio da autorresponsabilidade, precisam portanto de um argumento adicional. Essa necessidade foi percebida por apenas poucos dentre os defensores dessa opinião. De qualquer forma, é possível encontrar na literatura alguns argumentos, que ainda assim não se revelam convincentes.

---

e ss. (555, 560); *Idem, Mittelbare Täterschaft kraft Organisationsherrschaft,* NStZ Sonderheft für Schäfer 2002, 52 e ss. (53); *Idem, FS Schroeder,* p. 387 e ss. (392, 399); U. Schulz, *Die mittelbare Täterschaft kraft Organisationsherrschaft – eine notwendige Rechtsfortbildung?,* JuS 1997, p. 109 e ss. (111), que também reporta à figura da autoria mediata por meio de coação irresistível e considera supérfluo o domínio da organização. Também Rotsch admite que essa afirmativa é correta, um vez que, a seu ver, Roxin fundamenta a autoria mediata no maior «domínio sobre o resultado» («*Erfolgsherrschaft*»), NStZ 2005, 16; *Einheitstäterschaft,* 328.

[25] Este é o núcleo do argumento da fungibilidade, cf. Roxin *Straftaten im Rahmen organisatorischer Machtapparate,* GA 1963, p. 193 e ss. (200); (n. 8), p. 245; *Idem, FS Grünwald,* p. 550; *Idem, FS Schroeder,* p. 394 e ss. Exemplos de argumentos de similar estrutura em Bloy, GA 1996, 441; Ambos, GA 1998, 234; *Idem, Internationales Strafrecht,* § 7 nm. 27 e ss.; Meini, *El dominio de la organización en Derecho Penal,* Lima, 2008, 109 e s.; Heine, em: *Schönke/ Schröder, Strafgesetzbuch Kommentar,* 28. ed., München, 2010,§ 25 Rn. 25a.

[26] Para um exemplo Schünemann, *FS-Schroeder,* 410, que fala num domínio em razão de uma «posição chave para a garantia da integridade do bem jurídico protegido».

[27] Mais a respeito, abaixo.

Entre eles está o recurso ao *mandato de determinação*: se a autoria mediata for fundamentada em outros que não os critérios previstos no direito positivo, estes critérios serão necessariamente indeterminados.[28] A esse argumento pode objetar-se que os critérios aos quais os defensores do domínio da organização vinculam a aplicação desta figura – a saber, a posse de uma posição de poder dentro de uma organização, a fungibilidade dos executores, a dissociação do Direito da organização[29] – são sem dúvida conceitos que possibilitam clara subsunção e que em si não podem ser criticados por excessivamente indeterminados. No máximo poder-se-ia alegar no sentido de que a indeterminação estaria na controvérsia existente em torno de alguns destes conceitos, especialmente em relação à dissociação do Direito: por ex., discute-se se também empresas privadas podem ser tratadas como organização no sentido do domínio da organização.[30] Este seria, no entanto, um argumento desleal. Afinal, o imperativo de determinação da lei penal não pode proibir que haja controvérsias sobre determinadas questões. A controvérsia sobre se também erros de proibição evitáveis (§ 17 StGB, art. 21, CPB) fundamentam uma autoria mediata[31] demonstra que mesmo a respeito de critérios previstos legislativamente não é de se excluir a existência de intensos debates.

Por vezes, tentou-se recorrer à *proibição de analogia* – um argumento que, já à primeira vista, vale apenas para o direito alemão, e não para o brasileiro. Alega-se que § 25 I 2. Alt. StGB, que fala na comissão (*Begehung*) de um delito «através de outrem», implicaria necessariamente que o outro deveria ser um mero meio (através), representaria um instrumento (*Werkzeug*) no mais literal dos sentidos possíveis, e este não poderia de nenhuma forma ser um executor plenamente responsável.[32] Este argumento não deve ser seguido, por uma série de razões. Em primeiro lugar, o valor que se deve atribuir a argumentos da literalidade da lei no § 25 I StGB depende do esclarecimento da pergunta prévia sobre se esse dispositivo possui um significado constitutivo ou meramente declaratório. Há muito em favor desta segunda opinião.[33]

---

[28] Bottke, *Gössel-FS,* p. 251 e s., 253; também Diel, *Das Regreßverbot als allgemeine Tatbestandsgrenze im Strafrecht,* Frankfurt am Main, 1997, p. 333.

[29] Ao que parece, são esses, substancialmente, os critérios de Roxin, AT II § 25, nm. 105, 107; e de Schünemann, LK-StGB § 25, nm. 122 e s.

[30] Admitindo o domínio da organização nesses casos BGHSt 40, 218, 237; Hefendehl, *Tatherrschaft im Unternehmen aus kriminologischer Perspektive,* GA 2004, p. 575 e ss. (586); Nack, *Mittelbare Täterschaft durch Ausnutzung regelhafter Abläufe,* GA 2006, p. 342 e ss.; recusando a figura Roxin, AT II § 25, nm. 129 e ss.; Schünemann, LK-StGB § 25, nm. 131 e s.

[31] Quanto a isso Roxin, AT II § 25 nm. 78 e ss.; Schünemann, LK-StGB § 25, nm. 89 e ss., ambos com ulteriores referências.

[32] Por exemplo, Bottke, *Gössel-FS,* p. 251; Krey/Nuys, *Amelung-FS,* p. 214; Schild, NK-StGB § 25, nm. 123.

[33] Assim também Roxin, AT II § 25 nm. 29, 187; Schünemann, LK-StGB antes do § 25, nm. 14, § 25 nm. 36; Schönke/Schröder/Heine antes do § 25, nm. 74; em sentido contrário Hoyer, SK-StGB antes do § 25, nm. 12 e ss.

Em sua origem, a figura da autoria mediata foi desenvolvida em seus atributos essenciais e aplicada pelos tribunais sem ressalvas muito antes de experimentar um reconhecimento legislativo, que na Alemanha ocorreu apenas em 1975, o que só pode ter sido possível sem violação ao princípio do *nulla poena sine lege* se se entender o dispositivo § 25 I StGB como de significado tão-somente declaratório, de forma que a subsunção das ações do homem de trás em verdade tenham ocorridos sob os dispositivos da parte especial. Além disso, essa leitura facilita que se afirme, no contexto de uma normativização do tipo objetivo realizada especialmente pela teoria da imputação objetiva, que não apenas aquele que aperta o gatilho com suas próprias mãos cria um risco juridicamente não permitido de um resultado morte e portanto realiza uma ação de matar, mas também aquele que realiza o disparo «através de outrem».[34] Mas independentemente dessa pergunta prévia, a respeito da qual não se está tomando posição definitiva nesta sede, é decisivo observar que o uso geral e cotidiano da linguagem não obriga a que se fale em um atuar «através de outrem» apenas se se está diante de um sujeito não plenamente responsável. É possível certamente dizer que um imóvel foi colocado à venda através de um corretor de imóveis, ou que uma manifestação de vontade foi realizada através um procurador ou representante, e estas proposições não implicam de nenhuma forma que aquele que executou as ações pessoalmente seja irresponsável.

Uma derradeira fundamentação para uma compreensão normativa do domínio do fato seria o recurso à necessidade de se ter «critérios de valoração uniformes».[35] Assim, não bastaria uma qualquer coação para que se fale em domínio da vontade, mas apenas aquela que atingiu a intensidade do estado de necessidade exculpante (§ 35 StGB) ou da coação irresistível (Art. 22, CP). Com isso, estar-se-ia fundamentando o domínio com base em um critério normativo. Seria então um imperativo de coerência que, no contexto de organizações, não se entendesse o conceito de domínio da vontade, inicialmente concebido de forma normativa, de maneira diversa, isto é, mais fática. A este argumento escapa, todavia, que a utilização de critérios normativos no contexto de determinadas formas de autoria mediata não torna o conceito de domínio da vontade um conceito normativo. Ao contrário, alguns defensores da compreensão fática argumentam há muito que o recurso ao § 35 StGB cumpre apenas uma função heurística, isto é, que o dispositivo legal funciona como um padrão generalizado de acordo com o qual é possível avaliar se há

---

34 Nesse sentido SCHILD, *Täterschaft als Tatherrschaft*, Berlin, 1994, 6 e ss., 28 e s.; JAKOBS, *Objektive Zurechnung bei mittelbarer Täterschaft durch ein vorsatzloses Werkzeug*, GA 1997, p. 552 e ss.; criticamente BLOY, GA 1996, 438.

35 HERZBERG, *Mittelbare Täterschaft und Anstiftung in formalen Organisationen*, p. 48.

ausência de liberdade.[36] Em outras palavras: o § 35 StGB surge neste contexto apenas para que se possa determinar quando o homem da frente não é livre, ou seja, quando se deve afirmar o domínio da vontade em razão da ausência de liberdade. Essa argumentação não implica, dessa forma, nenhuma constatação no sentido de que a ausência de liberdade seja a única possibilidade de existência de um domínio da vontade.

Como última conclusão parcial é possível afirmar que não é de se reconhecer um princípio da autorresponsabilidade limitado à autoria mediata. No fundo, o suposto princípio não é mais do que uma definição alternativa da ideia de domínio da vontade que, enquanto não mencionar em seu favor razões convincentes, será mera *petitio principii*.

VI. CONCLUSÃO

Na melhor das hipóteses, ao princípio da autorresponsabilidade pode ser atribuído o significado de caracterizar *um* grupo de casos no qual a autoria mediata pode ser afirmada: caso o homem da frente atue de forma não responsável, o domínio e, assim, a autoria mediata do homem de trás são mais facilmente afirmadas. O princípio não pode no entanto almejar nem a uma delimitação de todo o espectro da autoria mediata e do domínio da vontade e nem, com mais razão, à determinação da autoria de todos os delitos de domínio, isto é, de todos os delitos nos quais o conceito geral de domínio do fato é de significado fundamental. É menos plausível ainda defendê-lo como um princípio geral, válido para todo o Direito (Penal). É por isso que o princípio não oferece uma razão para duvidar da possibilidade de um autor por trás de um autor plenamente responsável e, especialmente, da autoria mediata por meio do domínio da organização.

---

36 Leia-se apenas Roxin, *Täterschaft*, p. 146 e ss.; correto Bloy, *Die Beteiligungsform als Zurechnungstypus im Strafrecht*, Berlin, 1985, p. 346.

Colofão Psi 7